solaris 8 referenz

solaris 8 referenz

administration und entwicklung für die versionen 2 bis 8

john p. mulligan

übersetzt von
iris und jürgen meißner

new technology

Markt+Technik Verlag

Die Deutsche Bibliothek – CIP-Einheitsaufnahme

Ein Titeldatensatz für diese Publikation ist bei
Der Deutschen Bibliothek erhältlich.

Die Informationen in diesem Produkt werden ohne Rücksicht auf einen eventuellen Patentschutz veröffentlicht.
Warennamen werden ohne Gewährleistung der freien Verwendbarkeit benutzt.
Bei der Zusammenstellung von Texten und Abbildungen wurde mit größter Sorgfalt vorgegangen.
Trotzdem können Fehler nicht vollständig ausgeschlossen werden.
Verlag, Herausgeber und Autoren können für fehlerhafte Angaben und deren Folgen weder eine juristische Verantwortung noch irgendeine Haftung übernehmen.
Für Verbesserungsvorschläge und Hinweise auf Fehler sind Verlag und Herausgeber dankbar.

Autorisierte Übersetzung der amerikanischen Originalausgabe:
Solaris 8 Essential Reference, © 2001 by New Riders Publishing

Umwelthinweis:
Dieses Buch wurde auf chlorfrei gebleichtem Papier gedruckt.
Die Einschrumpffolie – zum Schutz vor Verschmutzung – ist aus umweltverträglichem und recyclingfähigem PE-Material.

10 9 8 7 6 5 4 3 2 1

04 03 02 01

ISBN 3-8272-6043-4

Übersetzung: Iris und Jürgen Meißner, Neunburg vorm Wald
Lektorat: Boris Karnikowski, bkarnikowski@pearson.de
Fachlektorat und inhaltliche Überarbeitung: Ute Hertzog, Reutlingen
Sprachliches Korrektorat: Iris Meißner, Neunburg vorm Wald
Herstellung: Ulrike Hempel, uhempel@pearson.de
Satz: reemers publishing services gmbh, Krefeld (www.reemers.de)
Druck und Verarbeitung: Bercker, Kevelaer
Printed in Germany

Inhaltsverzeichnis

	Einleitung	15
	Erklärungen zu diesem Buch	15
	Informationsprogramme	15
Teil I	Allgemeine Benutzerbefehle	17
1.	Befehle zur Textbearbeitung	19
	Sortieren	20
	sort	20
	uniq	21
	Formatieren	22
	cut	22
	fmt	22
	fold	23
	iconv	23
	join	24
	newform	24
	nl	25
	paste	26
	Editoren	27
	ed	27
	vi	29
	Weitere Textbearbeitungstools	34
	awk	34
	ex	36
	grep	41
	nawk	42
	sed	45
2.	Shellscripte	49
	Shellscripte-Übersicht	51
	Scripte und Befehle ausführen	51
	eval sh csh ksh	51
	Umgebungsvariablen setzen und entfernen	52
	exec sh csh ksh	52
	source csh	52
	export sh ksh	52
	set sh csh ksh	53
	setenv csh	54
	unset sh csh ksh	55
	unsetenv csh	55

	RC-Datei-Umgebungsvariablen	56
	HISTORY csh	56
	LD_LIBRARY_PATH sh csh ksh	56
	EDITOR sh csh ksh	56
	IFS sh ksh	56
	Ein- und Ausgabe	57
	PATH sh csh ksh	57
	PROMPT csh	57
	Befehlszeilenargumente	57
	Umleitung	58
	echo sh csh ksh	58
	read sh ksh	58
	¾	58
	<	59
	>	59
	>>	59
	tee	59
	Logische Prozesse	60
	case/switch	60
	if-then-else	61
	Programmschleifen (loops)	62
	do-while sh csh ksc	62
	exit sh csh ksh	62
	foreach sh csh ksh	62
	goto csh	63
3.	**Prozesskontrolle**	**65**
	Prozesse starten	67
	at	67
	atq	68
	atrm	68
	crontab	68
	nice	69
	time	70
	timex	70
	Prozessstatus	71
	bg	71
	fg	72
	history	72
	jobs	72
	pgrep	73
	prstat	74
	ps	76
	ps (UCB-Version)	78
	renice	79
	Prozesse anhalten	80
	w	80

whodo 80
kill 80
pkill 81
stop 82

4. Netzwerk-Clients und Netzwerkbefehle 83
Informationsbefehle 85
finger 85
netstat 86
nslookup 88
ping 90
rpcinfo 91
rup 92
ruptime 93
rusers 93
traceroute 94
whois 95
Dateitransfer 96
ftp 96
rcp 100
rwho 100
Kommunikation 101
mail 101
mail (UCB-Version) 102
rwall 106
talk 106
Remote-Shells und Remote-Anmeldung 107
write 107
rlogin 107
rsh 108
telnet 109

Teil II Befehle für Programmierer 111

5. Compiler/Interpreter 113
Compiler 114
gcc 114
Interpreter 117
perl 117
Debug-Flags 118

6. Befehle zur Programmierung 121
Befehle zur Programmierung 122
ar 122
as 123
dis 123
error 124

help 124
ld 125
lex 126
make 127
nm 128
size 129
strings 129
tsort 130
unidef 130
yacc 131

7. Debuggen 133
Proctools – Tools zur Bearbeitung des /proc-Dateisystems 134
pcred 134
pfiles 134
pflags 134
pldd 134
pmap 134
prun 135
psig 135
pstack 135
pstop 135
ptime *befehl* [argumente] 135
Debug-Tools 136
ptree [optionen] [pid] 136
pwait 136
pwdx 136
Debuggen von Anwendungen (apptrace) 136
dumpadm 137
GNU-Debugger (gdb) 138
truss 138

Teil III Administration und Wartung 141

8. Starten und Anhalten des Systems 143
Power-Management 144
Konfiguration des Power-Managements (pmconfig) 144
Konfigurationsdatei des Power-Managements (/etc/power.conf) 144
Power-Management-Daemon (powerd) 146
Booten auf dem PROM Level 147
Boot-Konfigurationsparameter (eeprom) 147
Herunterfahren und Neustarten 149
Anhalten des Kernels (halt) 149
last 150
Neustarten und Herunterfahren (shutdown) 150
Neustarten des Betriebssystems (reboot) 151

Systemzustände (Runlevel) 152
uptime 152
Automatische Startdienste beim Booten 153
inittab 154

9. Benutzerverwaltung 157
Grundlegende Aufgaben der Benutzerverwaltung 158
Anlegen neuer Benutzer (useradd) 158
Versenden einer Nachricht an alle Anwender (wall) 160
Löschen eines Benutzerkontos (userdel) 161
Ändern eines Benutzerkontos (usermod) 161
Zusätzliche Aufgaben der Benutzerverwaltung 163
Ändern eines Benutzerpasswortes (passwd) 163
Überprüfen der Gruppendatei nach Fehlern (grpchk) 164
Überprüfen der Passwortdatei nach Fehlern (pwck)) 165
Sperren eines Benutzerkontos (passwd -l) 166
Zwischen Benutzern wechseln und zum root-Anwender wechseln (su) 166
Quoten (Festplattenverbrauch von Benutzern) 167
Überprüfen der Quota eines einzelnen Anwenders (quota) 167
Bearbeiten von Anwenderquoten (edquota) 168
Aktivieren oder Deaktivieren von Quoten in einem Dateisystem (quotaon)169
Anzeigen der Quoten eines Dateisystems (repquota) 169
Aktualisierung von Quoten (quotacheck) 172

10. Netzwerk-Administration 175
Daemons und Server 178
Boot-Parameter-Server (rpc.bootparamd) 178
Domain Name Server (in.named) 179
File Transfer Protocol Daemon (in.ftpd) 180
Internet-Daemon (inetd) 182
Daemon für Kernelinformationen (rstatd) 183
Name Service Cache Daemon (nscd) 183
Netzwerk-Daemon für den Befehl finger (in.fingerd) 185
Netzwerk-Daemon für den Dienst listen (listen) 185
Netzwerk-Daemon für den Dienst lock (lockd) 185
Netzwerk-Daemon für das Router-Discovery (in.rdisc) 186
Netzwerk-Daemon für den Router-Dienst (in.routed) 186
Netzwerk-Daemon für den Dienst spray (sprayd) 187
Netzwerk-Status-Daemon (statd) 187
Netzwerk-Zeitprotokoll-Daemon (xntpd) 188
Netzwerk-Daemon für den Befehl rusers (rusersd) 189
Netzwerk-Daemon für den Befehl wall (rwalld) 189
NFS-Daemon (nfsd) 189
Remote Login-Daemon (in.rlogind) 189
Remote Shell-Daemon (in.rshd) 190

RPC-Daemon für die Remote-Ausführung (rpc.rexd) 190
Systemstatus-Daemon (in.rwhod) 190
Daemon für den Befehl talk (in.talkd) 191
TCP-Daemon für die Netzwerk-Zugangskontrolle (netacl) 191
Anonymes FTP 192
Telnet-Daemon (in.telnetd) 192
Anonymes FTP einrichten 192
Wuarchive-FTP (wu-ftp) 193
PPP 195
aspppd 195
aspppls 196
PPP 196
DHCP 197
dhcpagent 197
dhcpconfig 197
DHCP-Daemon (in.dhcp) 198
dhcpinfo 199
dhtadm 199
pntadm 200
LDAP 201
ldapadd 201
ldap_cachemgr 201
ldapclient 201
ldapdelete 203
ldap_gen_profile 203
ldaplist 204
ldapmodify 205
ldapsearch 205
Network File System (NFS) 207
Anzeigen von NFS-Informationen 207
Tabelle der gemounteten Dateisysteme 208
Mounten und Unmounten von NFS-Dateisystemen 209
NFS-Ressourcen freigeben/exportieren 212
Die Freigabe einer NFS-Ressource wieder aufheben 213
E-Mail 214
sendmail 214
sendmail-Konfiguration 215
smapd 218
SMTP Application Proxy (smap) 219

11. Dateisysteme 221
Dateisystem – Übersicht und Erklärung 223
Die Dateisystemkonfigurationsdatei von Solaris (vfstab) 223
Aufbau des Solaris Dateisystems 223
Einrichten und Mounten neuer Dateisysteme 229
Einrichten eines neuen Dateisystems (mkfs) 229
Einrichten eines neuen Dateisystems (newfs) 230

Mounten und Unmounten von Dateisystemen (mount, mountall) 232
Überprüfen und Tunen von Dateisystemen 233
Überprüfen und Reparieren von Dateisystemen (fsck) 233
Ausgabe von Dateisysteminformationen und Dateinamen (ff) 235
Überprüfen von freiem Festplattenplatz (df) 236
Kennzeichnung von Dateisystemen (labelit) 237
Auflisten von Pfadnamen und Inodenummern (ncheck) 237
Datensicherungen 238
Tunen eines Dateisystems (tunefs) 238
Sichern eines Dateisystems (ufsdump) 238
Ein Dateisystem mit Hilfe einer Datensicherung wiederherstellen (ufsrestore) 240
Kopieren von Dateisystemen 241
Kopieren von Datenträgern (volcopy) 241
Kopieren und Konvertieren von Dateien (cpio, dd) 242
Erstellen und Extrahieren von Magnetband-Archiven (tar) 245
Gerätekonfiguration 247
drvconfig 247
rem_drv 248

12. Sicherheit 249
Systemüberwachung 250
Der Audit-Daemon 250
Audit-Warnungen 251
Überwachung des Audit-Daemons 252
Aktivierung des Basic Security Module (BSM) (BSM) 253
Ausgeben von Überwachungsprotokolldateien (Audit Trail Files) 254
Starten des Überwachungssystems 254
Daemon zur Systemprotokollierung (syslogd) 255
Tools von Drittherstellern 256
Automatic Security Enhancement Tool (ASET) 257
ASET-Umgebungsdatei 257
ASET-Masters 258
ASET-Restore 258
Überblick über das Automatic Security Enhancement Tool (ASET) 259
Role Based Access Control (RBAC) 261
Ausgabe des ASET-Status 261
roleadd 261
roledel 262
rolemod 262
Das Netzwerk »abhorchen« 263
roles 263
snoop 263
Kerberos 265
Überblick über Kerberos 265
Kerberos-Daemon (kerbd) 266
Konfiguration von Kerberos 266

Vernichten von Kerberos-Tickets 267
Kerberosdatei realms 267
Auflisten von Kerberos-Tickets 268
Anmelden am Kerberos Authentifizierungssystem 268
Wiederherstellen eines TGS-Tickets (Ticket-granting-Server-Ticket) 269

13. Systemkonfiguration und Tuning 271
Systemidentifikation 272
Ändern des Rechnernamens (hostname 272
Editieren der »Meldung des Tages« (MOTD) 272
Module 273
Zurücksetzen der Systemkonfiguration (sys-unconfig) 273
Allgemeine Konfiguration 274
Hinzufügen eines Gerätes 274
Hinzufügen von Swap Space 274
Überwachung der Bus-Leistung (busstat) 275
Ändern des Konsolterminaltyps 275
Ändern der Anmeldeshell von root 276
Deaktivieren des Automounting von /home 276
Kernel-Tuning 277
Kernel-Parameter 277

Teil IV Anhänge 279

Anhang A – Solaris-Versionsänderungen 281
Solaris 2.2 281
Solaris 2.3 281
Solaris 2.4 281
Solaris 2.5 281
Solaris 2.5.1 282
Solaris 2.6 282
Solaris 7 282
Solaris 8 283

Anhang B – Probleme, die beim Starten auftreten können, und ihre Lösungen 285

Anhang C – Linux Kompatibilität 287

Anhang D – GNU Public License 289
GNU GENERAL PUBLIC LICENSE 289
Preamble 289
Terms and Conditions for Copying, Distribution and Modification 289

Anhang E – Wichtige Internet-Adressen 293
Administration und Management 293
Common Desktop Environment/OpenLook 293
Anmerkungen des Entwicklers 294

Hardware 294
Liste der Ressourcen 294
Magazine (Online und Druck) 295
Online-Dokumentationen 295
Sicherheit 295
Software 296
Solaris x86 296
Solaris PPP/NAT 297

Anhang F – Signale 299

Signalwerte 299
Häufig verwendete Signale 300

Anhang G – Liste der TCP/UDP-Ports 301

TCP/UDP-Ports aufgelistet nach ihrem Dienst 301
TCP/UDP-Ports aufgelistet nach Ports 302

Über den Autor 305

Stichwortverzeichnis 307

Einleitung

Dieses Buch wurde als das ideale Nachschlagewerk für Solaris-Anwender geschaffen, die zwar wissen, was sie tun möchten, aber nicht genau wissen, wie sie es tun sollen. Es geht davon aus, dass der Leser in UNIX-Grundlagen sehr versiert ist und lediglich einige Tipps benötigt, wie man das Beste aus Solaris herausholt. Dieses Buch dient als Referenz für alles, was ein erfahrener Anwender benötigt, um Solaris zu benutzen, und nicht als eine lange Abhandlung, die dem Leser wertvolle Zeit raubt.

Diese Ausgabe wurde auf Solaris 8 aktualisiert. Obwohl Solaris 8 ein bemerkenswertes Update der früheren Solaris-Versionen ist, ist dieses Buch immer noch ein hervorragendes Handbuch für ältere Solaris-Versionen, einschließlich Solaris 2.x und Solaris 7. Eine Veränderung bei Solaris 8 ist die GNU-Software auf einer CD-ROM, die Solaris 8 beigelegt ist. Das Wichtigste dieser GNU-Dienstprogramme ist in diesem Buch erläutert, da sie ein wichtiges Hilfsmittel für Systemadministratoren und Anwender sind. Im Anhang A »Solaris-Versionsänderungen« gibt es eine Liste mit neuen Merkmalen von Solaris 8.

Bei diesem Handbuch galt mein Augenmerk den Grundlagen, die für die Benutzung des SunOS 5.x-Betriebssystems wichtig sind, und nicht der Benutzung der OpenWindow-Umgebung. Grundsätzlich gilt bei Solaris, dass alles, was von der graphischen Benutzeroberfläche (GUI) aus gemacht werden kann, auch über die Befehlszeile (CLI) erledigt werden kann. Durch die Verwendung der Befehlszeile anstelle der GUI haben Anwender und Administratoren auch vollen Zugang zu Solaris-Rechnern, deren Terminal keine Grafiken unterstützt. Daher können die Befehle und Erklärungen in diesem Handbuch über Remote-Anmeldungen, gemeinsame LANs, über das Internet oder über eine serielle Terminalverbindung vom Computerarbeitsplatz aus benutzt werden – unabhängig davon, welcher oder ob überhaupt ein Monitortyp oder Bildspeicher (Frame Buffer) aktiviert ist.

Erklärungen zu diesem Buch

Dieses Buch möchte Ihnen dabei helfen, die von Ihnen gesuchten Informationen schnell zu finden. Hierzu müssen Sie das Layout des Buches verstehen. Das folgende Beispiel kann Ihnen dabei helfen.

Die ersten Seiten der meisten Kapitel haben zwei Befehlstabellen. Die erste Tabelle ist eine alphabetische Liste bestimmter Befehle, Anwendungen etc., die in diesem Kapitel behandelt werden, mit den jeweiligen Seitenangaben. Die zweite Tabelle zeigt, in welcher Reihenfolge das Kapitel tatsächlich aufgebaut ist. Jede fett gedruckte Zeile ist eine Hauptüberschrift. Im Folgenden sehen Sie ein Beispiel dafür, wie die Kapitel in diesem Buch aufgebaut sind:

Informationsprogramme

Die spezifischen Befehle, Aufgaben, Programme usw. sind mit kleineren Überschriften wie folgt überschrieben:

finger

Folgt man diesen kleineren Überschriften, hat man einen kontinuierlichen Informationsfluss durch das gesamte Buch, einschließlich Syntax, Beschreibung, Optionen, Befehle, Spezialbereichen mit zusätzlichen Informationen und relevanten Querverweisen.

`/usr/bin/finger [`*`optionen`*`] [`*`anwender`*`]`

(Die Beschreibung von `finger`.)

Option	Erklärung
`-b`	Gibt keine Informationen über Homeverzeichnisse und Shells aus.
`-z`	Keine eigentliche Option. Zeigt lediglich an, dass die Information in alphabetischer Reihenfolge aufgelistet ist, falls diese Darstellung sinnvoll erscheint.

Zusätzliche Informationen und besondere Hinweise

Dieser Teil kann übergangen werden, enthält aber in der Regel nützliche Zusatzinformationen.

Folgende typografische Auszeichnungen werden in diesem Buch verwendet:

Merkmal	Beschreibung	Beispiel
Befehle und Scripts	Solaris-Befehle, Befehlszeilen und Shellscripte werden in Proportionalschrift dargestellt.	`/usr/ucb/ps -auxw | grep inetd`
Variablen	Variablen, die ausgetauscht werden können, werden kursiv und in Proportionalschrift geschrieben.	`cat` *`filename`*
Syntax-Optionen	Optionelle Datenfelder in einer Befehlssyntax stehen in eckigen Klammern.	`finger [optionen] [rechner]`
Tastatureingaben	Tastatureingaben und Tastenkombinationen werden fett geschrieben.	**CTRL+Z**

Teil I
Allgemeine Benutzerbefehle

1 Befehle zur Textbearbeitung

Befehl	Seite	Befehl	Seite
awk	34	nawk	42
cut	22	newform	23
ed	27	nl	25
ex	36	paste	26
fmt	22	sed	45
fold	23	sort	20
grep	41	uniq	21
iconv	23	vi	29
join	24		

Befehle und ihre Funktion	Seite
Sortieren	**20**
sort – Sortiert, ordnet um und verbindet Listen und Dateien.	20
uniq – Sucht, zählt und löscht gleich lautende Zeilen im Text.	21
Formatieren	**22**
cut – Schneidet Spalten oder Felder aus einer Datei aus.	22
fmt – Formatiert den Text so, dass die Textzeilen eine Standardgröße einnehmen.	22
fold – Formatiert den Text auf bestimmte Zeilenlängen.	23
iconv – Wandelt Zeichensätze um.	23
join – Verbindet Spalten.	24
newform – Formatiert den Text auf verschiedene Weise.	23
nl – Fügt Zeilennummern hinzu.	25
paste – Verbindet bestimmte Textzeilen aus zwei Dateien.	26
Editoren	**27**
ed – UNIX Befehlszeilen-Editor.	27
vi – Visueller Editor basierend auf ex.	29
Weitere Textbearbeitungstools	**34**
awk – Vielseitiges Textbearbeitungstool, das auch für Shellscripte eingesetzt wird.	34
ex – Befehlszeilen-Editor.	36
grep – Durchsucht Dateien nach einem bestimmten Suchausdruck.	41
nawk – Neuere Version von awk mit weiter reichenden Funktionen.	42
sed – Stream-Editor.	45

Sortieren

sort

```
/usr/bin/sort [optionen] [dateien]
/usr/xpg4/bin/sort [optionen] [dateien]
```

Dieser Befehl sortiert, ordnet um und listet die Zeilen einer Datei oder eines Datenstroms auf. Temporäre Dateien werden nach `/var/tmp/stm*` geschrieben.

Option	Erklärung
`+`*n.m*	Wird nur *n* (ein Integerwert, d.h. eine ganze Zahl) eingegeben, werden *n* Felder vor dem Sortieren übersprungen. Werden *n.m* (zwei Integerwerte) eingegeben, wird bei Buchstabe *n* des *m*-ten Feldes begonnen.
`-b`	Ignoriert Leerzeichen und Tabstopps.
`-c`	Zeigt nur Ergebnisse, wenn die Datei noch nicht sortiert ist. Die xpg4-Version zeigt auf jeden Fall Ergebnisse.
`-d`	Sortiert nur Buchstaben, Zahlen und Leerzeichen. Ignoriert alle anderen Zeichen (alphabetische Sortierung).
`-f`	Unterscheidet bei der Sortierung die Groß- und Kleinschreibung nicht (Umsetzung von Zeichen).
`-i`	Ignoriert nicht druckbare ASCII-Zeichen.
`-k` *suchschlüssel*	Schränkt die Sortierung mit Hilfe eines Suchschlüssels auf einen Teil der Zeile ein.
`-m`	Nimmt an, dass die Datei bereits geordnet ist, und verknüpft diese.
`-M`	Sortiert nach Monaten unter Verwendung der ersten drei Buchstaben (`-b` ist darin enthalten).
`-n`	Sortiert nach Nummern (arithmetische Ordnung). Führende Nullstellen werden ignoriert.
`-o` *datei*	Leitet das Ergebnis in eine Datei um – entweder in eine neue Datei oder in die Eingabedatei selbst.
`-r`	Sortiert in umgekehrter Reihenfolge.
`-t` *zeichen*	Bestimmt das angegebene Zeichen zum Feldtrenner. Standardmäßig sind Leerzeichen und Tabulatorsprünge die Feldtrenner.
`-T` *verzeichnis*	Legt ein temporäres Verzeichnis an. Benutzt das Verzeichnis `/var/tmp/` als Standardeinstellung, falls es nicht explizit angegeben wird.
`-u`	Sich wiederholende Zeilen werden nur einmal angezeigt.
`-y` *kmem*	Stellt die Größe des Hauptspeichers ein, der von `sort` benutzt wird. Wenn `-y` ohne Zahlenangabe (*kmem*) verwendet wird, wird der maximale Speicher genutzt.

Beispiel	Aufgabe
`sort -b userlist > userlist.sorted`	Sortiert eine Liste mit Benutzernamen, ignoriert führende Leerzeichen und Tabstopps und leitet die Ausgabe in eine Datei um.
`repquota -a | sort +2n`	Sortiert die Ergebnisse eines Quotenberichts nach Platzverbrauch.
`sort hostlog | uniq -c`	Sortiert eine Liste von Rechnernamen, entfernt mehrfache Nennungen und zählt, wie oft jeder Rechnername vorkommt.

Lesen Sie auch `join` (24), `uniq` (21).

uniq

`/usr/bin/uniq [optionen] [dateien]`

Dieser Befehl findet, zählt und löscht sich wiederholende Zeilen in Textdateien oder Datenströmen. Wenn die wiederholten Zeilen nicht hintereinander stehen, werden diese nicht gefunden. Deshalb ist es empfehlenswert, den Text zuerst zu sortieren.

Option	Erklärung
`-c`	Zählt die Häufigkeit jeder Zeile.
`-d`	Gibt keine einmalig vorkommenden Zeilen aus.
`-f` *n*	Ignoriert die ersten *n* Felder beim Vergleichen der Zeilen. -*n* kann mit demselben Ergebnis angewendet werden.
`-s` *n*	Ignoriert die ersten *n* Zeichen beim Vergleichen der Zeilen. +*n* kann mit demselben Ergebnis angewendet werden.
`-u`	Gibt keine mehrfach vorkommenden Zeilen aus.

Beispiel	Aufgabe
`last | awk '{print $1}' | sort | uniq -c`	Ermittelt, wie oft Anwender sich im System angemeldet haben.
`sort hostlog | uniq -c | sort -rn`	Sortiert Rechner nach ihrer Häufigkeit in einer Protokolldatei in abnehmender Reihenfolge.
`uniq -c datafile`	Führt eine einfache Zählung von Daten in einer Datei durch.

Lesen Sie auch `sort` (20).

Formatieren

Formatieren

cut

/usr/bin/cut [*optionen*] [*dateien*]

Wählt Spalten oder Felder einer Datei aus. Es muss entweder -b, -c oder -f verwendet werden. Der Befehl funktioniert sehr gut, wenn er mit dem Befehl paste verwendet wird.

Option	Erklärung
-b *liste*	Legt eine Liste *liste* von Positionen fest und gibt nur die Byte dieser Spalten aus.
-c *liste*	Gibt die Zeichen aus, die sich an den durch liste definierten Positionen befinden.
-d *feldtrenner*	Verwendet den Buchstaben, der -d folgt, als Feldtrenner. Leerzeichen müssen in Anführungszeichen stehen.
-f *liste*	Gibt die durch liste definierten Felder aus und verwendet den durch -d definierten Feldtrenner.
-n	Trennt keine Zeichen.
-s	Gibt keine Zeilen aus, die nicht den durch -d definierten Feldtrenner enthalten.

Beispiel	Aufgabe
cut -c2	Zeigt nur die zweite Spalte einer Datei an.
cut -d: -f1 ,6 /etc/passwd	Zeigt Benutzernamen und deren Homeverzeichnisse an.
cut -d " " -f2 datei	Zeigt die zweite Spalte einer durch Leerzeichen begrenzten Datei an.

Lesen Sie auch awk (34), join (24), newform (25), paste (26).

fmt

/usr/bin/fmt [*optionen*] [*dateien*]

Ein generisches Textformatierungsprogramm zur Erstellung von gleich langen Zeilen. Leerzeilen und -zeichen werden während der Formatierung nicht verändert.

Option	Erklärung
-c	Der linke Rand eines Absatzes wird entsprechend dem linken Rand der zweiten Zeile ausgerichtet.
-s	Verbindet die Zeilen nicht. Nützlich beim Formatieren von Code oder Text.
-w *breite*	Setzt die Ausgabebreite auf *breite*.

Beispiel	Aufgabe
`cat myfile | fmt -c > alignedfile.txt`	Stellt den linken Rand eines Textes ein.
`cat myfile | fmt -w > filledtext.txt`	Setzt die Ausgabebreite auf 80 Zeichen.

Lesen Sie auch `newform` (25).

fold

`/usr/bin/fold [optionen] [dateien]`

Dieser Befehl wird verwendet, um Zeilenumbrüche einzufügen. Das geschieht durch das Einfügen von Zeilenvorschubzeichen an einer bestimmten Stelle in jeder Zeile. Wörter werden nicht getrennt, wenn eine Textdatei umgebrochen wird.

Option	Erklärung
`-b`	Gibt die Breite in Byte an.
`-s`	Erstellt einen Zeilenumbruch an einer Stelle, an der sich ein Leerzeichen befindet.
`-w` *breite*	Spezifiziert die maximale Zeichenanzahl pro Zeile. Der Standardwert ist 80.

Beispiel	Aufgabe
`fold -b 32 myfile.txt`	Führt bei einer Textdatei einen Zeilenumbruch nach 32 Byte durch.
`fold -s myfile.txt > myfile2.txt`	Fügt in den Text anstelle von Leerzeichen Zeilenvorschubzeichen ein und speichert das Ergebnis in einer neuen Datei.

Lesen Sie auch `cut` (22), `fmt` (22), `paste` (26).

iconv

`/usr/bin/iconv [optionen] [datei]`

Dieser Befehl wandelt Zeichen eines Codes in einen anderen um, wie zum Beispiel 8859 oder 646fr. Die Ausgabe wird an die Standardausgabe gesandt.

Option	Erklärung
`-f` *code*	Setzt den Eingabe-Zeichencode.
`-t`	Setzt den Ausgabe-Zeichencode.

Lesen Sie auch `fmt` (22), `newform` (23).

join

/usr/bin/join [*optionen*] [*dateien*]

Ein relationaler Befehl, der zwei Dateien verbindet.

Option	Erklärung
`-1` *feld*	Verbindet mit dem angegebenen Feld der Datei 1.
`-2` *feld*	Verbindet mit dem angegebenen Feld der Datei 2.
`-a` *nummer*	Gibt zusätzlich jede nicht passende Zeile der Datei aus, die mit der Nummer bezeichnet wird.
`-e` *string*	Ersetzt Leerzeichen durch die angegebene Zeichenkette *string*.
`-j` *feld*	Siehe `-1` *feld*, `-2` *feld*.
`-j1` *feld*	Siehe `-1` *feld*.
`-j2` *feld*	Siehe `-2` *feld*.
`-o` *liste*	Die Ausgabezeilen beinhalten die in der Liste angegebenen Felder. Wenn diese Felder nicht in der Eingabe enthalten sind, werden sie wie leere Felder behandelt.
`-t` *zeichen*	Benutzt das angegebene Zeichen als Trennzeichen.
`-v` *dateinummer*	Gibt nur die nicht passenden Zeilen in der angegebenen Datei aus.

Lesen Sie auch `awk` (34), `cut` (22), `paste` (26), `sort` (20), `uniq` (21).

newform

/usr/bin/newform [*optionen*] [*dateien*]

Mit diesem Befehl kann ein Text auf verschiedene Arten umformatiert werden, wobei entweder aus Dateien oder von der Standardeingabe gelesen wird. Beachten Sie, dass Befehlszeilenoptionen in der Reihenfolge, in der sie eingegeben wurden, ausgeführt werden. Ähnlich wie `cut` und `paste`.

Option	Erklärung
`-a` *n*	Fügt *n* Zeichen an das Ende jeder Zeile, um die Zeilenlänge, die durch `-l` angegeben wurde, zu erhalten.
`-b` *n*	Reduziert den Anfang jeder Zeile um *n* Zeichen. Wenn *n* nicht angegeben ist, werden die Zeilen auf die tatsächliche Zeilenlänge gekürzt.
`-c` *zeichen*	Ändert die Zeichen, die von `-a` oder `-b` verwendet werden, auf *zeichen* ab.
`-e` *n*	Reduziert das Ende jeder Zeile um *n* Zeichen.
`-f`	Zeigt die Tabulatorenspezifikation, die von `-o` verwendet wird.

Option	Erklärung
`-i` *spezifikation*	Ersetzt Tabulatoren durch Leerzeichen unter Verwendung der angegebenen Tabulatorenspezifikation (Gegenteil von `-o`).
`-l` *n*	Stellt die tatsächliche Zeilenlänge auf *n* Zeichen ein. Falls kein anderer Wert eingegeben wird, ist der Standardwert 72.
`-o` *tabspezifikation*	Ersetzt Leerzeichen durch Tabulatoren unter Verwendung der angegebenen Tabulatorenspezifikation (Gegenteil von `-i`).
`-p` *n*	Fügt *n* Zeichen an den Anfang jeder Zeile, um die Zeilenlänge, die durch `-l` angegeben wurde, zu erhalten.
`-s`	Entfernt führende Zeichen jeder Zeile bis zum ersten Tabulator und setzt die ersten acht Zeichen an das Ende der Zeile. Die Zeichen nach den ersten acht Zeichen werden durch * ersetzt.

Lesen Sie auch `fmt` (22).

nl

```
/usr/bin/nl [optionen] [dateien]
/usr/xpg4/bin/nl [optionen] [dateien]
```

Dieser Befehl fügt einem Text aus einer Datei oder von der Standardeingabe Zeilennummern hinzu. Die Zeilennummern werden links vom Text eingefügt und am Anfang einer jeden Seite zurückgesetzt.

Option	Erklärung
`-b` *typ*	Die Seitennummerierung kann nach folgenden Kriterien stattfinden: `a`: Nummerierung aller Zeilen `n`: Keine Zeilennummerierung `t`: Nummerierung aller Zeilen außer Leerzeilen `p` *ausdruck*: Nummeriert nur Zeilen, die mit dem regulären Ausdruck *ausdruck* übereinstimmen.
`-d` *zeichen*	Gibt den aus zwei Zeichen bestehenden Feldtrenner für logische Seitenumbrüche an. Wird nur ein Zeichen eingegeben, wird als zweites der Doppelpunkt verwendet.
`-f` *typ*	Auswahl der Seitennummerierung für die Fußzeile. Es gelten dieselben Kriterien wie bei `-b`.
`-h` *typ*	Auswahl der Seitennummerierung für die Kopfzeile. Es gelten dieselben Kriterien wie bei `-f` und `-b`.
`-i` *n*	Erhöht die Seitennummern um *n*.
`-l` *n*	Gibt die Zahl von aufeinander folgenden Leerzeilen an, die als einzelne Zeile gezählt werden.

Option	Erklärung
-n *format*	Formate für Zeilennummerierung: ln: Linksbündig ausrichten, keine führenden Nullen. rn: Rechtsbündig ausrichten, keine führenden Nullen. rz: Rechtsbündig ausrichten. Standardeinstellung ist rechtsbündig ohne führende Nullen (rn).
-p	Setzt beim Seitenumbruch die Seitennummerierung nicht zurück.
-s *sep*	Trennzeichen zwischen Text und Zeilennummer. Standardeinstellung dieses Zeichens ist der Tabulator.
-v *n*	Zuweisung der ersten nummerierten Seite.
-w *n*	Stellenanzahl der Seitennummern. Standardeinstellung ist 6.

Beispiel	Aufgabe
`nl source.c`	Nummeriert die Zeilen einer Quellcodedatei.
`ls | nl`	Nummeriert die Zeilen beim Auflisten des Inhalts eines Verzeichnisses.

Lesen Sie auch `fmt` (22), `sort` (20), `uniq` (21).

paste

`/usr/bin/paste [`*optionen*`] [`*dateien*`]`

Der `paste`-Befehl fügt bestimmte Zeilen zweier Dateien zusammen, indem das Zeilenvorschubzeichen an jedem Zeilenende der ersten Datei durch einen Tabulator ersetzt wird. Die Zeilenvorschubzeichen an jedem Zeilenende der zweiten Datei werden nicht verändert.

Optionen

Option	Erklärung
-d *trennzeichen*	Die Option `-d` wird verwendet, um verschiedene Trennzeichen beim Verbinden von zwei Dateien auszuwählen. Die Trennzeichen werden an der Stelle von *trennzeichen* in einer Liste (ohne Leerzeichen) aufgeführt. Tabulatoren können mit `\t` und Zeilenvorschubzeichen mit `\n` angegeben werden.

Beispiel	Aufgabe
`paste datei1 datei2`	Verbindet jeweils zwei Zeilen zweier Dateien.

Lesen Sie auch `awk` (34), `cut` (22), `join` (24), `newform` (23).

Editoren

ed

/usr/bin/ed
/usr/bin/red
/usr/xpg4/bin/ed

Auf Befehlszeilen basierender Texteditor für UNIX-Betriebssysteme. Der red-Befehl ist eine eingeschränkte Version von ed. Die Verwendung von red ermöglicht es dem Benutzer, nur Dateien im aktuellen Verzeichnis zu editieren. Die Verwendung von Shell-Befehlen mit Hilfe des Ausrufezeichens (!) ist untersagt!
Bei der Ausführung von Shell-Befehlen verwendet /usr/bin/ed die Shell /usr/bin/sh als den Kommandointerpreter. /usr/xpg4/bin/ed benutzt eine ksh-kompatible Shell.

Befehle

Befehle werden in der folgenden Art eingegeben, falls nicht abweichend beschrieben:

[*adresszeile*] [*befehl*]

Befehl	Erklärung
! *befehlszeile*	Die angegebene Befehlszeile wird an die Shell gesandt und ausgeführt.
!!	Wiederholt den zuletzt ausgeführten Shell-Befehl.
a *text*	Fügt *text* hinter die angegebene Zeile ein.
adresszeile	Gibt die angegebene Zeile (*adresszeile*) an der Standardausgabe aus.
c *text*	Löscht die angegebene Zeile und ersetzt sie durch *text*.
d	Löscht die angegebene Zeile oder Zeilen.
e *datei*	Leert den Zwischenspeicher und lädt die Datei *datei* in den Zwischenspeicher. Die aktuelle Zeile wird auf die letzte Zeile der Datei gesetzt. ed überprüft zuerst, ob die aktuelle Datei seit den letzten Änderungen gespeichert wurde.
E *datei*	Entspricht dem Befehl e *datei*, wobei aber nicht überprüft wird, ob die aktuelle Datei seit der letzten Änderung gespeichert wurde.
f *datei*	Ändert den aktuellen Dateinamen auf *datei* um, unabhängig davon, ob *datei* existiert. Alle folgenden Änderungen werden in *datei* geschrieben.
G/regexpr/	Ähnlich dem g-Befehl. Jede Zeile, die den regulären Ausdruck *regexpr* enthält, wird angezeigt, und ein einzelner Befehl kann eingegeben werden. Dieser Befehl wird dann in der angezeigten Zeile ausgeführt. (Er wird auch als *Interactive Global Command* bezeichnet.)
g/regexpr/befehl	Führt den Befehl *befehl* in jeder Zeile aus, die den regulären Ausdruck *regexpr* enthält. *(Bekannt als Global Command.)*
h	Hilfe. Gibt eine kurze Meldung zur letzten Fehleingabe aus.
H	Hilfemodus. Ab sofort rufen alle Fehleingaben Fehlermeldungen hervor.
i *text*	Fügt *text* vor der angegebenen Zeile ein.

Befehl	Erklärung
j	Verbindet zwei angegebene Zeilen. Zeilenvorschubzeichen werden entfernt.
k *zeichen*	Markiert die angegebene Zeile mit dem Zeichen, das durch *zeichen* spezifiziert wird.
l	Schreibt die angegebene Zeile auf die Standardausgabe und zeigt dabei alle Kontrollzeichen und nicht druckbare Zeichen an.
m *adresse*	Verschiebt die angegebene Zeile an die durch *adresse* angegebene Zeile.
n	Zeigt die angegebene Zeile mit Zeilennummern.
newline	Gibt die nächste Zeile im Zwischenspeicher auf der Standardausgabe aus.
p	Gibt die angegebene Zeile auf der Standardausgabe aus.
P	Aktiviert und deaktiviert den Prompt. Ist der Prompt aktiviert, zeigt ein Sternchen am Ende der Befehlszeile, dass ein Befehl eingegeben werden kann.
q	Beenden. Wenn Veränderungen seit der letzten Speicherung vorgenommen wurden, erscheint eine Warnung.
Q	Beendet ohne Überprüfung, ob die Änderungen gespeichert wurden.
r *datei*	Liest eine Datei *datei* in den jeweiligen Zwischenspeicher ein, ohne den aktuellen Dateinamen zu ändern.
s/regexpr/text	Sucht nach Text, der dem regulären Ausdruck *regexpr* entspricht, und ersetzt die erste übereinstimmende Stelle durch *text*.
s/regexpr/text/g	Ähnlich wie s/regexpr/text/, es wird aber jede übereinstimmende Stelle ersetzt.
s/regexpr/text/l	Ähnlich wie s/regexpr/text/, gibt aber die letzte Zeile, in der eine Ersetzung vorgenommen wurde, auf der Standardausgabe aus.
s/regexpr/text/nummer	Ähnlich wie s/regexpr/text/, ersetzt sie aber nur beim n-ten Auftreten, das durch *nummer* spezifiziert wird.
s/regexpr/text/n	Ähnlich wie s/regexpr/text/1, gibt aber die letzte Zeile aus, in der ein Ersetzen im durch n spezifizierten Format vorgenommen wurde.
s/regexpr/text/p	Ähnlich wie s/regexpr/text/1, gibt aber die erste Zeile aus, in der ein Ersetzen vorgenommen wurde.
t *adresse*	Entspricht dem Befehl m. Es werden jedoch die angegebenen Zeilen hinter die durch *adresse* spezifizierte Zeile kopiert.
u	Macht die letzte Änderung im Zwischenspeicher rückgängig.
v /regexpr/befehl	Führt den Befehl *befehl* in allen Zeilen aus, in denen nicht der reguläre Ausdruck enthalten ist, der durch *regexpr* spezifiziert ist.
w *datei*	Schreibt die angegebenen Zeilen in eine durch *datei* spezifizierte Datei. Die Datei wird erstellt (mit den Zugriffsrechten 666), wenn sie nicht schon existiert.

Befehl	Erklärung
W *datei*	Hängt die angegebenen Zeilen an eine durch *datei* spezifizierte Datei. Die Datei wird erstellt (mit den Zugriffsrechten 666), wenn sie nicht schon existiert.
x *schlüssel*	Aktiviert und deaktiviert die Verschlüsselung. Die Verschlüsselung wird mit einer speziellen Taste durchgeführt, die durch *schlüssel* spezifiziert wird. Ist keine Taste angegeben, ist die Verschlüsselung deaktiviert.

EINSCHRÄNKUNGEN
512 Zeichen pro Zeile
256 Zeichen in einer Befehlszeile (ausgenommen die !-Befehle)
255 Zeichen bei einem Pfad- und/oder Dateinamen (einschließlich Schrägstrichen)

vi

```
/usr/bin/vi [optionen] [dateien]
/usr/bin/view [optionen] [dateien]
/usr/bin/vedit [optionen] [dateien]
/usr/xpg4/bin/vi [optionen] [dateien]
/usr/xpg/bin/view [optionen] [dateien]
/usr/xpg/bin/vedit [optionen] [dateien]
```

Editiert und formatiert den Text neu unter Benutzung eines Full-Screen-Editors (visual editor), der auf dem `ex`-Editor basiert. Im Gegensatz zu `vi` kann man mit `view` Texte nur anzeigen, aber nicht editieren.

Befehl	Erklärung
+*befehl*	Führt beim Starten von `vi` den Befehl *befehl* aus.
-c	Verschlüsselungsmodus. Entspricht `-x`, aber es wird davon ausgegangen, dass der gesamte Text verschlüsselt wird.
-l	Konfiguriert `vi`, um LISP-Programme zu editieren.
-L	Zeigt alle gespeicherten Dateien, nachdem `vi` unsauber beendet wurde (System- oder Editorabsturz).
-R	Eine Datei kann nur angezeigt und nicht editiert werden.
-r *dateiname*	Stellt eine Datei wieder her, die sich nach einem Systemabsturz noch im Zwischenspeicher befindet.
-s	Startet im nicht interaktiven Modus (Rückmeldungen werden unterdrückt). Dieser Modus sollte verwendet werden, wenn nicht interaktive Scripts laufen.
-t *tag*	Editiert die Datei, die *tag* beinhaltet, und positioniert den Editor an die entsprechende Stelle.
-v	Verwendet `vi` im Anzeige- und Editiermodus.
-V	Modus mit detaillierter Ausgabe, die an die Standardfehlerausgabe geleitet wird. Nützlich für das Debuggen von Scripts in Verbindung mit `-s`.

Befehl	Erklärung
`-w` *n*	Stellt die Standardgröße des Fensters auf eine Breite von *n* Zeichen ein.
`-x`	Verschlüsselungsmodus. Der Benutzer wird aufgefordert, die Taste zu betätigen, die zur Ver- und Entschlüsselung verwendet wird. Temporäre Zwischenspeicher werden ebenfalls verschlüsselt.

Modus

	Modus starten	Modus beenden	Beschreibung
Befehlsmodus	Starten von `vi` oder Verlassen eines anderen Modus.	**q**	Das ist der normale Modus für `vi` sowie der Modus, der aktiviert ist, wenn der Editor gestartet wird. Wenn andere Modi beendet oder verlassen werden, kehrt `vi` in den Befehlsmodus zurück. **ESC** bricht einen noch nicht ausgeführten Befehl ab.
Eingabemodus	**A, I, O, C, S** (groß oder klein geschrieben) oder **R**	ESC	In diesem Modus kann ein Text eingegeben werden.

Abbruchbefehle

Befehlstaste	Erklärung
ESC	Beendet den Eingabemodus oder bricht einen Befehl ab, bevor er ausgeführt wurde.
DEL	Unterbricht.

Dateimanipulationen

Befehl	Erklärung
`ZZ`	Speichert und beendet, wenn die aktuelle Datei verändert wurde. Andernfalls wird nur beendet.
`:w`	Speichert die Änderungen (Write-out).
`:q`	Beendet, ohne zu speichern.
`:e` *datei*	Editiert *datei*.
`:e!`	Öffnet die Datei nochmals zum Editieren, ohne Rücksicht auf die vorherigen Änderungen.
`:w` *datei*	Speichert *datei*.
`:w!` *datei*	Speichert und überschreibt *datei*, falls schon vorhanden.
`:sh`	Startet die Shell und kehrt danach zu `vi` zurück.

Befehl	Erklärung
`:! befehl`	Führt den Befehl *befehl* aus und kehrt zu `vi` zurück.
`:n`	Wechselt zur nächsten geladenen Datei.
`^G` (Strg und G)	Gibt den aktuellen Dateinamen und die Dateizeile zurück.
`:ta tag`	Positioniert den Cursor an die Stelle *tag*.

Navigation und Positionierung

Befehl	Erklärung
`^f` (Strg und f)	Eine Bildschirmseite vorwärts.
`^b` (Strg und b)	Eine Bildschirmseite zurück.
`^u` (Strg und u)	Halbe Bildschirmseite vorwärts.
`^d` (Strg und d)	Halbe Bildschirmseite zurück.
`-nG`	Springt an den Anfang der Zeile Nummer *n*.
`/suchmuster`	Springt an die nächste Stelle, die dem angegebenen Textmuster entspricht.
`?suchmuster`	Springt an die letzte Stelle die dem angegebenen Textmuster entspricht.
`n`	Wiederholt die letzte Suche mit `?` oder `/`.
`N`	Führt die letzte Suche mit `?` oder `/` in umgekehrter Reihenfolge aus.
`/suchmuster/+n`	Springt zur *n*-ten Zeile nach dem angegebenen Textmuster.
`?suchmuster?-n`	Springt zur *n*-ten Zeile vor dem angegebenen Textmuster.
`]]`	Nächster Abschnitt.
`[[`	Vorheriger Abschnitt.
`(`	Springt an den Satzanfang.
`)`	Springt ans Satzende.
`{`	Springt an den Anfang des Absatzes.
`}`	Springt an das Ende des Absatzes.
`%`	Findet Klammern oder eine Parenthese.
`H`	Springt an den Anfang (Kopf) des Bildschirms.
`L`	Springt an das Ende (letzte Zeile) des Bildschirms.
`M`	Springt in die Mitte des Bildschirms.
`+`	Nächste Zeile.
`-`	Vorherige Zeile.
CR-Taste (Zeilenschaltung)	Siehe +.
`v` **oder** `j`	Springt in die nächste Zeile, aber bleibt in der gleichen Spalte.

Befehl	Erklärung
^ oder k	Springt in die vorherige Zeile, aber bleibt in der gleichen Spalte.
^	Springt zum ersten Zeichen, das kein Leerzeichen ist.
0	Zeilenanfang.
$	Zeilenende.
:$	Springt an das Ende der Datei.
1, **Leerzeichen,** → (Cursortaste vorwärts)	Ein Zeichen vorwärts.
h, **CTRL+h** (Strg und h), ← (Cursortaste rückwärts)	Ein Zeichen zurück.
Fx	Findet das nächste *x*.
Fx	Findet das vorherige *x*.
Tx	Springt zum Zeichen unmittelbar vor *x*.
Tx	Springt zum Zeichen unmittelbar nach *x*.
;	Wiederholt die letzten erteilten f-, F-, t- oder T-Befehle.
,	Wiederholt die letzten erteilten f-, F-, t- oder T-Befehle in umgekehrter Reihenfolge.
n|	Springt zur Spalte *n*.
W	Ein Wort vorwärts.
B	Ein Wort zurück.
E	Springt an das Wortende.
e	Springt zum letzten Zeichen eines durch Leerzeichen getrennten Wortes.

Textmarkierung

Befehl	Erklärung
Mx	Markiert die aktuelle Position (mit *x)*.
\`x	Springt zur nächsten Markierung.
´x	Bewegt den Cursor zum ersten Zeichen (kein Leerzeichen) in der markierten Zeile.

Einfügen und Ersetzen von Text

Befehl	Erklärung
X	Löscht das letzte Zeichen (Backspace) links neben dem Cursor.
nX	Löscht die letzten *n* Zeichen.
dw	Löscht das aktuelle Wort.

Befehl	Erklärung
x	Löscht das nächste Zeichen rechts neben dem Cursor.
nx	Löscht die nächsten *n* Zeichen.
dd	Löscht die aktuelle Zeile.
ndd	Löscht ab der aktuellen Zeile *n* Zeilen.
D	Löscht bis zum Zeilenende.
d^	Löscht bis zum Zeilenanfang rückwärts.
a	Hängt einen Text hinter die aktuelle Position an.
A	Hängt einen Text an das Ende der aktuellen Zeile.
i	Fügt einen Text vor die aktuelle Position ein.
I	Fügt einen Text am Anfang der Zeile ein.
R*zeichen*	Ersetzt ein einzelnes Zeichen mit dem angegebenen Zeichen *zeichen*.
R*zeichen*ESC	Ersetzt mehrere Zeichen, die durch *zeichen* spezifiziert sind.

Operatoren

vi kann auch mit Hilfe von Operatoren gesteuert werden. Das folgende Beispiel kopiert (*yank*) den nachfolgenden Satz ab der aktuellen Cursorposition in den Puffer: y)

Operator	Erklärung
!	Durchsucht den Text mit einem Befehl.
<	Umschalttaste links.
>	Umschalttaste rechts.
c	Ändert (Austauschoperator).
C	Ändert gesamte Zeile.
d	Löscht (Löschoperator).
D	Löscht eine gesamte Zeile.
J	Verbindet Zeilen.
s	Ersetzt Zeichen.
S	Ersetzt ganze Zeilen.
u	Nimmt die letzte Änderung zurück.
U	Macht die Änderungen der aktuellen Zeile rückgängig.
x	Löscht Zeichen.
X	Löscht Zeichen vor der aktuellen Position.
y	Kopiert in den Zwischenspeicher (auch *yanking* genannt) (Kopier- oder Austauschoperator).
Y	Kopiert Zeilen.

Operator	Erklärung
p	Fügt die kopierten Zeilen vor der aktuellen Position ein.
P	Fügt die kopierten Zeilen hinter der aktuellen Position ein.

Lesen Sie auch awk (34), ed (27), sed (45).

Weitere Textbearbeitungstools

awk

`/usr/bin/awk [optionen] [dateien]`

Textbearbeitungsprogramm, das Scriptsprache verwendet.

Option	Erklärung
- f *datei*	Verwendet *datei* als Programmdatei.
-F *zeichen*	Verwendet *zeichen* als Trennzeichen.

Vordefinierte Variablen

Variable	Erklärung
FILENAME	Aktueller Dateiname.
FS	Aktueller Feldtrenner. Kann in der Befehlszeile mit -F geändert werden.
NF	Anzahl der Felder im aktuellen Datensatz.
NR	Nummer des aktuellen Datensatzes.
OFMT	Zahlenformat, Standardwert ist 6 Stellen hinter dem Komma.
OFS	Feldtrenner für die Ausgabe. Standardwert ist ein Leerzeichen.
ORS	Feldtrenner für Datensätze. Standardwert ist »neue Zeile« (Zeilenschaltung).
RS	Feldtrenner für Datensatzeingabe. Standardwert ist »neue Zeile« (Zeilenschaltung).

Aktionen und Funktionen

Aktion/ Funktion	Erklärung
break	Unterbrechung der Programmschleife (Loop).
continue	Springt direkt zur nächsten Wiederholung (Iteration) einer Programmschleife (Loop).
exit	Beendet das Lesen der Eingabe und schließt das Programm.

Aktion/ Funktion	Erklärung
`exp(x)`	Gibt den Wert von *ex* zurück.

`for(expr1: expr2: expr3) befehl`	Drei Ausdrücke steuern die `for`-Programmschleife:
	expr1 beginnt die Programmschleife.
	expr2 ist die Bedingungsabfrage; solange sie wahr ist, werden die Aktionen der Schleife durchgeführt.
	expr3 wird verwendet, um die Variable der Programmschleife zu ändern.
	Beispiel: Erhöhung einer Variablen auf eine bestimmte Zahl (kleiner als 10):
	`for (i=0; i<10; i++) befehl`
	Der Aufruf eines Befehls für jeden Datensatz eines Bereichs sieht ähnlich aus:
	`for (datensatz in bereich) befehl`

`getline`	Liest den nächsten Datensatz aus der aktuellen Eingabedatei.
`index(string1, string2)`	Gibt die Position von *string1* in *string2* an. Falls *string1* nicht gefunden wird, wird Null angezeigt.
`int(n)`	Konvertiert *n* in einen Integerwert durch Kürzen.
`length(string)`	Gibt die Länge der Zeichenkette an.
`match(string, egexpr)`	Gibt die Position des Ausdrucks *regexpr* in der Zeichenkette an.
`next`	Geht zur nächsten Eingabezeile.
`print`	Gibt die Argumente an der Standardausgabe aus. Um Felder zu drucken, die durch das Trennzeichen `FS` getrennt sind, verwenden Sie *$feldnummer* (z.B. `print $3` würde das dritte Feld drucken). Umleitungen und Pipes können mit dem Ausgabebefehl benutzt werden.
`printf`	Gleich wie `print`, verwendet aber die `printf`-Formatierung der Programmiersprache C. Gültige Formate beinhalten Folgendes: Dezimalzahl: `%d` Zeichenkette: `%s` Fließkommaschreibweise: `%x.yf` (*x* ist die komplette Anzahl der Zahlen, und *y* ist die Anzahl der Zahlen hinter dem Komma.)
`split(string, a, fs)`	Teilt *string* in einen Bereich, der durch *a* unter Nutzung von *fs* als Trennzeichen spezifiziert wird. Der Bereich hat die Elemente *a[1], a[2]...a[n]*.
`sprintf(format, expr, expr)`	Formatiert die Ausdrücke in einer ähnlichen Weise wie `printf`.
`substr(string,m,n)`	Gibt die ersten *n* Zeichen von *string* aus, die bei Position *m* beginnen.

Lesen Sie auch ed (27), sed (45), vi (29).

Weitere Textbearbeitungstools

ex

```
/usr/bin/ex [optionen] [dateien]
/usr/xpg4/bin/ex [optionen] [dateien]
```

Texteditor, der auf dem Editor ed basiert und sich auf den Editor vi bezieht.

Option	Erklärung
`+befehl`	Siehe `-c befehl`.
`-C`	Genauso wie die Option `x`, nur dass angenommen wird, der gesamte gelesene Text wäre verschlüsselt.
`-c befehl`	Führt *befehl* beim Starten aus.
`-l`	Verwendet den `LISP`-Modus beim Editieren.
`-L`	Zeigt die Namen aller gespeicherten Dateien an, nachdem der Editor unsachgemäß verlassen wurde.
`-R`	Eine Datei kann nur angezeigt und nicht editiert werden.
`-r datei`	Wiederherstellen und Editieren von *datei*, die im Zwischenspeicher gespeichert wurde, nachdem `ex` unsachgemäß geschlossen wurde.
`-s`	Keine Ausgabe. Sinnvoll, wenn es in Scripts benutzt wird, bei denen keine Ausgabe für den Benutzer notwendig ist.
`-v`	Verwendet einen Full-Screen-Editiermodus, der dem `vi` entspricht.
`-V`	Liefert eine ausführliche Ausgabe.
`-wn`	Stellt den Bildschirm auf eine Breite von *n* Zeichen ein.
`-x`	Verschlüsselungsmodus. Diese Option fordert den Benutzer auf, einen Verschlüsselungscode einzugeben.

Art der Funktion

Modus	Erklärung
Befehlsmodus	Normaleinstellung. `ex` startet in diesem Modus. Ein Doppelpunkt (:) wird als Befehlspromptzeichen angezeigt.
Einfügemodus	Geben Sie **a**, **c** oder **i** ein, um in den Einfügemodus zu gelangen. Geben Sie einen Punkt (.) in einer Zeile ein, um in den Befehlsmodus zu gelangen.
Visueller Modus	Geben Sie **vi** ein, um in den visuellen Modus zu gelangen. Geben Sie Q ein, um in den Befehlsmodus zu gelangen.

Befehle

Aufgabe	Befehl	Erklärung
Abkürzen	`ab [`*string1*`][`*string2*`]`	Nach der Eingabe dieses Befehls wird immer, wenn *string1* eingegeben wird, diese Eingabe durch *string2* ersetzt.
Fenster anpassen	`[`*adresse*`] z [`*option*`][`*n*`]`	Gibt alle Zeilen von der mit *adresse* angegebenen Zeile bis zur *n*-ten Zeile in einem angepassten Fenster aus. Es gibt folgende Optionen: -: Angegebene Zeile unten .: Angegebene Zeile in der Mitte +: Angegebene Zeile oben ^: Vorhergehendes Fenster =: Setzt die aktuelle Zeile gleich der angegebenen Zeile und positioniert sie in der Mitte des Fensters.
Anhängen	`[`*adresse*`] a[!]`*text*	Fügt *text* hinter den angegebenen Zeilen ein. Die Benutzung von `!` aktiviert die automatische Einrückung.
Argumente	`ar`	Zeigt Dateien an, die bereits editiert wurden.
Ändern	`[`*adresse*`] c[!]`*text*	Ersetzt die angegebenen Zeilen mit *text*. Die Benutzung von `!` aktiviert die automatische Einrückung.
Wechseln des Verzeichnisses	`cd` *verzeichnis*	Wechselt das laufende Verzeichnis nach *verzeichnis*.
Kopieren	`[`*adresse1*`] co [`*adresse2*`]`	Kopiert den durch *adresse1* angegebenen Text nach *adresse2*.
Löschen	`[`*adresse*`] d [`*Puffer*`]`	Löscht den durch *adresse* angegebenen Text. Ist ein Zwischenspeicher spezifiziert, wird der gelöschte Text in *puffer* kopiert.
Editieren	`e[!] [`*+zeile*`] [`*datei*`]`	Editiert die durch *datei* spezifizierte Datei in der Zeile *zeile*. Wird `!` verwendet, wird die aktuelle Datei vor dem Schließen nicht gespeichert.
Verschlüsselung	`X`	Verwendet die Verschlüsselung und stellt fest, ob die Eingabe verschlüsselt ist oder nicht.
Escape	`[`*adresse*`] !`*befehl*	Führt den Befehl für die durch *adresse* angegebenen Zeilen aus und ersetzt diese durch die Ausgabe. Wenn keine Adresszeile angegeben wird, wird der Befehl einfach ausgeführt und die Ausgabe an die Standardausgabe gesandt.

Aufgabe	Befehl	Erklärung
Datei	f [*datei*]	Ist kein Dateiname angegeben, wird nur der aktuelle Dateiname angezeigt. Ist ein Dateiname angegeben, wird der aktuelle Dateiname in *datei* umgeändert.
Erzwungene Verschlüsselung	C	Es wird angenommen, dass die gesamte Eingabe verschlüsselt ist.
Global	[*adresse*] g[!]/*suchmuster*/ [*befehl*]	Sind Zeilen angegeben, wird der Befehl für alle angegebenen Zeilen ausgeführt. Sind keine Zeilen angegeben, wird der Befehl für Zeilen, in denen bestimmte Textstrukturen vorkommen, ausgeführt. Wird kein Befehl erteilt, werden die Zeilen an die Standardausgabe gesandt. ! invertiert das Suchmuster. (Befehle gelten für Zeilen, die das Suchmuster nicht enthalten.)
Einfügen	[*adresse*] i[!]*text*	Fügt den Text vor die angegebenen Zeilen ein. ! aktiviert die automatische Einrückung.
Verbinden	[*adresse*] j[!][*count*][*flags*]	Verbindet angegebene Zeilen zu einer einzigen Zeile und setzt zwei Leerzeichen nach einem Punkt. ! verbindet die Zeilen ohne Hinzufügen von Leerzeichen.
Auflisten	[*adresse*] l	Listet angegebene Zeilen, Tabstopps (^I) und Zeilenschaltungen ($) auf.
Aufzeichnen	map[!] [*makro befehle*]	Erstellt ein Makro mit dem Namen *makro*, das die Befehle, die durch *befehle* spezifiziert sind, ausführt.
Markieren	[*adresse*] ma [*markierung*]	Markiert die angegebenen Zeilen mit dem Zeichen *markierung*.
Verschieben	[*adresse1*] m [*adresse2*]	Verschiebt die durch *adresse1* angegebenen Zeilen nach *adresse2*.
Nächste Datei	n[!] [*dateien*]	Beginnt das Editieren der nächsten Datei in der Dateiliste. Wenn eine Dateiliste mit *dateien* spezifiziert ist, wird die aktuelle Dateiliste ignoriert. Das Zeichen ! bewirkt, dass Veränderungen nicht gespeichert werden.
Nummer	[*adresse*] nu [*n*]	Zeigt die angegebenen Zeilen mit Zeilennummern an. Wird eine Zahl *n* angegeben, werden *n* Zeilen angezeigt, beginnend mit der Adressenzeile.

Aufgabe	Befehl	Erklärung
Öffnen	[*adresse*] o [*/suchmuster/*]	Der vi-Modus wird gestartet (einzeilige vi-Befehle können verwendet werden), beginnend beim durch *adresse* angegebenen oder durch *suchmuster* spezifizierten Text.
Speichern	pre	Speichert die aktuelle Datei.
Drucken	[*adresse*] p [n]	Druckt *n* Zeilen, beginnend mit der durch *adresse* spezifizierten Zeile.
Nächste Zeile ausgeben	<newline> (<*neue Zeile*>)	Gibt die nächste Zeile an der Standardausgabe aus.
Einfügen	[*adresse*] pu [*puffer*]	Setzt den Inhalt des Zwischenspeichers an die durch *adresse* spezifizierte Adresse.
Beenden	q[!]	Editor beenden. ! beendet, ohne zu speichern.
Lesen	[*adresse*] r [*datei*]	Fügt den Text aus *datei* hinter die angegebenen Zeilen ein. Ein Befehl kann anstelle einer Datei durch die Eingabe **!befehl** verwendet werden.
Wiederherstellen	rec [*datei*]	Stellt *datei* wieder her. Siehe auch Stichwort »Speichern« in dieser Tabelle.
Zurückgehen	rew[!]	Geht zu ersten Datei der Dateiliste zurück. ! wechselt zur ersten Datei, ohne die Änderungen zu speichern.
Shell	sh	Verwendet eine neue Shell.
Shell Escape	!	Geht zur Shell.
Links verschieben	[*adresse*] < [n]	Verschiebt angegebene Zeilen um *n* Zeichen nach links.
Rechts verschieben	[*adresse*] > [n]	Verschiebt angegebene Zeilen um *n* Zeichen nach rechts.
Quelle	so *script*	Führt ein ex-Script aus, das durch *script* spezifiziert wurde.
Ersetzen	[*adresse*] s [*/suchmuster/ text/*][opt][n]	Ersetzt einen Text, der der Textstruktur *suchmuster* entspricht, durch *text*, beginnend in der angegebenen Zeile bis zur *n*-ten Zeile. Es gibt folgende Optionen: c: Bestätigt jedes Ersetzen. g: Komplettes Ersetzen. p: Gibt die letzte ersetzte Zeile aus.
Kennzeichen (tag)	ta *tag*	Beginnt die Datei zu editieren, die mit dem Kennzeichen *tag* versehen ist.

Aufgabe	Befehl	Erklärung
Nicht abkürzen	`una` *string*	Hebt das Abkürzen von *string* auf. Siehe auch »Abkürzen« in dieser Tabelle.
Rückgängig machen	`u`	Macht die letzte Änderung rückgängig.
Aufzeichnung löschen	`unm[!]` *makro*	Löscht das Makro, das durch das Zeichen *makro* spezifiziert ist. `!` entfernt Makros mit Eingabemodus.
Version	`ve`	Zeigt `ex` aktuelle Versionsnummer.
Visuell	`[`*adresse*`] vi [`*fenstergröße*`]`	Verwendet den visuellen Modus zum Editieren, beginnend mit den angegebenen Zeilen unter Benutzung der Fenstergröße *fenstergröße*.
Schreiben	`[`*adresse*`] w[!][>>][`*datei*`]`	Schreibt die angegebenen Zeilen in die Datei. Wird >> verwendet, werden die Zeilen an die Datei angehängt. `!` veranlasst `ex`, die Datei zu überschreiben.
Schreiben und Beenden	`wq`	Schreibt und beendet. ! stellt sicher, dass keine der gegenwärtigen Inhalte der aktuellen Datei überschrieben werden.
Zwischenspeicher	`[`*adresse*`] ya [`*puffer*`][n]`	Kopiert *n* Zeilen in den Zwischenspeicher, beginnend mit den angegebenen Zeilen. Ist kein Zwischenspeicher angegeben, wird der Standardpuffer verwendet.

Editier-Optionen

Aufgabe	Option	Erklärung
Autoindent (Automatisches Einrücken)	`Ai`	Rückt die Zeilen automatisch ein.
Autowrite Directory (Automatisches Speichern)	`Aw`	Speichert die Veränderungen immer, bevor die Datei gewechselt wird.
Exrc	`Ex`	Liest `.exrc` beim Laden.
Ignore Case (Groß-/Kleinschreibung ignorieren)	`Ic`	Ignoriert die Groß-/Kleinschreibung bei Suchmustern.
List (Auflisten)	`List`	Zeigt Tabstopps (`^I`) und Zeilenschaltungen (`$`) an.
Magic (Sonderzeichen)	`magic`	Behandelt `.`, `[` und `*` als Sonderzeichen in Suchmustern.

Aufgabe	Option	Erklärung
Mode Lines (Moduszeilen)	modelines	Die ersten und die letzen fünf Zeilen werden als ex-Befehle ausgeführt. Sie müssen in einer der folgenden Formen dargestellt sein: ex:befehl: vi:befehl:
Number (Zahl)	Nu	Zeigt die Zeilennummern an.
Paragraphs (Absatz)	Para	Verwendet das erste Zeichen jedes Absatzes als Makro.
Redraw (Neu entwerfen)	Redraw	Versucht, ein Terminal so zu verwenden, als ob es eine intelligente Datenstation wäre.
Report (Berichten)	Report	Wenn der letzte Befehl mehr Befehle modifiziert als die Reportvariable, wird der Anwender informiert.
Scroll (Blättern)	Scroll	Befehlsmoduszeilen.
Section (Abschnitt)	Sect	Ein Bereich, der Makros ausführt.
Show Mode (Modi anzeigen)	Smd	Zeigt den vi-Einfügemodus.
Slow Open (Langsames Öffnen)	Slow	Aktualisiert während des Einfügens nicht.
Terminal	term	Definiert den Terminal-Typ.
Window (Fenster)	window	Zeilen im visuellen (Full-Screen-)Modus
Wrap Margins (Umbruch an den Rändern)	wm	Bricht die Zeilen automatisch am Rand um.
Wrap Searches (Umbruch suchen)	ws	Sucht nach einem Umbruch, wenn das Ende der Datei erreicht ist.

Lesen Sie auch awk (34), ed (27), sed (45), vi (29).

grep

`/usr/bin/grep [optionen] pattern [datei]`

Das Programm grep wird verwendet, um in einer Datei bestimmte Zeichenfolgen oder Textmuster zu finden. In der Regel druckt grep alle Zeilen eines Textes, die das gegebene Muster oder eine spezifizierte Zeichenkette enthalten. Das Programm kann auch die Eingabe von der Standardeingabe verarbeiten, wenn keine Datei angegeben wird.

Option	Erklärung
-b	Gibt die Blocknummern für jede Zeile aus.
-c	Gibt die Nummern der Zeilen, die das Suchmuster enthalten.
-h	Gibt keine Dateinamen aus, wenn mehrere Dateien durchsucht werden.

Option	Erklärung
`-i`	Führt eine von der Groß-/Kleinschreibung unabhängige Suche durch.
`-l`	Listet die Dateien auf, die das Muster enthalten. Wird das Muster mehrmals in einer Datei gefunden, wird der Dateiname nur einmal ausgedruckt.
`-n`	Zeigt die Zeilennummern für jede ausgegebene Zeile an.
`-s`	Gibt keine Fehlermeldungen aus.
`-v`	Umgekehrte (invertierte) Suche. Gibt alle Zeilen aus, die das Suchmuster nicht enthalten.

Beispiel	Aufgabe
`grep smith /etc/passwd`	Gibt alle Zeilen aus, bei denen in der Passwort-Datei des Systems der Name `smith` vorkommt.
`grep security*`	Gibt alle Dateinamen und Zeilen in allen Dateien des aktuellen Verzeichnisses aus, die das Wort `security` enthalten
`usr/ucb/ps -auxw | grep smithj`	Zeigt alle Prozesse an, die im Moment dem Benutzer `smithj` gehören.
`grep -v false` *datei2*	Gibt alle Zeilen der Datei aus, die das Wort `false` nicht enthalten.

nawk

```
/usr/bin/nawk [optionen] ['programm']
/usr/xpg4/bin/awk [optionen] ['programm']
```

Ein Textprogramm, das die Scriptsprache benutzt. `nawk` hat mehr Funktionen als `awk`.

Option	Erklärung
`-f` *datei*	Verwendet *datei* als die Programmdatei. Wenn mehrere `-f`-Optionen verwendet werden, werden die spezifizierten Dateien verbunden und als ein einziges Programm verwendet.
`-Fchar`	Verwendet *char* als Trennzeichen. Anstelle von *char* kann auch ein regulärer Ausdruck (regular expression) verwendet werden.

Vordefinierte Variablen

Variable	Beschreibung
`ARGC`	Anzahl der Befehlszeilenargumente.
`ARGV`	Bereich der Befehlszeilenargumente. `ARGV[1]...ARGV[ARGC]`

Variable	Beschreibung
CONVFMT	Zahlenkonvertierungsformat. Es wird nur für die Zahlenkonvertierung von *printf* verwendet – nicht für Ausgabedefinitionen.
FILENAME	Aktueller Dateiname.
FNR	Relative Anzahl der aktuellen Aufzeichnung.
FS	Aktuelles Trennzeichen. Kann in der Befehlszeile mit `-F` verändert werden.
LENGTH	Länge der Zeichenkette, die dem Suchmuster entspricht.
NF	Zahl der Felder im aktuellen Datensatz.
NR	Nummer des aktuellen Datensatzes.
OFMT	Aktuelles Zahlenformat. Standardeinstellung sind sechs Stellen hinter dem Komma.
OFS	Trennzeichen für die Ausgabe. Standardeinstellung ist ein Leerzeichen.
ORS	Trennzeichen für Datensätze. Standardeinstellung ist ein Zeilenvorschub.
RS	Trennzeichen für Datensatzeingabe. Standardeinstellung ist ein Zeilenvorschub.
RSTART	Die Position des ersten Zeichens in der Zeichenkette, die dem Suchmuster entspricht.
SUBSEP	Trennzeichen für Tabellenbereiche.

Aktionen und Funktionen

Aktionen/ Funktionen	Erklärung
atan2(*x*,*y*)	Arcustangente von *x*/*y*.
Break	Unterbrechung der Programmschleife.
close(*expr*)	Schließt die durch *expr* definierte Datei oder die Pipe.
Continue	Geht direkt zur nächsten Iteration einer Programmschleife.
cos(x)	Cosinus *x*.
Do *statements* while(expr)	Programmschleife. Angaben in der Programmschleife (*statements*) werden ausgeführt, so lange der Begriff *expr* wahr ist.
Exit	Beendet das Einlesen von Daten und schließt das Programm.
exp(x)	Gibt den Wert von ex zurück.
expr | getline	Der Ausgabewert von *expr* wird an `getline` gesendet.

Aktionen/ Funktionen	Erklärung
`for(expr1: expr2: expr3) befehl`	Drei Ausdrücke kontrollieren die `for`-Programmschleife: *expr1* beginnt die Programmschleife. *expr2* ist die Bedingungsabfrage; solange sie wahr ist, werden die Aktionen der Schleife durchgeführt. *expr3* wird verwendet, um die Variable der Programmschleife zu ändern. Ein allgemeines Beispiel ist die Erhöhung der Variablen auf eine bestimmte Zahl: `for(i=0; i<10; i++) befehl`
`for(record in array) befehl`	Führt den Befehl *befehl* für jeden Datensatz *record* im Bereich *array* aus.
`function fname (args) {statements}`	Benutzerdefinierte Funktionen: *fname* ist der Funktionsname. *args* sind beliebige Argumente, die an die Funktionen geschickt werden. *statements* sind die in Klammern gesetzten Funktionsangaben.
`Getline`	Liest den nächsten Datensatz in der aktuellen Eingabedatei.
`getline < expr`	Berechnet *expr* und behandelt den Wert der Ausgabe als Dateiname. Die Eingabe wird dann aus dieser Datei genommen.
`getline variable`	Weist den Wert der nächsten Zeile der Eingabe der Variablen *variable* zu.
`gsub(regexpr, index(string1, string2))`	Gibt die Position von *string1* in *string2* an. Falls *string1* nicht gefunden wird, wird Null angezeigt.
`int(n)`	Konvertiert *n* in ein Integerwert durch Kürzen.
`lenght(string)`	Gibt die Länge der Zeichenkette aus.
`log(x)`	Natürlicher Logarithmus von *x*.
`match(string, regexpr)`	Gibt die Position des regulären Ausdrucks *regexpr* in der Zeichenkette an.
`Next`	Geht zur nächsten Eingabezeile.
`print`	Gibt die Argumente an der Standardausgabe aus. Um Felder auszugeben, die durch das Trennzeichen `FS` getrennt sind, verwenden Sie `$feldnummer` (z.B. `print $3` würde das dritte Feld drucken). Datenumleitungen und Pipes können bei Ausgabedefinitionen verwendet werden.
`printf`	Gleich wie `print`, verwendet aber die `printf`-Formatierung der Programmiersprache `C`. Gültige Formate beinhalten Folgendes: Dezimalzahl: `%d` Zeichenketten: `%s` Fließkommaschreibweise: `%x.yf` (*x* ist die komplette Anzahl der Zahlen, und *y* ist die Anzahl der Zahlen hinter dem Komma.)

Aktionen/ Funktionen	Erklärung
`rand()`	Gibt eine Zufallszahl zwischen 0 und 1 aus.
`sin(x)`	Sinus *x*.
`split(`*string*`,`*a*`,`*fs*`)`	Teilt *string* in einen Bereich, der durch *a* unter Nutzung von *fs* als Trennzeichen spezifiziert wird. Der Bereich hat die Elemente *a[1], a[2]...a[n]*.
`sprintf(format,expr,expr)`	Formatiert die Ausdrücke in einer ähnlichen Weise wie `printf`.
`sqrt(x)`	Quadratwurzel von *x*.
`srand(n)`	Setzt den Zufallszahlengenerator (`rand()`) auf *n*. Wenn *n* weggelassen wird, wird die Uhrzeit verwendet.
`sub(`*regexp*`,`*string*`)`	Ersetzt den Text, der dem regulären Ausdruck *regexp* entspricht, durch die Zeichenkette *string*.
`substr(`*string*`,`*m*`,`*n*`)`	Gibt die ersten *n* Zeichen der Zeichenkette *string* aus, die bei Position *m* anfängt.
`system(`*expr*`)`	Führt den Befehl aus, der durch die Verarbeitung des durch *expr* spezifizierten Ausdrucks zurückgegeben wird. Ähnlich wie die Funktion `system()` der Programmiersprache C.
`tolower(`*string*`)`	Gibt die Zeichenkette *string* in Kleinbuchstaben zurück.
`toupper(`*string*`)`	Gibt die Zeichenkette *string* in Großbuchstaben zurück.

Lesen Sie auch `ed` (27), `sed` (45), `vi` (29).

sed

/usr/bin/sed [*optionen*] [*datei*]
/usr/xpg4/sed/ [*optionen*] [*datei*]

Ein Programm, um Datenströme und Dateien zu editieren oder zu verändern.

Option	Erklärung
`-e` *befehl*	Führt den Editierbefehl aus, der durch *befehl* spezifiziert ist. Die Option `-e` kann mehrmals an einer Befehlszeile verwendet werden.
`-f` *datei*	Verwendet die Editierbefehle der Scriptdatei, die durch *datei* spezifiziert ist.
`-n`	Keine Ausgabe.

Editierbefehle

Editierbefehle sind dem Befehlszeilen-Editor `ed` sehr ähnlich. Sie werden in folgender Form verwendet:

[*addressen*] *befehl* [*argumente*]

Befehl	Erklärung
`! befehl`	Führt den Befehl *befehl* in den **nicht** angegebenen Zeilen aus.
`#`	Kommentar. Ist # das erste Zeichen einer Zeile, wird diese als Kommentar behandelt und ignoriert. Siehe *#n*.
`#n`	Wenn # und unmittelbar danach *n* die ersten beiden Buchstaben einer Zeile sind, dann wird die Ausgabe für den Rest des Scripts unterdrückt.
`:label`	Bestimmt ein Label namens *label* für die Benutzung in einem Script. Steht dieser Befehl alleine, bewirkt er nichts.
`{befehle}`	Führt *befehle* in den spezifizierten Adressenzeilen aus.
`{befehle}}`	Führt *befehle* in dem ausgewählten Suchmusterbereich aus.
`=}`	Sendet die aktuelle Zeilennummer zur Standardausgabe.
`a text`	Hängt *text* hinter jede angegebene Zeile. Die Ergebnisse werden an die Standardausgabe gesandt.
`b label`	Geht im Script direkt zu `:label`. Der Befehl, der `:label` als nächster folgt, wird auch als nächster ausgeführt.
`c text`	Ersetzt den angegebenen Text mit *text*.
`d`	Löscht den angegebenen Text.
`D`	Löscht vom mehrteiligen Suchmuster bis zur ersten Zeilenschaltung. Mehrteilige Suchmuster können mit Hilfe des Befehls `N` definiert werden.
`g`	Ersetzt den Suchmusterbereich mit der Zwischenablage. Die Zwischenablage wird mit dem Befehl `h` oder `H` definiert. Ähnlich dem Einfügen aus einer Zwischenablage.
`G`	Ähnlich wie `g`, aber die Zwischenablage wird an das Suchmuster angehängt, anstatt sie zu ersetzen. Ähnlich dem Einfügen aus einer Zwischenablage.
`h`	Kopiert den Suchmusterbereich in die Zwischenablage. Ähnlich dem Kopieren in eine Zwischenablage. Vorherige Inhalte der Zwischenablage werden ersetzt.
`H`	Ähnlich wie `h`, aber der Suchmusterbereich wird an die Zwischenablage angehängt, anstatt ihn zu ersetzen.
`i text`	Fügt *text* vor jeder angegebenen Zeile ein. Die Ergebnisse werden an die Standardausgabe gesandt.
`L`	Gibt den Suchmusterbereich an der Standardausgabe aus, einschließlich der Kontrollzeichen und der nicht druckbaren Zeichen.
`n`	Ersetzt den Suchmusterbereich mit der nächsten Zeile des Textes. Die Ergebnisse werden an die Standardausgabe gesandt.
`N`	Ähnlich wie `n`, aber die nächste Zeile wird an den Suchmusterbereich angehängt, anstatt dass sie ihn ersetzt.

Befehl	Erklärung
`p`	Gibt den Suchmusterbereich an der Standardausgabe bis zum nächsten Zeilenvorschub aus.
`P`	Gibt den Suchmusterbereich an der Standardausgabe aus.
`Q`	Beendet. Wenn eine Adresse angegeben ist, wird die angegebene Zeile an die Standardausgabe geschickt, bevor das Programm verlassen wird.
`r` *`datei`*	Hängt die Inhalte der Datei, die durch *`datei`* spezifiziert wird, direkt an den Suchmusterbereich.
`s/regexp/text`	Ersetzt. Ersetzt den Text von *`flags`* mit dem durch *regexpr* spezifizierten Ausdruck. Die folgenden Flags ändern das Verhalten der Ersetzung: `n`: Wird ein Integerwert *n* verwendet, wird nur das *n*-te Vorkommen ersetzt (*n* =1...512). `g`: Globales Ersetzen. Ersetzt jedes Vorkommen des Suchmusters. `p`: Gibt den Suchmusterbereich für die erfolgten Ersetzungen aus. `w` *`datei`*: Werden irgendwelche Ersetzungen durchgeführt, werden sie in die Datei geschrieben. Die Verwendung von `w` ersetzt die aktuellen Inhalte von *`datei`*, wenn diese bereits bestehen. Alle Ersetzungen werden an die Datei angehängt.
`t` *`label`*	Geht zu `:`*`label`* im Script, wenn irgendwelche Änderungen in den angegebenen Zeilen erfolgten.
`w` *`datei`*	Schreibt den Suchmusterbereich in die durch *`datei`* spezifizierte Datei. Der Suchmusterbereich wird an das Ende der Datei gehängt.
`X`	Gleich wie `h`. Tauscht die Inhalte des Suchmusterbereichs und des Zwischenspeichers aus.
`y/string1/string2`	Wandelt die Zeichen von zwei gleich langen Zeichenfolgen um. *`string1`* muss die gleiche Anzahl an Zeichen haben wie *`string2`*.

Beispiel	Erklärung
`s/thinkhole/meltzer/g db.foo`	Ersetzt global `meltzer` durch `thinkhole` in der Datei `db.foo`.

Lesen Sie auch `awk` (34), `ed` (27), `ex` (36), `grep` (41), `nawk` (42).

2 Shellscripte

Befehl	Seite	Befehl	Seite
|	58	HISTORY	56
>	59	IFS	56
<	59	if-then-else	61
>>	59	LD_LIBRARY_PATH	56
case/switch	60	PATH	57
do-while	62	PROMPT	57
echo	58	read	58
EDITOR	56	set	53
eval	51	setenv	54
exec	52	source	52
exit	62	tee	59
export	52	unset	55
foreach	62	unsetenv	55
goto	63		

Befehle und ihre Funktion	Seite
Shellscripte-Übersicht	**51**
Scripts und Befehle ausführen	**51**
eval – Liest die nachfolgenden Argumente in die Shell ein und führt diese als Befehle aus.	51
exec – Führt einen Befehl aus, ohne einen neuen Prozess zu erzeugen.	52
source – Liest die angegebene Datei und führt die Befehle aus.	52
Umgebungsvariablen setzen und entfernen	**52**
export – Exportiert eine Variable in die Shellumgebung.	52
set – Setzt eine Umgebungsvariable.	53
setenv – Setzt und exportiert eine Variable in der C-Shell.	54
unset – Löscht eine Umgebungsvariable.	55
unsetenv – Löscht eine Variable in der C-Shell.	55
RC-Datei Umgebungsvariablen	**56**
HISTORY – Definiert die Anzahl der Befehle, die in der History-Liste gespeichert werden.	56
LD_LIBRARY_PATH – Stellt den Pfad der dynamisch gelinkten Bibliotheken ein.	56
EDITOR – Definiert den Standardtexteditor.	56
IFS – Definiert das interne Feldtrennzeichen.	56

Befehle und ihre Funktion	**Seite**
`PATH` – Gibt an, wo nach Befehlen gesucht werden muss.	57
`PROMPT` – Setzt den Befehls-Prompt.	57
Ein- und Ausgabe	**57**
Befehlszeilenargumente	57
`echo` – Gibt eine Ausgabezeile aus.	58
`read` – Liest eine Eingabezeile ein.	58
Umleitung	**58**
`|` – Leitet einen Datenstrom an einen anderen Befehl weiter.	58
< – Liest aus einer Datei und sendet die Inhalte an die Standardeingabe eines Befehls.	59
> – Leitet die Ausgabe in eine Datei oder an ein Gerät um.	59
>> – Hängt die Ausgabe an eine Datei an.	59
`tee` – Dupliziert die Ausgabe eines Befehls.	59
Logische Prozesse	**60**
`case/switch` – Fällt eine Entscheidung, die auf unterschiedliche Fälle basiert.	60
`if-then-else` – Fällt eine logische Entscheidung basierend auf einer Bedingung.	61
Programmschleifen (Loops)	**62**
`do-while` – Führt eine Aufgabe aus, solange die Bedingung wahr ist.	62
`exit` – Beendet ein Shellscript oder eine Shell.	62
`foreach` – Führt eine Aufgabe für jeden auftretenden Fall der Abfrage aus.	62
`goto` – Springt zu einer angegebenen Stelle in einem Shellscript.	63

Shellscripte-Übersicht

Shell-Name	Pfad	Startdateien
Bourne-Shell (sh)	/sbin/sh	.profile

In die Shell eingebaute (built-in) Befehle bg, break, case, cd, chdir, continue, echo, eval, exec, exit, export, fg, for, getopts, hash, if, jobs, kill, login, logout, newgrp, pwd, read, readonly, return, set, shift, stop, suspend, test, times, trap, type, ulimit, umask, unset, until, wait, while
Standard-Umgebungsvariablen HOME, PATH, CDPATH, MAIL, MAILCHECK, MAILPATH, PS1, PS2, IFS, SHACCT, SHELL, LC_CTYPE, LC_MESSAGES

Shell-Name	Pfad	Startdateien
C-Shell (csh)	/usr/bin/csh	.cshrc

In die Shell eingebaute (built-in) Befehle alias, bg, break, case, cd, chdir, continue, dirs, echo, eval, exec, exit, fg, foreach, glob, goto, hashstat, history, if, jobs, kill, limit, login, logout, nice, notify, onintr, popd, pushd, rehash, prepeat, set, setenv, shift, source, stop, suspend, switch, time, umask, unalias, unhash, unlimit, unset, unsetenv, wait, while
Standard-Umgebungsvariablen ARGV, CDPATH, CWD, ECHO, FIGNORE, FILEC, HARDPATHS, HISTCHARS, HISTORY, HOME, IGNOREEOF, MAIL, NOBEEP, NOCLOBBER, NOGLOB, NONOMATCH, NOTIFY, PATH, PROMPT, SAVEHIST, SHELL, STATUS, TIME, VERBOSE

Shell-Name	Pfad	Startdateien
Korn-Shell (ksh)	/usr/bin/ksh	.profile

In die Shell eingebaute (built-in) Befehle alias, bg, break, case, cd, continue, echo, eval, exec, exit, export, fc, fg, for, function, getopts, hash, if, jobs, kill, let, login, logout, newgrp, print, pwd, read, readonly, return, select, set, shift, stop, suspend, test, times, trap, type, typeset, unlimit, umask, unalias, unset, until, wait, whence, while
Standard-Umgebungsvariablen ERRNO, OLDPWD, OPTARG, OPTIND, PPID, PWD, RANDOM, REPLY, SECONDS, CDPATH, COLUMNS, EDITOR, ENV, FCEDIT, FPATH, IFS, HISTFILE, HISTSIZE HOME, LC_ALL, LC_COLLATE, LC_CTYPE, LC_MESSAGES, LANG, LINENO, LINES, MAIL, MAILCHECK, MAILPATH, NLSPATH, PATH, PPID, PS1, PS2, PS3, PS4, SHELL, TMOUT, VISUAL

Scripte und Befehle ausführen

eval sh csh ksh

eval *argument*

Der Befehl eval liest die nachfolgenden Argumente in die Shell ein und führt diese als Befehle aus. Dieses ist nützlich, um Befehlszeilen auszuführen, die von einem anderen Programm, wie z.B. einem anderen Shellscript, erzeugt wurden.

Lesen Sie auch exec (52), source (52).

Shellscripte-Übersicht

exec sh csh ksh

```
exec befehl [befehl argumente]
```

Der Befehl `exec` wird verwendet, um einen Befehl auszuführen, ohne einen neuen Prozess zu erzeugen. Der neue Befehl nimmt die Stelle der aktuellen Shell ein, bis sie geschlossen wird. Die Eingabe und Ausgabe des ausgeführten Befehls können die aktuelle Shell beeinflussen. Argumente können an den Befehl übergeben werden, indem sie an den Befehlsnamen angehängt werden. Die Befehlssyntax ist für alle Shells gleich: `sh`, `ksh` und `csh`.

Lesen Sie auch `eval` (51), `source` (52).

source csh

```
source [optionen] dateiname
```

Der Befehl `source` ist nur in der C-Shell verfügbar. Er liest die angegebene Datei und führt die Befehle aus. Dieses ist nützlich, um eine `.cshrc`-Datei eines Anwenders erneut einzulesen, wenn diese verändert wurde, z.B. wenn die Variable `PATH` neu definiert wurde.

Beispiel	Aufgabe
`source .cshrc`	Aktualisiert die Shellumgebung nach dem Ändern der Startdatei.

Lesen Sie auch `eval` (51), `exec` (52).

Umgebungsvariablen setzen und entfernen

export sh ksh

Der Befehl `set` stellt nicht unbedingt Variablen für nachfolgende Befehle zur Verfügung. Dazu wird der Befehl `export` verwendet. Der `export`-Befehl übergibt die Variable und ihren Wert der Shellumgebung und sorgt dafür, dass dieser Wert gesetzt und von allen anderen Befehlen verwendet wird, bis er gelöscht wird. Die C-Shell verwendet anstelle des Befehls `export` den Befehl `setenv`.

sh-Syntax

```
export [variable]
```

ksh-Syntax

```
export [variable[=wert]]
```

Beispiel	Aufgabe
`export` *score1*	Exportiert die Variable *score1* mit Hilfe der Bourne-Shell.
`export` *score1=100*	Exportiert die Variable *score1* mit Hilfe der Korn-Shell und setzt sie auf 100.

Lesen Sie auch `set` (53), `setenv` (54), `unset` (55), `unsetenv` (55).

set sh csh ksh

Der Befehl set ist einer der Befehle, die verwendet werden, um die Umgebungsvariablen zu setzen. Im Fall der C- und Korn-Shell sind die Argumente des set-Befehls Variablen, denen der Wert null zugewiesen wird. Als Alternative kann auch der C-Shell-Befehl dazu verwendet werden, einer Variablen einen bestimmten Wert mit Hilfe des Gleichzeichens zuzuweisen. In der Bourne-Shell werden die Umgebungsvariablen $1, $2, $3 usw. jeweils dem Wert des ersten, zweiten, dritten Arguments usw. zugewiesen. Werden dem Befehl set keine Argumente zugewiesen, werden immer die Werte aller Umgebungsvariablen angezeigt.

sh-Syntax

```
set [optionen] [argumente]
```

Option	Erklärung
-	Behandelt alle Optionen wie Argumente. (Ist notwendig, um eine Variable einem Gedankenstrich zuzuweisen.)
-a	Alle zu exportierenden Variablen werden angegeben.
-e	Wenn ein Fehler auftritt (d.h. der Rückgabewert ungleich 0 ist), wird sofort beendet.
-f	Unterdrückt die Erzeugung von Dateinamen.
-k	Alle Schlüsselwörter werden wie Argumente behandelt, nicht nur die hinter dem Befehl stehenden.
-n	Führt keine Befehle aus. Befehle werden auf Syntaxfehler hin überprüft.
-t	Liest und führt nur einen Befehl aus.
-u	Gibt eine Fehlermeldung aus, wenn die Variable im Moment nicht definiert ist.
-v	Ausführlicher Modus. Zeigt alle Befehlszeilen detailliert an, wenn sie gelesen werden.
-x	Ausführlicher Modus. Zeigt alle Befehlszeilen detailliert an, wenn sie ausgeführt werden.

csh-Syntax

```
set [variable [=variable]]
```

ksh-Syntax

```
set [optionen] [argumente]
```

Option	Erklärung
-	Ignoriert alle anderen Optionen.
-A	Behandelt das erste Argument als Variablennamen. Löscht bereits zugewiesene Werte und macht aus der Variablen einen Bereich (array). Die restlichen Argumente werden jedem Element des Bereichs der Reihe nach zugeordnet.

Option	Erklärung
`-a`	Exportiert alle Variablen automatisch.
`-e`	Wenn ein Fehler auftritt (d.h. der Rückgabewert ungleich 0 ist), wird sofort beendet.
`-f`	Unterdrückt die Erzeugung von Dateinamen.
`-k`	Alle Schlüsselwörter werden wie Argumente behandelt, nicht nur die hinter dem Befehl stehenden.
`-m`	Zeigt eine Statusmeldung an, wenn Programme im Hintergrund ausgeführt werden und wenn diese beendet werden.
`-n`	Führt keine Befehle aus. Befehlszeilen werden auf Syntaxfehler hin überprüft.
`-t`	Liest und führt nur einen Befehl aus.
`-u`	Gibt eine Fehlermeldung aus, wenn die Variable im Moment nicht definiert ist.
`-v`	Ausführlicher Modus. Zeigt alle Shell-Befehlszeilen detailliert an, wenn sie ausgeführt werden.

Beispiel	Aufgabe
`set` *`foo=2`*	Setzt die Variable *`foo`* auf den Wert `2` unter Verwendung der C-Shell.
`set` *`cat`*	Setzt die Umgebungsvariable `$1` auf den Wert *`cat`* unter Verwendung der Bourne-Shell.
`set` *`test1 test2`*	Löscht die Werte der Variablen *`test1`* und *`test2`*.

Lesen Sie auch `export` (52), `setenv` (54), `unset` (55), `unsetenv` (55).

setenv csh

`setenv [`*`variable`*` [`*`wert`*`]]`

Der Befehl `setenv` ist dem `export`-Befehl der Bourne- und C-Shell ähnlich. Er setzt und exportiert eine Variable in der Shellumgebung. Nachdem der `setenv`-Befehl für eine Variable ausgeführt wurde, stehen die Variable und ihr Wert allen nachfolgenden Befehlen zur Verfügung. Werden keine Argumente angegeben, werden alle gegenwärtig gesetzten Umgebungsvariablen und deren Werte angezeigt.

Beispiel	Aufgabe
`setenv`	Zeigt alle Umgebungsvariablen und ihre Werte.
`setenv PATH $PATH: '/usr/sbin'`	Fügt `/usr/sbin` zur gegenwärtigen Pfadvariablen `PATH` in der C-Shell hinzu.

Lesen Sie auch `export` (52), `set` (53), `unset` (55), `unsetenv` (55).

unset sh csh ksh

Dieser Befehl wird verwendet, um den Wert von Umgebungsvariablen zu löschen. Das Gleiche gilt für die Bourne- und Korn-Shell. Der Befehl csh unset funktioniert auf eine ähnliche Weise, aber er kann auch Platzhalter (*) verwenden, um Suchmuster zu finden. Es sollte beachtet werden, dass die versehentliche Eingabe von unset * in der C-Shell ein Löschen aller Umgebungsvariablen verursacht und Probleme verursachen kann.

sh-Syntax

```
unset [variablen]
```

csh-Syntax

```
unset [variablen]
```

ksh-Syntax

```
unset [optionen] [variablen]
```

Option	Erklärung
-f	Löscht die Variable, auch wenn es sich um einen Funktionsnamen handelt, wie z.B. ERRNO oder TMOUT.

Beispiel	Aufgabe
unset *test1 test2 test3*	Löscht drei Variablen in der Bourne-Shell.
unset *test1*	Löscht die Variable *test1* in der C-Shell.
unset -f ERRNO	Löscht die Funktionsvariable ERRNO in der Korn-Shell.
unset cat*	Löscht alle Variablen, die mit cat beginnen, in der C-Shell.

Lesen Sie auch export (52), set (53), setenv (54), unsetenv (55).

unsetenv csh

Der Befehl unsetenv wird verwendet, um die Umgebungsvariablen in der C-Shell zu löschen. Der Befehl verhält sich in etwa wie der Befehl unset der Bourne- und Korn-Shell.

csh-Syntax

```
unsetenv variable
```

Beispiel	Aufgabe
unsetenv TOPO	Löscht die Umgebungsvariable TOPO.

Lesen Sie auch export (52), set (53), setenv (54), unset (55).

RC-Datei-Umgebungsvariablen

HISTORY csh

Die Variable HISTORY definiert die Anzahl der Befehle, die in der History-Liste gespeichert werden. Standardeinstellung ist 1. Die Korn-Shell verwendet den fc-Befehl, um bereits verwendete Befehle auszuführen und zu editieren.

Beispiel	Erklärung
set HISTORY=20	Stellt den History-Mechanismus auf 20 Zeilen ein.

LD_LIBRARY_PATH sh csh ksh

LD_LIBRARY_PATH enthält den Suchpfad für dynamisch gelinkte Bibliotheken. Obwohl er nicht spezifisch für eine bestimmte Befehlsshell ist, ist er in vielen Fällen wichtig. Wenn ein benötigter Pfad in dieser Umgebungsvariablen nicht enthalten ist, wird eine Fehlermeldung ähnlich der folgenden beim Ausführen eines Befehls angezeigt:

```
fatal: libfoo.so.2: can't open file: errno=2
```

Um dieses Problem zu lösen, suchen Sie die Stelle der notwendigen Bibliothek (z.B. libfoo.so.2) und fügen Sie deren Pfad zu LD_LIBRARY_PATH hinzu.

Beispiel	Erklärung
set LD_LIBRARY_PATH=/usr/X11R6.1/lib:/usr/dt/lib	Definiert den Pfad für die dynamisch gelinkte Bibliothek.

EDITOR sh csh ksh

Definiert, welcher Editor zu benutzen ist, wenn dies von bestimmten Programmen verlangt wird. Zum Beispiel verwendet crontab den Editor, der in EDITOR definiert ist, um die Datei crontab zu editieren. Wenn kein Editor vom Anwender angegeben ist, ist die Standardeinstellung ed.

Beispiel	Erklärung
set EDITOR=/usr/local/bin/pico	Setzt den Standardeditor auf pico.
set EDITOR=/usr/bin/vi	Setzt den Standardeditor auf den in Solaris enthaltenen vi-Editor.

IFS sh ksh

IFS spezifiziert das interne Feldtrennzeichen der Shell. Das IFS-Zeichen wird als Feldtrenner verwendet, der Befehlszeilen interpretiert. Es kann mehr als ein Zeichen angegeben werden. In der Standardeinstellung ist IFS auf SPACE, TAB und NEWLINE gesetzt. Das kann bei der Syntaxanalyse einer Textdatei nützlich sein. So ist es zum Beispiel sinnvoll, IFS bei der Syntaxanalyse der Passwortdatei einen Doppelpunkt zuzuweisen (:).

Beispiel	Erklärung
`set IFS=':'`	Weist dem internen Feldtrennzeichen einen Doppelpunkt zu.

PATH sh csh ksh

`PATH` definiert den Suchpfad für Befehle. Beginnt eine Befehlszeile mit `/`, dann ist es ein vollwertiger Pfadname und ignoriert `PATH`. Ansonsten werden die angegebenen Pfade der Reihe nach durchsucht, bis der Befehl gefunden wird. Wenn kein passender Befehl mit Hilfe von `PATH` gefunden wird, wird eine Fehlermeldung ausgegeben. Ein Punkt (`.`) im Pfad veranlasst, dass das aktuelle Arbeitsverzeichnis ebenfalls durchsucht wird. Aus Sicherheitsgründen sollte der Punkt (falls er eingefügt wird) immer am Ende des Pfades stehen, besser jedoch sogar ganz weggelassen werden.

Beispiel	Erklärung
`set PATH=/usr/bin:/usr/ucb:/usr/local/bin:.`	Setzt eine einfache Benutzer-PATH-Variable.

PROMPT csh

Setzt den Prompt, der für die Befehlszeilen verwendet wird. Standardeinstellung ist `%`.

Beispiel	Erklärung
`set PROMPT=" 'hostname':"`	Definiert einen Prompt, der den aktuellen Rechnernamen und den gegenwärtigen Shelllevel anzeigt

Ein- und Ausgabe

Befehlszeilenargumente

Es ist möglich, beim Schreiben von Shellscripten Befehlszeilenargumente zu verwenden. Dazu werden im Script die Variablen `$1`, `$2`, `$3` usw. verwendet. Den Namen des ausgeführten Scripts enthält die Variable `$0`. Das erste Argument ist `$1` usw.

Beispiel

Betrachten Sie die folgende Befehlszeile:

```
myscript apple cow monkey
$0 = myscript
$1 = apple
$2 = cow
$3 = monkey
```

Angenommen, eine Zeile in einem Script sieht folgendermaßen aus:

```
echo "The second argument is $2. "
```

Als Ergebnis wird die folgende Zeile ausgegeben:

```
The second argument is cow.
```

echo sh csh ksh

Gibt Text an der Standardausgabe aus. Standardmäßig wird der Text mit einem Zeilenvorschub beim Anzeigen beendet.

Option	Erklärung
`-n`	Unterdrückt den Zeilenvorschub. Es wird kein Zeilenvorschub am Ende der Befehlszeile angehängt.

Beispiel	Erklärung
`echo -n "Waiting 10 seconds... " sleep 10 echo "done. "`	Gibt die erste Zeile aus, wartet 10 Sekunden und gibt dann am Ende derselben Zeile `"done"` aus.

read sh ksh

Liest von der Standardeingabe und weist die Eingabe-Variablen zu.

ksh-Optionen

Optionen	Erklärung
`-p`	Verwendet als Eingabe die Ausgabe eines Unterprozesses.
`-r`	Zeichenorientiert (Raw). Erlaubt keine Zeilenvorschübe, um Zeilen fortzusetzen (z.B. durch das Hinzufügen von \ am Zeilenende).
`-s`	Speichert. Die Eingabe wird in der History-Liste gespeichert.
`-u` *`descrip`*	Liest die Eingabe aus dem Dateizeiger (File descriptor), der durch *`descrip`* angegeben ist.

Beispiel	Erklärung
`read` *`id contents capacity`*	Weist das erste Feld, das durch `IFS` begrenzt wird, *`$id`*, das zweite *`$contents`* und das dritte *`$capacity`* zu.

Umleitung

|

Aktion: Pipe. Übergibt die Standardausgabe eines Befehls oder Scripts an einen anderen Befehl.

Beispiel	Erklärung
`myscript.sh | mail` *`foo@foo.com`*	Sendet die Ausgabe des Scripts per E-Mail an *`foo@foo.com`*.

<

Liest aus einer Datei und sendet die Inhalte an die Standardeingabe eines Befehls.

Beispiel	Erklärung
`mail` *`foo@foo.com`* `< report.txt`	Sendet die Datei `report.txt` per E-Mail an *`foo@foo.com`*.
`myprogram < commands.txt`	Sendet die Inhalte einer Datei an die Standardeingabe eines Programms.

>

Schreibt die Ausgabe eines Befehls in eine Datei. Existiert die Datei nicht, wird sie erstellt. Existiert sie bereits, wird sie überschrieben oder eine Fehlermeldung angezeigt, falls der Überschreibschutz aktiviert wurde.

Beispiel	Erklärung
`grep "com" domains.text > commercial.txt`	Sucht alle Zeilen, die `"com"` enthalten, in der Datei `domains.txt` und schreibt sie in eine Datei mit dem Namen `commercial.txt`.
`myprogram > output.txt`	Schreibt die Ausgabe eines Programms in eine Datei.

>>

Fügt die Ausgabe eines Befehls oder Scripts an eine Datei an. Wenn die Datei nicht existiert, wird sie erzeugt.

Beispiel	Erklärung
`echo "The last line. " >> somefile.txt`	Gibt eine Zeichenkette aus und hängt sie an das Ende einer Datei.
`myprogram &>> myprogram.out`	Hängt die gesamte Ausgabe einschließlich `stderr` an eine Datei.

tee

`/usr/bin/tee [`*`optionen`*`] [`*`dateien`*`]`

Das Programm `tee` funktioniert wie ein T-Stück einer Rohrleitung: Es dupliziert die Standardausgabe in zwei Datenströme. Dieser Befehl kann in einigen Fällen sehr hilfreich sein, besonders dann, wenn die Eingabe von einem Programm auf dem Bildschirm angezeigt werden soll und zur gleichen Zeit aber in eine Datei geschrieben wird. Durch die Angabe von mehreren Dateien in der Befehlszeile kann die Ausgabe auch an mehr als eine Datei gehängt werden Die Ausgabe von `tee` wird nicht gepuffert. Existiert die angegebene Datei und wird die Option `-a` nicht verwendet, wird die Datei überschrieben.

Optionen	Erklärung
`-a`	Fügt an. Die Ausgabe von `tee` wird an die angegebene Datei angehängt, anstatt diese zu überschreiben.

Optionen	Erklärung
`-I`	Interrupts werden ignoriert.

Beispiel	Erklärung
`csh | tee -a logfile &`	Zeichnet ein Protokoll einer Shell auf.
`myscript.sh | tee -a myscript.out`	Gibt die Ausgabe eines Shellscripts am Bildschirm oder in einer Datei aus.

Logische Prozesse

case/switch

Wählt aus einer Reihe von Optionen aus. Gewöhnlich wird eine Variable durch die Verwendung von `read` gelesen. `case` wird dann verwendet, um eine Aktion auszuführen, abhängig vom Wert, den `read` hat. Optionen können auch komplexe Ausdrücke, wie z.B. *option1¾option2* (*option1* oder *option2*) sein.

sh-Syntax

```
case $VARIABLE in
        option1)            action1;;
        option2)            action2;;
        option3)            action3;;
        optionn)            actionn;;

esac
```

csh-Syntax

```
switch ($VARIABLE)
        case option1:
                            action1
                            breaksw
        case option2:
                            action2
                            breaksw
        case optionn:
                            actionn
                            endsw
endsw
```

ksh-Syntax

```
case $VARIABLE in
        option1)            action1;;
        option2)            action2;;
        option3)            action3;;
        optionn)            actionn;;

esac
```

csh-Beispiel

Das folgende Beispiel zeigt, wie der Befehl `switch` in der C-Shell verwendet wird. Das Beispiel soll den vollständigen Abteilungsnamen ausgeben, der auf einem Kennzeichen (Buchstaben) basiert.

```
switch ($DEPT)
            case "S":
                        echo "Sales Department"
                        breaksw
            case "M":
                        echo "Marketing Department"
                        breaksw
            case default:
                        echo "Invalid dept. code"
                        endsw
endsw
```

if-then-else

Prüft eine Bedingung oder einen Ausdruck und führt eine Aktion auf der Grundlage der Ergebnisse durch. Die Wenn-Bedingung kann einfach sein oder kann Sonst-Bedingungen verwenden, um weitere alternative Aktionen zur Verfügung zu stellen.

sh-Syntax

```
wenn bedingung, dann aktion; fi
oder
wenn bedingung, dann aktion; sonst aktion2; fi
```

csh-Syntax

```
wenn (bedingung1), dann
aktion
sonst wenn (bedingung2), dann
aktion2
sonst
aktion3
endif
```

ksh-Syntax

```
wenn bedingung; dann aktion; fi
oder
wenn bedingung; dann aktion; sonst aktion2; fi
```

Beispiel	Aufgabe
`if [ $A -gt $B ]`	Prüft, ob die Variable *A* größer als die Variable *B* ist.
`if [ $A -gt $B ] [$A -lt $C]`	Prüft, ob die Variable *A* größer als die Variable *B* ist und ob die Variable *A* kleiner als die Variable *C* ist.

Logische Prozesse

Programmschleifen (loops)

do-while sh csh ksc

Wiederholt eine Reihe von Aktionen, bis eine genannte Bedingung zutrifft.

sh-Syntax

```
while bedingung ; do aktionen ; done
```

csh-Syntax

```
while (bedingungen)
aktionen
end
```

ksh-Syntax

```
while bedingung ; do aktionen ; done
```

Beispiel

```
cat userlist.txt | while read USER
do
mail $USER < mailmsg.txt
done
```

Liest Anwendernamen aus einer Textdatei und sendet die Mitteilung, die in `mailmsg.txt` steht, an jeden dieser Anwender.

exit sh csh ksh

Beendet das Script und verlässt das Programm mit dem entsprechenden Exit-Status.

sh-Syntax

```
exit n
```

csh-Syntax

```
exit (ausdruck)
```

ksh-Syntax

```
exit n
```

n ist der Exit-Status oder Returncode (optional). Die C-Shell kann einen Ausdruck bestimmen, um die Zahl für den Returncode festzulegen.

foreach sh csh ksh

Wiederholt Aktionen für jedes Vorkommen von *schlüssel* in *liste*.

sh-Syntax

```
for schlüssel in liste... ; do aktionen ; done
```

csh-Syntax

```
foreach schlüssel (liste)
...
end
repeat count command
```

ksh-Syntax

```
for schlüssel in liste ... ; do aktionen ; done
```

goto csh

Mit diesem Shellbefehl kann an eine andere Stelle im Script gesprungen werden.

Syntax

```
goto label
```

label ist eine Sprungmarke (Label), das irgendwo im Script in dieser Form vorkommt: *label:*.

3 Prozesskontrolle

Befehl	Seite	Befehl	Seite
at	67	pkill	81
atq	68	prstat	74
atrm	68	ps	76
bg	71	ps (UCB-Version)	78
crontab	68	renice	79
fg	72	stop	82
history	56	time	70
jobs	72	timex	70
kill	80	w	80
nice	69	whodo	80
pgrep	73		

Befehle und ihre Funktion	Seite
Prozesse starten	**67**
at – Führt einen Befehl zu einer angegebenen Zeit aus.	67
atq – Listet die Befehle in der at-Warteschlange auf.	68
atrm – Entfernt einen Befehl aus der at-Warteschlange.	68
crontab – Ermöglicht es den Anwendern, Prozesse zu verwalten, die durch den cron-Daemon ausgeführt werden.	68
nice – Führt einen Befehl mit bestimmter Priorität aus.	69
time – Führt einen Befehl aus und zeigt die Ausführungsdauer in Sekunden an.	70
timex – Führt einen Befehl aus und zeigt die Ausführungsdauer in Sekunden an. Protokolliert außerdem Prozessdaten und Systemaktivitäten.	70
Prozessstatus	**71**
bg – In die Shell eingebauter (built-in) Befehl, der zur Prozesskontrolle verwendet wird.	71
fg – Führt einen Prozess im Vordergrund aus.	72
history – Listet die letzten 16 Befehle auf.	56
jobs – In die Shell eingebauter (built-in) Befehl zur Hintergrundjobkontrolle.	72
pgrep – Findet Prozesse, die auf Suchkriterien basieren.	73
prstat – Prozessanalysetool.	74
ps – Zeigt Informationen zu Prozessen an, die im Moment laufen.	76
ps (UCB-Version) – Zeigt aktive Prozessinformationen an.	78
renice – Ändert die Priorität eines bereits laufenden Prozesses.	79

Befehle und ihre Funktion	Seite
w – Zeigt Informationen über Anwender an, die gegenwärtig im lokalen System angemeldet sind.	80
whodo – Zeigt Informationen auf der Grundlage der Dateien wtmpx, ps_data und pid über gegenwärtig im System angemeldete Anwender an.	80
Prozesse anhalten	**80**
kill – Beendet Prozesse oder sendet spezielle Signale an Prozesse. Eine Liste der Signale finden Sie im Anhang F »Signale«.	80
pkill – Sucht Prozesse und sendet diesen ein Signal.	81
stop – Beendet den angegebenen Job.	82

Prozesse starten

at

```
/usr/bin/at [optionen] [argumente]
/usr/bin/batch [optionen] [argumente]
```

Dieser Befehl reiht Befehle in eine Warteschlange ein, um diese zu einer bestimmten Zeit in der Zukunft auszuführen. Ein solcher Job läuft in einer Subshell ab. Jede Ausgabe, die an die Standardausgabe gesendet wird, wird an den Anwender per E-Mail gesandt. Die Jobs werden in `/var/spool/cron/atjobs` aufgereiht (gespoolt).

Nachdem ein Job erfolgreich in die Warteschlange eingereiht wurde, wird eine Meldung ähnlich der folgenden ausgegeben:

```
commands will be executed using /usr/sbin/tcsh
job 917486999.a at Wed Feb 27 20:29:59 1998
```

Option	Erklärung
`-c`	Führt einen Befehl mit der csh (C-Shell) aus.
`-f` *datei*	Benutzt für den Job *datei* anstelle der Standardeingabe Job.
`-k`	Führt einen Befehl mit der `ksh` (Korn-Shell) aus.
`-l`	Listet alle eingeplanten Jobs auf.
`-m`	Verständigt den Anwender per E-Mail, wenn der Job erledigt wurde.
`-q` *warteschlange*	Gibt die Warteschlange an, in die der Job eingetragen oder mit dem Befehl `-l` aufgelistet werden soll. Die Warteschlangen werden mit einzelnen Buchstaben von a bis z benannt.
`-r` *id*	Entfernt den Job mit der Auftrags-ID, die durch *id* angegeben wird.
`-s`	Führt einen Befehl mit der `sh` (Bourne-Shell) aus.
`-t` *uhrzeit*	Führt einen Job um *uhrzeit* aus.

Argumente

Die folgenden Argumente können in Verbindung mit jeder der zuvor genannten Optionen verwendet werden:

Argument	Beschreibung
`Job ID`	Job-IDs werden gemeldet, wenn die Jobs durch den `at`-Befehl in eine Warteschlange gestellt wurden.
`Time`	Zeitwerte können im 12-Stunden-Format angegeben werden (wenn `AM` oder `PM` hinter der Uhrzeit steht) oder im 24-Stunden-Format. Die Angaben `midnight` (Mitternacht), `noon` (Mittag) und `now` (jetzt) werden auch unterstützt.

Beispiel	Beschreibung
`at now + 1 hour myscript.sh` `<EOT>`	Führt einen Befehl in genau einer Stunde ab jetzt aus.
`at now tomorrow myscript.sh` `<EOT>`	Führt einen Befehl morgen um diese Zeit aus.

Lesen Sie auch `atq` (68), `atrm` (68), `crontab` (68).

atq

`/usr/bin/atq`

Dieser Befehl listet Jobs auf, die durch die Verwendung des `at`- oder `batch`-Befehls aneinander gereiht wurden.

Option	Erklärung
`-c`	Listet die Jobs in der Reihenfolge auf, in der sie aneinander gereiht wurden.
`-n`	Zeigt die Gesamtzahl der aufgereihten Jobs.

Beispiel	Beschreibung
`atq -c`	Zeigt alle anhängigen Jobs in der Reihenfolge, in der sie aufgereiht wurden.
`atq -n`	Überprüft, wie viele Jobs momentan aufgereiht sind.

Lesen Sie auch `at` (67), `atrm` (68), `crontab` (68).

atrm

`/usr/bin/atrm`

Dieser Befehl entfernt Jobs, die vorher mit dem `at`- oder `batch-Befehl` aufgereiht wurden.

Option	Erklärung
`-a`	Entfernt alle Jobs aus der Warteschlange.
`-f`	Unterdrückt alle Informationsmitteilungen.
`-i`	Bittet um Bestätigung vor dem Löschen eines jeden Jobs.

Lesen Sie auch `at` (67), `atq` (68), `crontab` (68).

crontab

```
/usr/bin/crontab [dateiname]
/usr/bin/ [optionen] [anwender]
```

Dieser Befehl verwaltet die `crontab`-Datei des Anwenders. Die `crontab`-Datei wird vom `cron`-Daemon verwendet, um Jobs zu vorbestimmten, wiederkehrenden Zeitpunkten auszuführen.

Option	Erklärung
-e	Editiert die aktuelle crontab-Datei. Der Standardeditor ist ed, aber er kann geändert werden, indem man der Shellvariablen EDITOR den Pfad und den Namen des zu verwendenden Editors zuweist.
-l	Listet alle Einträge in der crontab-Datei auf.
-r	Löscht alle Einträge in der crontab-Datei.

Datums- und Zeit-Formate

[*minute*], [*stunde*], [*monatstag*], [*monat*], [*wochentag*]

Datum oder Zeit	Gültige Werte
minute	0 bis 59
stunde	0 bis 23
monatstag	1 bis 31
monat	1 bis 12 oder Jan, Feb, Mar, ...
wochentag	0 bis 6 (Sonntag ist 0, Montag ist 1 usw.) oder Sun, Mon, Tue ...

Ein Sternchen * anstelle eines jeden Datums- oder Zeitfeldes bedeutet »alle«. Eine Liste mit Daten oder Uhrzeiten kann erstellt werden, indem man die Zeitangaben wie im folgenden Beispiel durch Kommas trennt:

Beispiel	Beschreibung
`0 2 * * 1-5 /home/home/mybackup.sh`	Führt eine Aufgabe jeden Werktag um 02:00 Uhr aus (z.B. eine Datensicherung durchführen).
`0 12 1 , 15 * * /home/smithj/mytask`	Führt eine Aufgabe am 1. und am 15. Tag eines jeden Monats um 12:00 Uhr aus.
`0,10,20,30,40,50 * * * * /home/smithj/checkbot`	Führt eine Aufgabe alle 10 Minuten, jede Stunde und jeden Tag aus.
`0 0 7 2 * /home/mulligaj/bday.sh 2>&1 > /dev/null`	Führt eine Aufgabe am 7. Februar aus und unterdrückt jede E-Mail, die zum Anwender gesendet werden sollte.
`0 17 * * * /home/smithj/mytask &| mail smithj`	Führt eine Aufgabe jeden Abend um 17:00 Uhr aus und sendet die Ausgabe (einschließlich der Standardfehlerausgabe) per E-Mail an den Anwender.

Lesen Sie auch atq (68), atrm, (68), ed (27).

nice

```
/usr/bin/nice [optionen] befehl
/usr/xpg4/bin/nice [optionen] befehl
```

Führt einen Befehl mit geändertem Zeitplan aus, um die CPU besser auszulasten.

/usr/bin/nice benutzt /usr/bin/sh, um Befehle auszuführen.

/usr/xpg4/bin/nice benutzt /usr/bin/ksh, um Befehle auszuführen.

Option	Erklärung
`-n`	Setzt die Priorität auf *n*, wobei *n* `1` bis `19` sein kann (`19` bedeutet die niedrigste, `1` bedeutet die höchste Priorität). Standardwert ist `10`.

Beispiel	Beschreibung
`nice -n 1` *mycommand*	Führt einen Befehl mit einer sehr hohen Priorität aus.
`nice -n 19` *mycommand*	Führt einen Befehl mit einer sehr niedrigen Priorität aus.

Lesen Sie auch `nice` (69), `ps` (76).

time

`/usr/bin/time [`*optionen*`]` *befehl*

Führt einen Befehl aus und zeigt die Ausführungsdauer in Sekunden an. Es wird Folgendes ausgegeben: die verstrichene Zeit, die vom Benutzer verbrauchte CPU-Zeit und die vom System verbrauchte CPU-Zeit

Option	Erklärung
`-p`	Formatiert die Ausgabe des Befehls `time` in eine der folgenden um: Gesamtablaufzeit: real *realtime* Bearbeitungszeit im Benutzermodus: user *usertime* Bearbeitungszeit im Kernelmodus: sys *systime*

Beispiel	Beschreibung
`time ls`	Führt Befehl `ls` aus und zeigt die Ausführungsdauer in Sekunden an.
`time sh -c 'grep key file|uniq -c|sort'`	Führt einen komplexeren Befehl aus und zeigt die Ausführungsdauer in Sekunden an.

Lesen Sie auch `ps` (76), `timex` (70).

timex

`/usr/bin/timex [`*optionen*`]` *befehl*

Führt einen Befehl aus und zeigt die Ausführungsdauer in Sekunden an. Es wird Folgendes ausgegeben: die verstrichene Zeit, die vom Anwender verbrauchte Zeit, die vom System verbrauchte Zeit und Prozessabrechnungsdaten.

Option	Erklärung
`-o`	Gibt die Anzahl der gelesenen/beschriebenen Blocks während der Ausführung eines Befehls aus, wenn eine Software zur Prozessabrechnung installiert wurde.

Option	Erklärung
-p	Prozessabrechnung. Dieser Befehl funktioniert nur, wenn eine Software zur Prozessabrechnung installiert wurde.
-f	Muss mit -p verwendet werden. Zeigt auch den Returncode (Exit-Status) an.
-h	Muss mit -p verwendet werden. Zeigt den HOG-Faktor (allgemeine Auslastung der CPU während des Befehlsablaufs) an, der folgendermaßen berechnet wird: (gesamte CPU-Zeit) : (verstrichene Zeit)
-k	Muss mit -p verwendet werden. Gibt KCORE-Minuten (durchschnittlicher Verbrauch von Kbyte im Speicher pro Minute) an.
-m	Muss mit -p verwendet werden. Zeigt die durchschnittliche Speichergröße an.
-r	Muss mit -p verwendet werden. Zeigt die Zeit vom Benutzer, vom System und Gesamtablaufzeit sowie den CPU-Faktor an, der sich folgendermaßen berechnet: (Anwenderzeit) : (Systemzeit + Anwenderzeit) an.
-t	Muss mit -p verwendet werden. Trennt bei der Ausgabe System- und Anwenderzeiten.
-s	Zeigt die gesamte Systemzeit an, die während der Ausführung des Befehls verstrichen ist.

Lesen Sie auch ps (76), time (70).

Prozessstatus

bg

```
bg [job-id]
```

Das ist ein in der Shell eingebauter (built-in) Befehl, der verwendet wird, um Prozesse zu kontrollieren. Deshalb verhält sich dieser Befehl bei jeder Shell leicht unterschiedlich.

Shell	Funktion
sh	Startet einen zuvor gestoppten Prozess wieder. Eine Job-ID kann in der Befehlszeile vergeben werden. Wird keine angegeben, wird die gegenwärtige Job-ID verwendet.
csh	Führt den aktuellen oder den angegebenen Job im Hintergrund aus. Das Angeben einer Job-ID eines gestoppten Prozesses entspricht der Eingabe eines Jobs mit nachfolgendem Und-Zeichen (&).
ksh	Startet einen gestoppten Job wieder und führt ihn im Hintergrund aus.

Beispiel	Beschreibung
bg 2	Führt den Prozess mit der Job-ID 2 im Hintergrund aus.
bg	Startet einen aktuellen Prozess erneut im Hintergrund.

Lesen Sie auch fg (72), jobs (72).

fg

`fg [job-id]`

Das ist ein Shell-spezifischer Befehl, der sich bei jeder Shell leicht unterschiedlich verhält. Die Grundfunktion ist, einen Prozess im Vordergrund auszuführen.

Shell	Funktion
sh	Verschiebt einen gestoppten oder einen im Hintergrund laufenden Job in den Vordergrund.
csh	Verschiebt den aktuellen oder angegebenen Job in den Vordergrund.
ksh	Verschiebt den aktuellen oder angegebenen Job in den Vordergrund.

Beispiel	Beschreibung
fg 5	Verschiebt den Prozess mit der Job-ID 5 in den Vordergrund.
fg	Verschiebt den aktuellen, gestoppten Job in den Vordergrund.

Lesen Sie auch bg (71), jobs (72).

history

`history`

Dieser Befehl listet die letzten 16 Befehle auf.

jobs

`jobs [optionen] [job-id]`

In die Shell eingebaute (built-in) Jobkontrolle. Die Optionen funktionieren leicht unterschiedlich, abhängig davon, in welcher Shell sie verwendet werden.

Optionen

Shell	Befehl	Erklärung
sh	-l	Listet die Prozessgruppen-IDs und Arbeitsverzeichnisse eines jeden Jobs auf.

Shell	Befehl	Erklärung
	`-p`	Gleich wie `-l`, aber es werden nur die Gruppen-IDs aufgelistet.
	`-x` *befehl* [*optionen*]	Führt *befehl* aus. Wenn Job-IDs angegeben werden, werden sie durch die Prozessgruppen-ID ersetzt.
csh	`-l`	Listet die Job-ID eines jeden Jobs auf.
ksh	`-l`	Listet für jeden Job die Job-ID, den aktuellen Job, die Prozessgruppen-ID, den Status und den Befehl auf, der den Job gestartet hat.
	`-n`	Informiert Anwender über Jobs, die seit der letzten Benachrichtigung beendet wurden.
	`-p`	Ähnlich `-l`, aber es werden nur Prozess-IDs aufgelistet.

Lesen Sie auch `at` (67), `bg` (71), `fg` (72), `stop` (82).

pgrep

`/usr/bin/pgrep` [*optionen*] *regexp*

Dieser Befehl gibt Prozessidentifikationsnummern (PID) aus, die einem regulären Suchmuster entsprechen. Dieses Muster wird mit dem ausführbaren Namen des Prozesses verglichen, wenn nicht die `-f`-Option angegeben wurde.

Option	Erklärung
`-d` *delimiter*	Gibt den Feldtrenner an, der zwischen den PIDs gesetzt wird. Standardeinstellung ist das Zeilenvorschubzeichen.
`-f`	Vergleicht das Muster mit der vollständigen Zeichenkette des Prozesses anstatt nur mit dem ausführbaren Namen.
`-g` *groups*	Sucht nur Prozesse in den Prozessgruppen, die durch *groups* spezifiziert sind.
`-G` *gids*	Sucht nur Prozesse, deren reale Gruppen-IDs mit jenen in *gids* übereinstimmen.
`-l`	Detaillierte Ausgabe. Gibt mehr Informationen einschließlich des Prozessnamens aus.
`-n`	Gibt nur den aktuellsten (jüngsten) Prozess aus, der dem Muster entspricht.
`-p` *ppids*	Sucht nur Prozesse mit den Vaterprozess-IDs, die durch *ppids* spezifiziert sind.
`-s` *sids*	Sucht nur Prozesse mit den spezifizierten Sitzungs-IDs.
`-t` *terminals*	Sucht nur Prozesse, die den spezifizierten Terminals zugeordnet sind.
`-u` *euids*	Sucht nur Prozesse mit den effektiven Anwender-IDs, die den angegebenen entsprechen.

Option	Erklärung
`-U` *uids*	Sucht nur Prozesse mit den realen Anwender-IDs, die den angegebenen entsprechen.
`-v`	Kehrt den Suchmusterbefehl um. Zeigt nur diese an, die nicht dem Muster entsprechen. Ähnlich der Anwendung von `grep -v`.
`-x`	Nur Prozesse, deren ausführbarer Namen exakt dem spezifizierten Namen in der Befehlszeile entspricht, werden aufgelistet.
`-signal`	Spezifiziert ein Signal, das an jeden aufgelisteten Prozess gesendet wird. Die Signale werden im Anhang F erläutert.

Beispiel	Beschreibung
`pgrep sendmail`	Gibt die Prozessidentifikationsnummer für den Prozess Sendmail zurück.
`pgrep -x inetd -HUP`	Sendet ein SIGHUP-Signal (hangup) an den Prozess, dessen ausführbarer Name genau `inetd` entspricht.
`pgrep -t pts/0 -KILL`	Sendet ein SIGKILL-Signal (kill) an alle Prozesse, die dem Pseudoterminal 0 zugeordnet sind. Das hat den gleichen Effekt wie `pkill -t pts/0`.

Lesen Sie auch `pkill` (81), `prstat` (74), `ps` (76).

prstat

`usr/bin/prstat [`*optionen*`] [`*intervall*`]`

Dieser Befehl listet Informationen über die aktuellen aktiven Prozesse in einer dem `top`-Befehl sehr ähnlichen Weise auf. Die Standardausgabe von `prstat` ist die Anzeige von Informationen zu allen Prozessen. Die Ausgabe kann durch das Verwenden von Optionen an der Befehlszeile begrenzt werden. Solange die `c`-Option nicht verwendet wird, werden die Informationen an der bisherigen Stelle anstatt durch das Weiterblättern des Bildschirms aktualisiert. Die Aktualisierungsperiode der Informationen kann an der Befehlszeile in Sekunden angegeben werden.

Option	Erklärung
`-a`	Fügt dem Standardausgabemodus Informationen pro Benutzer hinzu, die Folgendes beinhalten: Anzahl der Prozesse, Anwendername, gesamte virtuelle Speichergröße, belegter Hauptspeicher, prozentuale Nutzung des Hauptspeichers, kumulierte Ausführungszeit und prozentuale CPU-Nutzung.
`-c`	Neue Informationen werden unterhalb des aktuellen Informationsbildschirms ausgegeben, anstatt den gesamten Bildschirm zu aktualisieren.
`-C` *liste*	Zeigt nur solche Prozesse an, die dem in *liste* angegebenen Prozessor zugeordnet sind. Diese Prozesse werden als Integerwerte angegeben.

Option	Erklärung
`-L`	Zeigt Informationen zu Light-Weight-Prozessen (LWP) an.
`-m`	Zeigt mikrostatische Prozessinformationen an.
`-n` *n1, n2*	Begrenzt die Zahl der Ausgabezeilen auf die Anzahl der durch *n1* angegebenen Prozesse, und begrenzt (optional) die Zahl der Ausgaben auf die Anzahl der durch *n2* angegebenen Anwender.
`-p` *pids*	Zeigt nur solche Prozessidentifikationsnummern an, die durch *pids* spezifiziert sind.
`-P` *cpus*	Zeigt nur die Prozesse an, die zuletzt durch den Prozessor ausgeführt wurden, der durch *cpus* spezifiziert ist.
`-R`	Zwingt `prstat`, im Echtzeit-(Realtime-)Modus zu laufen, wodurch dem Befehl Priorität vor anderen Prozessen eingeräumt wird (nur für Superuser).
`-s` *kriterium*	Sortiert die Ausgabe nach einem angegebenen Kriterium in absteigender Reihenfolge (das höchste zuerst). Das Sortierkriterium kann eines der folgenden sein: `cpu` - verbrauchte CPU (Standardwert) `time` - Ausführungszeit `size` - Prozessgröße `rss` - Hauptspeichergröße `pri` - Prozesspriorität
`-S`	Gleich wie `-s`, sortiert aber in aufsteigender Reihenfolge (das niedrigste zuerst).
`-t`	Gibt nur die Anwenderinformationen aus. Die Ausgabe beinhaltet: Anzahl der Prozesse, Anwendername, gesamte virtuelle Speichergröße, belegter Hauptspeicher, prozentuale Nutzung des Hauptspeichers, kumulierte Ausführungszeit und prozentuale CPU-Nutzung. Diese Option kann nicht gemeinsam mit `-v`, -m oder `-a` verwendet werden.
`-u` *euids*	Zeigt nur solche Prozesse mit effektiven Anwender-ID-Nummern an, die denen durch *euids* spezifizierten entsprechen.
`-U` *uids*	Zeigt nur solche Prozesse mit realen Anwender-ID-Nummern, die denen durch *uids* spezifizierten entsprechen.
`-v`	Detaillierte Ausgabe. Zeigt alle Prozessinformationen.

Überschrift	Erklärung
`PID`	Prozessidentifikationsnummer
`USERNAME`	Reeller Anwendername
`SIZE`	Gesamter virtueller Speicherplatz
`STATE`	Status des Prozesses: Prozess läuft auf der CPU, wartet (schläft), ist laufbereit, ist ein Zombie oder ist angehalten

Überschrift	Erklärung
PRI	Priorität
NICE	nice-Wert des Prozesses
TIME	Kumulierte Ausführungszeit
CPU	Verbrauchte CPU-Zeit in Prozent
PROCESS	Prozessname (oder Name der ausgeführten Datei)
LWPID	ID-Nummer des Light-Weight-Prozesses (LWP)
NLWP	Anzahl der LWPs
USR	Prozentuale Zeit im Anwendermodus
SYS	Prozentuale Zeit im Systemmodus
TRP	Prozentuale Zeit zum Verwalten von Systemunterbrechungen
TFL	Prozentuale Zeit im Verwalten von Textsegmentfehlern (das Textsegment eines Prozesses enthält die Befehle)
DFL	Prozentuale Zeit im Verwalten von Datensegmentfehlern (das Datensegment eines Prozesses enthält die Variablen)
SLP	Prozentuale Zeit des Wartemodus
VCX	Frei wählbarer Kontext-Schalter
ICX	Nicht frei wählbarer Kontext-Schalter
SCL	Systemaufrufe
SIG	Empfangene Signale

Beispiel	Beschreibung
prstat -t	Gibt eine Zusammenfassung der Prozessinformationen für jeden Anwender aus.
prstat -n10 -scpu	Zeigt die 10 Prozesse, die am meisten CPU-Zeit verbrauchen.

Lesen Sie auch nice (69), pgrep (73), pkill (81), ps (76), renice (79).

ps

usr/bin/ps [*optionen*]

Dieser Befehl zeigt Informationen über aktuell laufende Prozesse.

Option	Erklärung
-a	Listet alle Prozesse auf, die nicht Terminalprozesse (Vaterprozesse) sind.
-A	Listet alle Prozesse auf.
-c	Formatiert die Ausgabe wie in priocntl beschrieben.

Option	Erklärung
`-d`	Listet alle Prozesse außer den kontrollierenden Prozessen auf.
`-e`	Listet alle Prozesse auf, die gegenwärtig aktiv sind.
`-f`	Formatiert die Ausgabe mit zusätzlichen Informationen.
`-g` *grouplist*	Listet Prozesse auf, die zur angegebenen Prozessgruppe gehören.
`-G` *gidlist*	Listet Prozesse auf, die eine reale Gruppen-ID haben, die in *gidlist* aufgeführt ist.
`-j`	Listet Prozesse auf, einschließlich Sitzungs-ID und Gruppen-ID.
`-l`	Ausgabe einer detaillierten Prozessdatenliste.
`-o` *format*	Formatiert die Ausgabe wie durch *format* spezifiziert.
`-p` *proclist*	Listet Prozesse auf, die mit den Prozessidentifikationsnummern in *proclist* angegeben sind.
`-s` *sidlist*	Listet Prozesse auf für alle kontrollierenden Prozesse, die in *sidlist* angegeben werden.
`-t` *term*	Listet alle Prozesse auf, die dem Terminal zugeordnet sind, das durch *term* spezifiziert ist.
`-u` *uidlist*	Listet alle Prozesse auf, die dieselbe effektive UID haben wie in *uidlist* angegeben.
`-U` *uidlist*	Listet alle Prozesse auf, die dieselbe reelle UID haben wie in *uidlist* angegeben.

Ausgabeüberschriften

Überschrift	Beschreibung
`F`	Prozesskennzeichen (Flags)
`S`	Status `O`: Prozess wird gerade von der CPU ausgeführt. `S`: Prozess wartet (schläft). `R`: Prozess ist laufbereit. `Z`: Zombieprozess. `T`: Prozess ist angehalten.
`UID`	Effektive Anwender-ID
`PID`	Prozess-ID
`PPID`	Vaterprozess-ID
C	CPU-Belastung durch den Scheduler. Dieses Feld wird heute nicht mehr gepflegt.
CLS	Prozessklasse
PRI	Priorität

Überschrift	Beschreibung
NI	nice-Wert
ADDR	Speicheradresse
SZ	Größe des belegten, virtuellen Speicherplatzes (in Seiten (Pages))
WCHAN	Adresse des Prozesses, auf den der angegebene Prozess wartet
STIME	Startzeit
TTY	Kontrollierendes Terminal
TIME	Gesamter Zeitverbrauch des Prozesses
CMD	Vollständiger Befehlsname
PGID	PID des die Prozessgruppe erzeugenden Prozesses
SID	PID des Prozesses, auf den die Prozesse der Prozessgruppe ursprünglich zurückgehen

Lesen Sie auch at (67), atq (68), kill (80).

ps (UCB-Version)

`usr/ucb/ps [optionen]`

Zeigt Prozessinformationen.

Option	Erklärung
-a	Listet alle Prozesse auf, die nicht Terminalprozesse (Vaterprozesse) sind.
-c	Listet Prozesse mit zuverlässigeren Informationen über Befehlsnamen auf.
-g	Listet alle Prozesse auf, die zur angegebenen Prozessgruppe gehören.
-l	Ausgabe einer detaillierten Prozessdatenliste: F, PPID, CP, PRI, NI, SZ, RSS und WCHAN.
-n	Ersetzt das USER-Feld mit UID (numerisches Format).
-r	Liste über laufende Prozesse.
-s	Zeigt die gesamte CPU-Zeit für Prozesse, einschließlich der Zeiten der Kindprozesse an.
-t *term*	Listet alle Prozesse auf, die dem Terminal zugeordnet sind, das durch *term* spezifiziert ist.
-u	Formatiert eine Anwenderliste: USER, SZ, RSS oder START.
-U	Aktualisiert die ps-Datenbank.
-v	Zeigt den virtuellen Speicher an.

Option	Erklärung
-w	Verwendet ein langes Ausgabeformat mit 132 Zeichen statt 80 Zeichen.
-x	Listet Prozesse auf, die kein Kontrollterminal besitzen.
-ww	Keine Begrenzungen für die Ausgabebreite.

Ausgabeüberschriften

Überschrift	Beschreibung
CP	Faktor für verbrauchte CPU-Zeit (Kurzbezeichnung).
F	Prozesskennzeichen (Flags) 00: Prozess ist beendet. 01: Systemprozess. 02: Nachvollziehen des Vaterprozesses. 04: Vaterprozess wartet. 08: Prozess liegt im Hauptspeicher. 10: Prozess ist gesperrt im Hauptspeicher.
NI	nice-Wert
PPID	Vater-PID
PRI	Priorität
RSS	Residenter Hauptspeicher in KB
SIZE/SZ	Größe in KB (*stack* + *data*)
START	Startzcit.
UID	UID des Prozesseigentümers.
USER	Anwendername des Eigentümers.
WCHAN	Adresse des Prozesses, auf den ein schlafender Prozess wartet.

Lesen Sie auch nice (69), ps (76), renice (79).

renice

/usr/bin/renice [*optionen*] *ID*

Dieser Befehl ändert die Priorität eines Prozesses, der gerade läuft.

Option	Erklärung
-g	Behandelt alle Operanden als Prozess-GIDs in Form von vorzeichenlosen, ganzen Dezimalzahlen.
-n *n*	Erhöht die Priorität des Prozesses um *n*.
-p	Behandelt alle Operanden als PIDs in Form von vorzeichenlosen, ganzen Dezimalzahlen.
-u	Behandelt alle Operanden als Anwender.

Beispiel	Beschreibung
`renice -n 1 345`	Erhöht die Priorität eines laufenden Prozesses (mit PID `345`).
`renice -n -1 345`	Vermindert die Priorität eines laufenden Prozesses.
`renice -n 19 345`	Maximiert die Priorität eines laufenden Prozesses.

Lesen Sie auch `kill` (80), `nice` (69), `ps` (76).

w

`/usr/bin/w [`*optionen*`] [`*anwender*`]`

Dieser Befehl zeigt Informationen über Anwender, die gegenwärtig im lokalen System angemeldet sind.

Option	Erklärung
`-h`	Druckt keine Kopfzeilen.
`-l`	Ausführliches Ausgabeformat. Zeigt mehr Informationen an.
`-s`	Kurzes Ausgabeformat. Zeigt nicht so viele Informationen an.
`-u`	Zeigt die Kopfzeile mit `uptime` und Systeminformation an.

Lesen Sie auch `ps` (76), `uptime` (152), `rwho` (100), `whodo` (80).

whodo

`/usr/bin/whodo [`*optionen*`] [`*anwender*`]`

Dieser Befehl zeigt auf der Grundlage der Dateien Informationen über Anwender, die gegenwärtig im lokalen System angemeldet sind.

Option	Erklärung
`-h`	Druckt keine Kopfzeilen.
`-l`	Ausführliches Ausgabeformat. Zeigt mehr Informationen über jeden Anwender an.

Lesen Sie auch `ps` (76), `uptime`, (152), `rwho` (100).

Prozesse anhalten

kill

```
/usr/bin/kill -s signal pid-list
/usr/bin/kill -l [stat]
/usr/bin/kill [-signal] pid-list
```

Dieser Befehl beendet (killt) Prozesse oder sendet spezielle Signale an die Prozesse. Verwenden Sie die Befehle `ps` oder `prstat`, um die dazu benötigten Prozess-IDs zu erhalten.

Option	Erklärung
`-l`	Listet alle Signale auf, wenn keine anderen Argumente gegeben werden. Wenn ein Exit-Status durch *stat* spezifiziert ist, wird das Endesignal des Prozesses angezeigt.
`-s` *signal*	Spezifiziert das Signal, das an den Prozess gesendet wird.

Signale

Es folgt eine Liste der Signale, die mit `kill` verwendet werden (generiert durch `kill -l`). Für eine vollständige Erklärung der Signale siehe Anhang F »Signale«.

ABRT	ALRM	BUS	CLD	CONT	EMT	FPE
FREEZE	HUP	ILL	INT	KILL	LWP	PIPE
POLL	PROF	PWR	QUIT	RTMAX	RTMAX-1	
RTMAX-2	RTMAX-3	RTMIN	RTMIN+1	RTMIN+2	RTMIN+3	
SEGV	STOP	SYS	TERM	THAW	TRAP	
TSTP	TTIN	TTOU	URG	USR1	USR2	
VTALRM	WAITING	WINCH	XCPU	XFSZ		

Beispiel	Beschreibung
`kill -9 102`	Beendet einen Prozess und alle seine Kindprozesse.
`Kill -HUP 203`	Neustart eines Prozesses.
`Kill -HUP 'ps -ax | grep inetd | grep -v grep | awk '{print $1}''`	Neustart von `inetd`.
`ps -aux | grep inetd | grep -v grep | awk ' {print $1}' |xargs kill -9`	Beendet alle Prozesse, die dem Anwender `smithj` gehören.

Lesen Sie auch `jobs` (72), `ps` (76).

pkill

```
/usr/bin/pkill [optionen] regexp
```

Dieser Befehl beendet Prozesse, die mit dem angegebenen Suchmuster übereinstimmen. Dieser Befehl verhält sich ähnlich wie `pgrep`, mit Ausnahme dass er ein `SIGTERM-Signal` an alle Prozesse sendet, die mit dem regulären Ausdruck übereinstimmen.

Option	Erklärung
`-f`	Vergleicht ein Suchmuster mit der gesamten Zeichenfolge eines Prozesses anstatt nur mit dem ausführbaren Prozessnamen.
`-g` *groups*	Sucht nur Prozesse in den Prozessgruppen, die durch *groups* spezifiziert sind.

Option	Erklärung
`-G gids`	Sucht nur Prozesse mit realen Gruppen-IDs, die denen in *gids* entsprechen.
`-n`	Gibt nur den jüngsten Prozess aus, der dem Suchmuster entspricht.
`-p ppids`	Sucht nur Prozesse mit den Vaterprozess-IDs, die durch *ppids* spezifiziert sind.
`-s sids`	Nur Prozesse mit den angegebenen Sitzungs-IDs werden angezeigt.
`-t terminals`	Nur Prozesse, die dem spezifizierten Terminal zugeordnet sind, werden angezeigt.
`-u euids`	Sucht nur Prozesse mit den effektiven Anwender-IDs, die den spezifizierten entsprechen.
`-U uids`	Sucht nur Prozesse mit den reellen Anwender-IDs, die den spezifizierten entsprechen.
`-v`	Kehrt den Suchmusterbefehl um. Zeigt nur die nicht dem Muster entsprechenden an. Ähnlich der Anwendung von `grep -v`.
`-x`	Nur Prozesse, deren ausführbarer Name exakt dem in der Befehlszeile spezifizierten Namen entspricht, werden angezeigt.
`-signal`	Spezifiziert ein Signal, das an jeden aufgelisteten Prozess gesendet wird. Das Standardsignal ist `SIGTERM`. Die Signale werden im Anhang F aufgelistet.

Beispiel	Beschreibung
`pkill -U236`	Beendet alle Prozesse, die zum Anwender mit der Anwender-ID `236` gehören.
`pkill -n1 -U595 -scpu`	Beendet die Prozesse, die zum Anwender mit der Nummer `595` gehören, und am meisten CPU-Zeit verbrauchen.
`pkill sendmail`	Beendet alle Sendmail-Prozesse.

Lesen Sie auch `pgrep` (73), `ps` (76), `prstat` (74).

stop

```
stop [job-id]
```

Dieser Befehl stoppt Jobs, die durch *job-id* identifiziert werden. Wenn keine ID angegeben wird, werden die Jobs im Hintergrund gestoppt.

Lesen Sie auch `at` (67), `bg` (71), `fg` (72).

4 Netzwerk-Clients und Netzwerkbefehle

Prozess	Seite	Prozess	Seite
finger	85	rup	92
ftp	96	ruptime	93
mail	101	rusers	93
mail (UCB-Version)	102	rwall	106
netstat	86	rwho	100
nslookup	88	talk	106
ping	90	telnet	109
rcp	100	traceroute	94
rlogin	107	whois	95
rpcinfo	91	write	107
rsh	108		

Prozesse und ihre Funktion	Seite
Informationsbefehle	85
finger – Gibt Informationen über Remote-Anwender aus.	85
netstat – Zeigt Informationen über das Netzwerk an.	86
nslookup – Stellt Anfragen an einen Internet Domain Name Server (DNS-Lookup).	88
ping – Überprüft, ob ein Rechner bereit ist.	90
rpcinfo – Gibt Remote Procedure Call-Informationen (RPC-) aus.	91
rup – Zeigt den Zustand aller am Netzwerk angeschlossenen Rechner an (einmalige Abfrage).	92
ruptime – Zeigt den Zustand aller am Netzwerk angeschlossenen Rechner an (wiederholte Abfrage).	93
rusers – Zeigt an, welche Benutzer im Netzwerk angemeldet sind.	93
traceroute – Verfolgt den Weg von Datenpaketen zwischen Rechnern zurück.	94
whois – Sucht nach Registrationsinformationen zu Domains.	95
Dateitransfer	96
ftp – File Transfer-Protokoll.	96
rcp – Remote kopieren.	100
rwho – Informationen über remote angemeldete Anwender.	100
Kommunikation	101
mail – Sendet oder liest eine E-Mail.	101
mail (UCB-Version).	102
rwall – Sendet eine Nachricht an alle Anwender im Netzwerk.	106

Prozesse und ihre Funktion	Seite
talk – Schriftiche »Unterhaltung« mit anderen Anwendern.	106
write – Sendet eine Nachricht an einen anderen Anwender.	107
Remote-Shells und -Anmeldung	**107**
rlogin – Remote anmelden.	107
rsh – Remote-Shell.	108
telnet – Anmeldung in einem Remote-System.	109

Informationsbefehle

finger

```
/usr/bin/finger [optionen] [anwender]
/usr/bin/finger [optionen] [anwender@host]
```

Gibt Informationen über Anwender des aktuellen Rechnersystems oder von Remote-Servern aus. Auf dem Remote-Server muss der Daemon `finger` laufen (`in.fingerd`).

Option	Erklärung
`-b`	Gibt keine Informationen über Homeverzeichnisse und Shells aus.
`-f`	Druckt keine Kopfzeilen.
`-h`	Zeigt keine `.projekt`-Dateien an.
`-I`	Leerlaufzeit-Format. Die Ausgabe beinhaltet Anwendername, Terminal, Anmeldezeit und Leerlaufzeit.
`-l`	Ausführliches Format. Ausgabe beinhaltet alle Informationen.
`-m`	Vergleicht *anwender* mit Anwendernamen und nicht mit dem vollständigen Namen des Anwenders.
`-p`	Zeigt keine `.plan`-Dateien an.
`-q`	Schnellformat. Die Ausgabe zeigt Anwendername, Terminal und Anmeldezeit.
`-s`	Kurzformat.
`-w`	Kurzformat, ohne dass der vollständige Name ausgegeben wird.

Dateien

Datei	Beschreibung
`.projekt`	Textdatei, die optional im Homeverzeichnis des Anwenders erstellt werden kann. Falls vorhanden, wird sie im `Project:`-Feld der Ausgabe des Befehls angezeigt.
`.plan`	Textdatei, die optional im Homeverzeichnis des Anwenders erstellt werden kann. Falls vorhanden, wird sie am Ende der Ausgabe des Befehls angezeigt.

finger forwarding (Weiterleiten des Befehls finger)

finger forwarding ist, wenn eine `finger`-Abfrage an einen Remote-Rechner gesendet und von dort an einen anderen Rechner »weitergeleitet« wird, von dem diese Abfrage dann verarbeitet und die Antwort von dort aus direkt zum ursprünglichen Absender der Abfrage geschickt wird. Sehen Sie sich das folgende Beispiel an:

```
finger smithj@host1.com@host2.com@host3.com
```

Die `finger`-Abfrage wird vom lokalen Rechner zum `host3.com` gesendet.

`host3.com` leitet diese Abfrage dann an `host2.com` weiter. `host2.com` sendet sie dann an `host1.com`, der dann wiederum die `finger`-Information (falls vorhanden) an den lokalen Rechner weitersendet.

Auf jeden Fall wird die Abfrage im Remote-System so protokolliert, als ob diese vom weiterleitenden Rechner kommen würde. `host1.com` protokolliert die Abfrage, als ob diese vom lokalen Rechner kommen würde. Dies verhält sich deshalb so, weil manche Systemadministratoren das finger forwarding auf ihren Servern deaktivieren. Dies wird in der Praxis empfohlen, um die Sicherheit im gesamten Netzwerk erheblich zu erhöhen. Lesen Sie auch `.fingerd`, um mehr Informationen zu erhalten.

finger forwarding wird nicht von allen Servern unterstützt. Die Spezifikationen für finger forwarding werden in RFC 1288 erläutert.

Beispiel	Beschreibung
`finger`	Gibt `finger`-Informationen über alle Anwender des lokalen Rechners aus.
`finger` *`anwender`*	Gibt `finger`-Informationen über einen einzelnen Anwender des lokalen Rechners aus.
`finger` *`@remotehost.com`*	Gibt `finger`-Informationen über alle Anwender aus, die im Moment an einem Remote-Rechner angemeldet sind.
`finger` *`user@remotehost.com`*	Gibt `finger`-Informationen über einen einzelnen Anwender aus, der im Moment an einem Remote-Rechner angemeldet ist.

Lesen Sie auch `rwho` (100), `whois` (95).

netstat

`netstat [`*`optionen`*`] [`*`intervall`*`]`

Dieses Programm zeigt aktuelle Netzwerkinformationen des lokalen Rechners an. Dieser Befehl kann dazu verwendet werden, um alle Netzwerkverbindungen des lokalen Systems, Routinginformationen (Routingtabellen) und Informationen des Netzinterfaces anzuzeigen.

Option	Erklärung
`[`*`intervall`*`]`	Ein Intervall kann spezifiziert werden, aufgrund dessen `netstat` alle *`intervall`* Sekunden einen Netzwerkstatus ausgibt. Dieses Intervall ist optional. Wird die Angabe weggelassen, dann wird `netstat` nur einmal ausgeführt.
`-a`	Alle Socket- und Routingtabellen-Informationen und -Einträge werden angezeigt. Wenn diese Option weggelassen wird, werden Daemon-Prozesse nicht angezeigt und es werden nur eingeschränkte Informationen über Routingtabellen ausgegeben.

Option	Erklärung
`-f` *fam*	Gibt nur Informationen zur spezifizierten Familie aus. Folgende Familien können angegeben werden: `inet`: AF_INET-Adressenfamilie `unix`: AF_UNIX-Adressenfamilie
`-g`	Zeigt die Tabellen mit den eingetragenen Multicast-Mitgliedern für jedes Netzinterface an.
`-I`	Zeigt den TCP/IP-Interface-Status an.
`-I` *interface*	Zeigt den aktuellen Status des Netzwerkinterfaces an, das durch *interface* spezifiziert wurde.
`-m`	Zeigt Informationen über die Belastung und Einstellung der Streamspuffer im Kernel (`STREAMS`) an.
`-M`	Zeigt Multicast-Routingtabellen an. Kann mit der `-s`-Option verwendet werden, um Gesamtstatistiken unter Verwendung der Multicast-Routingtabellen anzuzeigen.
`-n`	Setzt Adressen nicht um. Diese Option veranlasst, dass jeder Rechner mit seiner IP-Adresse anstatt seinem Rechnernamen aufgelistet wird. Das verbessert normalerweise die Geschwindigkeit des `netstat`-Befehls deutlich.
`-p`	Zeigt ARP-Tabellen (address resolution protocol) an.
`-p` *protokoll*	Zeigt nur Netzwerkstatistiken für Sockets an, die das durch *protokoll* spezifizierte Protokoll verwenden.
`-r`	Zeigt Routingtabellen an.
`-s`	Zeigt Statistiken sortiert nach Protokoll, wie z.B. `tcp` oder `udp` an. In Verbindung mit `-M` werden statt dessen Multicast-Routinginformationen verwendet.
`-v`	Ausführliche Ausgabe. Infomationen werden detaillierter ausgegeben.

TCP Socket-Status

Status	Erklärung
`CLOSED`	Geschlossen. Der Kommunikationsport (Socket) wurde geschlossen und ist nicht in Benutzung.
`CLOSE_WAIT`	Warten darauf, dass geschlossen wird. Der Remote-Rechner hat die Verbindung beendet, und der lokale Rechner wartet darauf, dass das Socket schließt.
`CLOSING`	Schließen. Das Socket wurde geschlossen und die Remote-Verbindung wurde beendet. Das Socket wartet auf die Bestätigung.
`ESTABLISHED`	Verbindung aufgebaut. Eine TCP/IP-Verbindung wurde aufgebaut und funktioniert.

Status	Erklärung
FIN_WAIT_1	Das Warten beenden 1. Das Socket wurde erfolgreich geschlossen und wartet darauf, die Verbindung zu beenden.
FIN_WAIT_2	Das Warten beenden 2. Das Socket wurde geschlossen und wartet darauf, dass der Remote-Rechner die Verbindung beendet.
LAST_ACK	Letzte Bestätigung. Der Remote-Rechner der Verbindung wurde geschlossen und beendet und wartet auf die Bestätigung.
LISTEN	»Horchen«. Das Socket »horcht« gegenwärtig. Programme, wie z.B. Server und Daemons, starten Prozesse, die Kommunikationsports öffnen, um zu »horchen«.
SYN_SENT	Synchronisation gesendet. Das Socket versucht, eine Verbindung mit einem Remote-Rechner herzustellen.
SYN_RECEIVED	Synchronisation erhalten. Eine Antwort wurde erhalten, nachdem eine Synchronisationsanfrage versendet wurde. Die Verbindung wird hergestellt.
TIME_WAIT	Warten nach dem Schließen. Das Socket wurde geschlossen und wartet auf die Rückmeldung des Remote-Rechners, dass er die Verbindung beendet hat.

Beispiel	Beschreibung
`netstat`	Überprüft, welche Remote-Rechner mit dem lokalen System verbunden sind.
`netstat -n`	Überprüft, welche Remote-Rechner mit dem lokalen System verbunden sind, zeigt aber die Adressen als IP-Nummern an (viel schneller).

Lesen Sie auch `rpcinfo` (91).

nslookup

`/usr/sbin/nslookup [`*optionen*`] [`*rechner*`] [`*DNS server*`]`

Dieses Programm stellt Anfragen an einen Internet Domain Name Server, um eine IP-Adresse in einen Namen oder umgekehrt aufzulösen. Als Standard verwendet `nslookup` den Server in `/etc/resolv.conf` als DNS-Server. Dieser Befehl kann grundsätzlich auf zwei Arten verwendet werden:

- Der Rechnername wird in der Befehlszeile spezifiziert.
- Ausführung ohne spezifizierten Rechnernamen im interaktiven Modus.

Befehlszeilenoptionen

Option	Erklärung
-*option*	Definiert oder ändert `lookup`-Statusinformationen. Zum Beispiel: `-retry=5` Lesen Sie folgenden Abschnitt »Statusschlüsselwörter«.
-DNS*server*	Spezifiziert einen DNS-Server. Ist kein DNS-Server angegeben, wird der in `/etc/resolv.conf` aufgeführte verwendet.
host	Der Rechner kann entweder ein Domain-Name oder eine IP-Adresse sein. Wenn ein Rechnername in der Befehlszeile angegeben wurde, werden die Ergebnisse ausgegeben und der interaktive Modus wird nicht verwendet.

Befehle des interaktiven Modus

Befehl	Erklärung
CTRL+D	Beenden.
exit	Beenden.
finger[*name*]	Zeigt mit dem Befehl `finger` den letzten Rechner an, der erfolgreich abgefragt wurde.
help	Zeigt eine Zusammenfassung der Befehle an. Die Verwendung von `?` entspricht der Verwendung von `help`.
host[*server*]	Sucht einen Rechner, der *server* als DNS-Server verwendet. Wenn *server* nicht angegeben wird, wird der DNS-Server verwendet, der in `/etc/resolv.conf` angegeben ist.
ls [-ah]	Listet alle DNS-Informationen für die Domain auf: `-a`: Zeigt auch alle Alias-Namen an. `-h`: Zeigt die Rechner-Informationen einschließlich CPU und OS an.
root	Ändert den Standardserver in `ns.nic.ddn.mil`.
set	Setzt einen Wert für Schlüsselwörter. Schlüsselwort-Definitionen müssen in folgender Form gestaltet werden. `set` *schlüsselwort* `set` *schlüsselwort* `=` *wert* Für eine Liste aller Schlüsselwörter, die gesetzt werden können, lesen Sie folgenden Abschnitt »Statusschlüsselwörter«.
server *domain*	Ändert den Standardserver auf die durch *domain* spezifizierte Domain.
view *datei*	Verwendet den Befehl `more`, um *datei* anzuzeigen.

Statusschlüsselwörter

Schlüsselwort	Erklärung
all	Zeigt alle Schlüsselwörter und ihre Werte.

Schlüsselwort	Erklärung
debug oder nodebug	Aktiviert oder deaktiviert den Debug-Modus. Die Standardeinstellung ist nodebug.
defname oder nodefname	Wird defname gesetzt, wird der Name der Standarddomain an jeden Rechnernamen, der abgefragt wird, angehängt. Die Standardeinstellung ist nodefname.
domain = *datei*	Ändert die Standarddomain in *datei*. Ist keine Datei angegeben, wird die Domain verwendet, die in /etc/resolv.conf angegeben ist.
querytype = *typ*	Setzt den Abfragetyp (spezifiziert in RFC 833): A: Internetadresse des Rechners (Standard) CNAME: Kanonischer Name HINFO: Rechner-CPU und OS-Typ MD: Ziel einer E-Mail MX: Weiterleitungsinformationen für eine E-Mail MB: Domain-Name der Mailbox MG: Gruppenmitgliedschaft einer E-Mail MINFO: Informationen über die Mailbox oder die Mailing-Liste
recurse oder norecurse	Wird recurse definiert und der aktuelle Server verfügt nicht über die Information, dann wird bei anderen Servern angefragt. Die Standardeinstellung ist recurse.
retry=*n*	Wiederholt die Anfrage *n*-mal, wenn die erste Anfrage scheitert.
root=*rechner*	Ändert den root-Server (Standard ist ns.nic.ddn.mil) in *rechner* ab.
timeout=*sekunden*	Ändert das Timeout-Intervall auf *sekunden* für das Warten auf eine Anfrage.
vc oder novc	Erzwingt die Verwendung einer virtuellen Leitung. Die Standardeinstellung ist novc.

Lesen Sie auch whois (95).

ping

/usr/sbin/ping [*optionen*] [*rechner*] [*timeout*]

Dieses Programm verwendet das Internet Control Message Protocol (ICMP), um zu überprüfen, ob ein Remote-Rechner im Netzwerk aktiv ist.
Lokaler Rechner ⟶ ECHO_REQUEST ⟶ Remote-Rechner
Lokaler Rechner ⟵ ECHO_RESPONSE ⟵ Remote-Rechner

Befehl	Erklärung
-I *schnittstelle*	Verwendet die Schnittstelle, die durch *schnittstelle* spezifiziert ist, für ausgehende Pakete.
-I *n*	Intervall. Wartet *n* Sekunden zwischen den ping-Befehlen.

Befehl	Erklärung
`-l`	Auswahl von Zwischensystemen/Routern (die ursprüngliche Route »geht verloren«). Das Paket wird einen Weg zum Zielrechner finden. Durch die Verwendung dieser Option wird das Antwortpaket einen Weg (nicht unbedingt denselben wie den Originalweg) zum Ursprungsrechner finden. Dies kann verwendet werden, um eventuelle Routing-Probleme zwischen zwei Rechnern im Netzwerk zu diagnostizieren.
`-L`	Kein Loopback von Multicast-Paketen. Multicast-Pakete werden nicht an Mitglieder der Rechnergruppe einer Schnittstelle kopiert.
`-n`	Numerische Adressen. Zeigt IP-Nummern anstelle von DNS-Namen.
`-r`	Überspringt Routingtabellen. Pakete werden direkt an den Rechner gesendet. Dies funktioniert nur, wenn der Remote-Rechner dem gleichen Netzwerk-Segment angehört.
`-R`	Routingaufzeichnung. Die Route des Pakets wird in der IP-Kopfzeile gespeichert.
`-t` *livetime*	Die Lebenszeit der Pakete wird durch *livetime* gesetzt, d.h. es wird bestimmt, über wie viele Router hinweg ein Paket geroutet werden soll. Standardeinstellung ist ein »Sprung«, also ein Router.
`-v`	Ausführliche Ausgabe. Führt alle ICMP-Pakete auf, die empfangen wurden.

Beispiel

Testverbindung wie bei NFS-Paketen gesehen (verwendet Pakete mit 8192 Byte). Es wird gezeigt, wie sich der Durchsatz alternativer Paketgrößen verringert, die geroutet werden.

`ping -sv` *hostname* `8192`

Lesen Sie auch `whois` (95).

rpcinfo

`/usr/bin/rpcinfo [`*optionen*`] [`*rechner*`] [`*prog*`] [`*version*`]`

Verwendet RPC-Aufrufe, um RPC-Informationen anzuzeigen. RPC-Informationen für den Hauptrechner sowie für den Remote-Rechner können angezeigt werden. Im Allgemeinen kann `rpcinfo` auf drei Arten verwendet werden:

- Listet alle registrierten RPC-Dienste eines Rechners auf.
- Listet alle RPC-Dienste eines Rechners auf, die mit `rpcbind` Version 2 registriert wurden.
- Führt eine Aufruf (Prozedur 0) bei einem spezifizierten Programm eines Rechners durch.

Option	Erklärung
`-a` *adresse*	Nutzt die durch *adresse* spezifizierte Adresse als Universaladresse (zusammengesetzt aus IP-Adresse und Portnummer) für den Dienst. Wird verwendet, um einen Remote-Service mit `ping` abzufragen.
`-b`	Broadcastprozedur 0 an alle Rechner des Netzwerks, um herauszufinden, welche Dienste aktiv sind.
`-d`	Löscht einen Dienst in der `rpcbind`-Tabelle durch Angabe der entsprechenden Programm- und Versionsnummer.
`-l`	Listet Einträge auf, die mit dem angegebenen Programm sowie dessen Versionsnummer übereinstimmen.
`-m`	Zeigt eine Gesamtstatistik über `rpcbind` eines Remote-Rechners. Statistiken für `rpcbind` Versionen 2, 3 und 4 werden angezeigt.
`-p`	Testen. Der Rechner wird mit der Version 2 des `rpcbind`-Protokolls getestet. Wenn ein Rechner spezifiziert wurde, wird dieser getestet. Ist kein Rechner angegeben, wird der lokale Rechner getestet.
`-s`	Kurzausgabe. Gibt einen kurzen Überblick über die verwendeten RPC-Dienste des angegebenen Remote-Rechners oder des lokalen Rechners aus, wenn kein Remote-Rechner angegeben wurde.
`-T` *transport*	Benötigt die Angabe *transport* für das Transportprotokoll, über das der RPC-Dienst angesprochen werden soll. Wird die Option weggelassen, wird die Transportprotokollangabe der Umgebungsvariablen `NETPATH` verwendet. Wurde diese Variable nicht definiert, wird die Datenbank `netconfig` verwendet, um das Transportprotokoll festzulegen.

Beispiel	Beschreibung Beispiel
`rpcinfo`	Überprüft, welche RPC-Dienste vom lokalen Rechner verwendet werden.
`rpcinfo` *remoterechner*	Überprüft, welche RPC-Dienste vom Remote-Rechner verwendet werden.
`rpcinfo -p` *remoterechner*	Überprüft, welche RPC-Dienste vom Remote-Rechner verwendet werden und zeigt nur Programme der Version 2 an.

rup

`/usr/sbin/rup [`*optionen*`] [`*rechner*`]`

Dieses Programm ist dem `uptime`-Befehl ähnlich; er zeigt aber Informationen aller Remote-Rechner an. Ist kein Rechner angegeben, wird die Anfrage an alle Rechner gesendet. Auf Remote-Systemen muss der `rstatd`-Daemon laufen, damit diese antworten können. Beachten Sie, dass `ruptime` den `in.rwhod`-Daemon benutzt, während `rup` den `rstatd`-Daemon verwendet.

Option	Erklärung
`-h`	Sortiert die Ausgabe nach Rechnernamen.
`-l`	Sortiert die Ausgabe nach dem Grad der Auslastung.
`-t`	Sortiert die Ausgabe nach der Länge der Laufzeit seit dem letzten Systemstart.

Lesen Sie auch `ruptime` (93).

ruptime

`/usr/bin/ruptime [optionen]`

Dieses Programm überprüft die Informationen für einen Remote-Rechner. Die ausgegebenen Informationen ähneln denen des Befehls `uptime`. Jeder Rechner des lokalen Netzwerks wird abgefragt und eine Antwort muss innerhalb 5 Minuten eingegangen sein. Auf dem Remote-Server muss der Remote-Daemon `who` (`in.rwhod`) aktiv sein. Beachten Sie, dass `ruptime` den `in.rwhod`-Daemon benutzt, während `rup` den `rstatd`-Daemon verwendet.

Option	Erklärung
`-a`	Schließt alle Benutzer in der Ausgabe mit ein. Ohne diese Option bleiben Benutzer, die seit mehr als einer Stunde nicht aktiv waren, unberücksichtigt.
`-l`	Sortiert die Ausgabe nach dem Grad der Auslastung.
`-r`	Sortiert die Ausgabe in umgekehrter Reihenfolge.
`t`	Sortiert die Ausgabe nach der Länge der Laufzeit seit dem letzten Systemstart.
`-u`	Sortiert die Ausgabe nach der Anzahl der Benutzer.

Lesen Sie auch `rwho` (100), `rusers` (93).

rusers

`/usr/bin/rusers [optionen] [rechner]`

Dieses Programm ist eine Remote-Version von `who`, die feststellt, wer an einem Remote-Rechner angemeldet ist. Es können mehr als ein Rechner an der Befehlszeile spezifiziert werden. Wenn keine Rechner angegeben werden, sendet `rusers` eine Übertragung auf der Basis des `rusersd`-Protokolls Version 3. Dieser folgt eine Übertragung auf der Basis der Version 2. Auf den Rechnern muss der `ruserd`-Daemon aktiv sein, damit diese antworten können.

Option	Erklärung
`-a`	Gibt Informationen zu einem Rechner auch dann aus, wenn niemand angemeldet ist.
`-h`	Alphabetische Rechnerliste.
`-i`	Ausgaben werden nach der Leerlaufzeit sortiert.

Option	Erklärung
`-l`	Ausführliches Ausgabeformat, das mehr Einzelheiten enthält.
`-u`	Ausgaben werden nach der Zahl der angemeldeten Benutzer sortiert.

Lesen Sie auch `rwall` (106), `rwho` (100).

traceroute

`/usr/sbin/traceroute [`*optionen*`]` *rechner* `[`*len*`]`

Dieses Programm kann den Weg eines IP-Paketes von einem Internet/Intranet-Rechner zu einem anderen Rechner zurückverfolgen. Das Programm kann sowohl IPv4 (Lebenszeit) als auch IPv6 (Routerbegrenzung) verwenden. Die Obergrenze für Routersprünge ist standardmäßig auf maximal 30 gesetzt, kann aber durch die Option `-m` geändert werden. `traceroute` verfolgt den Weg von einem Rechner zum anderen zurück. Durch die dynamische Natur des Internet-Routings von heute können sich die Informationen von einem Moment zum anderen verändern.

Option	Erklärung
`-A` *addressfam*	Spezifiziert die Adressenfamilie für den Zielrechner. Argumente können `inet` für Ipv4 und `inet6` für Ipv6 sein.
`-a`	Testet alle IP-Adressen bei Rechnern mit mehreren Adaptern.
`-c` *class*	Spezifiziert Paketklasse des Netzwerkverkehrs als Integerwert von 0 bis 255.
`-d`	Setzt die Option zum Debuggen auf der Socketebene (`SO_DEBUG`).
`-F`	Unterdrückt die Fragmentierung von Netzpaketen.
`-f` *firsthop*	Überschreibt die Standardeinstellung 1, die angibt, ab welchem Zwischensystem das Routing angezeigt werden soll (d.h. Auflisten aller Systeme von Anfang an bei 1), und setzt die Einstellung auf den Wert *firsthop*.
`-g` *gateway*	Legt fest, dass bis zu acht zusätzliche Gateways benutzt werden können.
`-I`	Verwendet ICMP ECHO anstelle von UDP-Paketen.
`-i` *interface*	Spezifiziert die Ursprungsadresse für die IP-Netzwerk-Schnittstelle (für IPv4) oder die Paketübermittlungsschnittstelle (für IPv6). Dies kann ein Integerwert sein, der für einen Schnittstelleneintrag steht, oder ein Schnittstellenname (z.B. le0).
`-L` *flow*	Definiert den IPv6 Durchsatzbereich für die Pakete. Dies muss ein Integerwert zwischen 0 und 1048575 sein.
`-l`	Gibt die Restlebenszeit für jedes empfangene Paket an.

Option	Erklärung
`-m` *maxhop*	Ignoriert die Standardeinstellung für die maximale Restlebenszeit, die dem Wert 30 entspricht, und setzt ihn auf *maxhop*.
`-n`	Führt keine Umsetzung von IP-Adressen in Namen durch.
`-P` *seconds*	Definiert eine Pause (in Sekunden) zwischen Testpaketen.
`-p` *port*	Spezifiziert den Basis-UDP-Port, der beim Testen verwendet werden muss. Standardwert ist 33434.
`-Q` *timeouts*	Beendet die Durchführung von `traceroute`, nachdem die angegebene Anzahl von Zeitüberschreitungen (timeouts) empfangen wurde.
`-q` *queries*	Gibt die Anzahl der Abfragen beim Testen an. Standardwert ist 3.
`-r`	Überspringt die Routing-Tabellen und sendet die Pakete direkt an den Rechner im Netzwerk. Diese Option kann nicht mit `-g` verwendet werden.
`-s` *sourceaddr*	Spezifiziert die Quelladresse, wenn Pakete gesendet werden. Die Quelladresse muss mit einer der Rechner-Neztwerkschnittstellen übereinstimmen.
`-t` *servicetype*	Spezifiziert die Art des Dienstes (ToS = Type of Service) für ausgehende Pakete. Der Wert muss zwischen 0 und 255 liegen. Der Standardwert ist 0.
`-v`	Detaillierter Modus. Zeigt ausführliche Informationen beim Verfolgen des Wegs der Pakete an, einschließlich der Größe des Pakets und des Zielortes.
`-w` *seconds*	Spezifiziert die Zeit, die auf eine Antwort auf ein Testpaket gewartet wird. Der Standardwert ist 5.
`-x`	Überspringt die Prüfsummen beim Verwenden von IPv4.

Beispiel	Beschreibung
`traceroute www.microsoft.com`	Verfolgt den Weg der Pakete von `localhost` zu `www.microsoft.com`.
`traceroute -vn helios`	Verfolgt den Weg der Pakete von `localhost` zu einem Rechner namens `helios` auf Ihrem LAN und setzt die IP-Adressen nicht in Namen um. Ausführlicher Modus. Die Ausgabe wird ausführlich angezeigt.

Lesen Sie auch `netstat` (86), `ping` (90).

whois

`/usr/sbin/whois [`*optionen*`] [`*zeichenkette*`]`

Dieses Programm durchsucht die InterNIC-Datenbank nach einem oder mehreren Domain-Einträgen. Wenn eine exakte Übereinstimmung mit der eingegebenen Zeichenkette erfolgt, wird die Eintrag für die Domain ausgegeben. Passt die Zeichenfolge zu mehreren Domains, werden Zusammenfassungen der Domains ausgegeben. Andere NICs können überprüft werden, indem der Rechner mit der Option `-h` angegeben wird.

Beispiel	Beschreibung Beispiel
`whois` *somedomain.com*	Überprüft, ob eine Domain registriert ist und/oder ermittelt Kontakt- und Rechnungsinformationen für die Domain.
`whois [`*zeichenkette*`]`	Findet alle Domains, die eine bestimmte Zeichenkette enthalten.

Option	Erklärung
`-h`	Spezifiziert, welcher Rechner verwendet wird, um Informationen bei anderen NICs zu finden (optional).

Lesen Sie auch `finger` (85).

Dateitransfer

ftp

`/usr/bin/ftp [`*optionen*`] [`*rechner*`]`

Das File Transfer Protocol (FTP) dient dazu, Dateien über das Netzwerk zwischen Rechnern hin und her zu übertragen. Ist in der Befehlszeile kein Rechner angegeben, wird ein `ftp>`-Befehls-Prompt angezeigt. Auf dem Remote-Server muss ein FTP-Daemon laufen (`in.ftpd`).

Option	Erklärung
`-d`	Debug-Modus.
`-g`	Verwendet keine Dateinamenserweiterung.
`-i`	Keine Einzelbestätigung für jede Datei beim Übertragen von mehreren Dateien (nicht interaktiver Modus).
`-n`	Sperrt die automatische Anmeldung.
`-v`	Ausführlicher Modus. Zeigt alle Meldungen an und gibt eine Zusammenfassung der Datenübertragungsstatistik an.

Befehl	Erklärung
`?` *befehl*	Entspricht `help`.
`!` *befehl*	Führt *befehl* unter Verwendung der Shell aus. Ist kein Befehl angegeben, wird die Shell als Befehlsinterpreter verwendet, bis **exit** eingegeben wird.
`$` *makro*	Führt das durch *makro* spezifizierte Makro aus. Siehe `macdef` in dieser Tabelle.

Befehl	Erklärung
`account` *passwort*	Stellt dem Remote-System ein zusätzliches Passwort zur Verfügung, falls dies notwendig ist. Wenn kein Passwort angegeben ist, wird der Anwender nach einem gefragt.
`append` *datei1 datei2*	Hängt die lokale Datei *datei1* an die Remote-Datei *datei2* an.
`ascii`	Setzt den Übertragungsmodus auf ASCII (anstelle binär).
`bell`	Sendet nach jedem Dateitransfer einen Signalton.
`binary`	Setzt den Übertragungsmodus auf binär (anstelle ASCII).
`bye`	Schließt die Sitzung und beendet das Programm.
`case`	Aktiviert Unterscheidung der Groß- und Kleinschreibweise. Standardmäßig ist die Unterscheidung ausgeschaltet (`off`). `on` (ein): Alle Großbuchstaben werden im Remote-System in Kleinbuchstaben umgeändert. `off` (aus): Es werden keine Änderungen bei Groß- oder Kleinbuchstaben vorgenommen.
`cd` *verzeichnis*	Wechselt vom aktuellen Verzeichnis auf dem Remote-Rechner nach *verzeichnis*.
`cdup`	Wechselt vom aktuellen Verzeichnis des Remote-Rechners in das übergeordnete Verzeichnis.
`close`	Schließt die FTP-Sitzung.
`cr`	Aktiviert die Unterdrückung der Zeilenschaltung (carriage return) beim ASCII-Modus.
`delete` *datei*	Löscht *datei* auf dem Remote-Rechner.
`debug`	Aktiviert den Debug-Modus. Standard ist `off` (aus).
`dir`	Gibt eine Verzeichnisliste des aktuellen Arbeitsverzeichnisses des Remote-Rechners an. Die Ausgabe ist ähnlich der des Befehls `ls`.
`disconnect`	Entspricht `close`.
`get` *datei dateiname*	Lädt die Datei, die durch *datei* spezifiziert ist, vom Remote-Rechner auf den lokalen Rechner herunter. Wenn *dateiname* angegeben ist, wird dieser Name auf dem lokalen Rechner verwendet. Wenn nicht, wird der Remote-Name verwendet.
`glob`	Aktiviert die Dateinamenserweiterung für die Verwendung von `mdelete`, `mget` und `mput`.
`hash`	Aktiviert die Ausgabe eines Hashzeichens (#). Wenn sie aktiviert ist, werden Hashzeichen in der Regel nach jeweils 8.142 übertragenen Byte angegeben. Einige Systeme können verschiedene Formate von Hashzeichen verwenden; in diesem Fall wird das Format angegeben. Ein anderes übliches Format ist 2.048 Byte.
`help` *befehl*	Gibt Hilfe zu *befehl*. Ist kein Befehl spezifiziert, wird eine Liste mit Befehlen angezeigt.

Befehl	Erklärung
`lcd` *`verzeichnis`*	Wechselt das lokale Verzeichnis nach *`verzeichnis`*.
`ls`	Ähnlich wie *`dir`*, aber zeigt eine kürzere Verzeichnisliste an. Wenn die `-a`-Option angegeben wird, werden alle Dateien aufgelistet, einschließlich der, die mit einem Punkt (.) beginnen.
`macdef` *`makro`*	Definiert ein Makro mit dem Namen *`makro`*. Alle Eingaben, die `macdef` folgen, werden als Makro gespeichert, bis eine neue Zeile angegeben wird.
`mdelete` *`dateien`*	Mehrfaches Löschen. Löscht die Datei(en), die durch *`dateien`* angegeben wurden.
`mdir` *`dateien`*	Mehrfaches Auflisten. Listet die spezifizierten Dateien oder Verzeichnisse auf.
`mget` *`dateien`*	Mehrfaches Herunterladen. Lädt alle spezifizierten Dateien herunter.
`mkdir` *`verzeichnis`*	Erstellt ein Verzeichnis im Remote-System, genannt *`verzeichnis`*.
`mls` *`dateien`*	Mehrfaches Auflisten. Gleich wie `ls`, aber es können mehr als eine Datei oder ein Verzeichnis angegeben werden.
`mput` *`dateien`*	Mehrfaches Heraufladen. Heraufladen aller spezifizierten Dateien.
`open` *`rechner port`*	Stellt eine Verbindung vom angegebenen Rechner *`rechner`* am Port *`port`* her. Ist kein Port angegeben, wird `21/tcp` verwendet.
`prompt`	Aktiviert die interaktive Eingabeaufforderung. Falls inaktiv, wird kein Prompt zwischen den Dateitransfers angezeigt, wenn `mput` oder `mget` verwendet wird.
`proxy` *`befehl`*	Führt *`befehl`* auf einem Sekundär-Server aus. Dies kann verwendet werden, um Dateien zwischen zwei Remote-Servern zu übertragen.
`put file` *`dateiname`*	Lädt eine Datei auf einen Remote-Rechner. Wenn *`dateiname`* angegeben ist, wird der Dateiname auf dem Remote-Rechner entsprechend umbenannt. Wenn *`dateiname`* nicht angegeben ist, wird der ursprüngliche Dateiname auf dem Remote-Rechner verwendet.
`pwd`	Zeigt das aktuelle Arbeitsverzeichnis an.
`quit`	Entspricht `bye`.
`quote` *`args`*	Sendet die spezifizierte Datei direkt zum Remote-FTP-Server.
`recv` *`datei`*	Entspricht `get`.
`remotehelp`	Entspricht `help`, aber es wird der Remote-Server anstelle des lokalen Server verwendet, um Hilfe zu erhalten.

Befehl	Erklärung
`rename` *`alt neu`*	Benennt die Datei, die durch *`alt`* spezifiziert wurde, von *`alt`* auf *`neu`* um.
`reset`	Löscht die Antwort-Warteschlange.
`rmdir` *`verzeichnis`*	Entfernt das Verzeichnis auf dem Remote-Server, das durch *`verzeichnis`* spezifiziert wurde.
`runique`	Aktiviert eindeutige Dateinamen. Wenn die Option aktiviert ist und ein doppelter Dateiname gefunden wird, wird der neuen Datei ein `.`*`n`* angehängt, wobei *`n`* ein Integerwert ist, der bei 1 beginnt und aufsteigend ist.
`send` *`datei`*	Entspricht `put`.
`status`	Zeigt den aktuellen Status an.
`sunique`	Aktiviert den Mechanismus zur Erzeugung eindeutiger Dateinamen auf dem Remote-Rechner. Siehe auch `runique`.
`type` *`typ`*	Setzt den Transfertyp auf *`typ`*. Entweder binär (Bild) oder ASCII (Text).
`user` *`anwendername`*	Übergibt dem Remote-System beim Anmelden den Anwendernamen.
`verbose`	Aktiviert den ausführlichen Modus. Wenn dieser Modus aktiviert ist, werden alle Antworten des FTP-Servers angezeigt.

Automatische FTP-Anmeldung (ftp autologin)

Eine `.netrc`-Datei kann im Homeverzeichnis eines Anwenders platziert werden, um die Datenübertragung per ftp bis zu einem gewissen Ausmaß zu automatisieren. Die Datei beinhaltet Informationen über Verbindungen, einschließlich des Rechnernamens, des Anmeldenamens, des Passworts und anderer optionaler Informationen.

Das allgemeine Format sieht folgendermaßen aus:

`rechner rechnername login login-name passwort passwort`

Beachten Sie folgendes Beispiel:

`rechner` `ttp.remote-rechner.com` *`login anonym passwort`* `anwender@lokalrechner.com`

Es ist sehr wichtig, dass `.netrc`-Dateirechte so gesetzt sind, dass andere Anwender keinen Zugriff auf diese Datei haben, da diese Namen und Passwörter beinhaltet. Verwenden Sie den `chmod`-Befehl, um die Zugriffsrechte der `.netrc`-Datei auf 600 zu setzen.

Lesen Sie auch `rcp` (100).

Dateitransfer

rcp

`/usr/bin/rcp [optionen] [dateien]`

Dieses Programm kopiert Dateien über das Netzwerk. Um `rcp` zu verwenden, müssen Remote-Befehle erlaubt sein. Dies erfordert die Verwendung einer `.rhosts`-Datei oder `/etc/hosts.equiv`. Für Details lesen Sie `rsh`.

Option	Erklärung
`-p`	Es wird versucht, den kopierten Dateien oder Verzeichnissen dieselben Eigenschaften des Originals zuzuweisen, indem der Kopie, falls möglich, dieselbe Zeit, dieselben Rechte und dieselben ACL zugewiesen werden.
`-r`	Rekursives Kopieren des Verzeichnisses, das durch das Argument *dateien* angegeben wurde.

Argumente

Die Argumente von `rcp` werden als Remote-Dateien oder lokale Dateien spezifiziert.
Für lokale Dateien:

```
pfad
```

Für Remote-Dateien:

```
rechnername:pfad
anwender@rechnername:pfad
```

rcp-Warnung

`rcp` kann Verzeichnisse, die symbolische Links beinhalten, nicht zuverlässig kopieren. Eine mögliche Alternative ist die Verwendung von `cpio`, um das Verzeichnis an `rcp` mit Hilfe des Pipe-Mechanismus zu übergeben.

Beispiel	Beschreibung
`rcp` *remotehost:testfile testfile*	Kopiert eine Datei von einem Remote-Rechner auf den lokalen Rechner.
`rcpp` *remote1:report*`.txt remote2:newreport.txt`	Kopiert eine Datei von einem Remote-Rechner auf einen anderen.

Lesen Sie auch `rsh` (108), `ftp` (96).

rwho

`/usr/bin/rwho [optionen]`

Dieser Befehl zeigt an, wer auf welchen Rechnern im lokalen Netz angemeldet ist. Die Ausgabe ist ähnlich der von `who`. Auf dem Remote-Server muss der `in.rwhod`-Daemon laufen.

Lesen Sie auch `finger` (85), `rusers` (93), `rwho` (100).

Kommunikation

mail

`/usr/bin/mail [optionen] [empfänger]`

Dieses Programm wird verwendet, um elektronische Post von/an Anwender im lokalen System oder im Internet zu lesen oder zu versenden (mit Hilfe von `sendmail`). Wenn dieser Befehl ohne Angabe eines Empfängers aufgerufen wird, kann es dazu verwendet werden, E-Mails zu lesen und zu bearbeiten. Ein Fragezeichen (`?`) wird als Eingabeaufforderungszeichen angezeigt. Wird das Programm beendet, während eine Mitteilung erstellt wird, wird diese in `dead.letter` im aktuellen Verzeichnis gespeichert. Eingehende Post wird unter `/var/mail/`*anwendername* oder an eine in der MAIL-Variablen angegebenen Stelle gespeichert. In dieser entspricht *anwendername* dem aktuelle Anmeldenamen des Anwenders, der den Befehl `mail` ausführt.

Option	Erklärung
`-e`	Es wird keine E-Mail angezeigt, statt dessen gibt `mail` eine Fehlermeldung aus: `1` Es gibt keine Post. `0` Es gibt Post.
`-f` *datei*	Verwendet als Postdatei die Datei, die durch *datei* spezifiziert ist, und nicht die Standarddatei.
`-h`	Zeigt beim Starten Kopfzeilen anstelle der neuesten Mitteilungen an.
`-m` *typ*	Fügt zu einer Mitteilung eine Kopfzeile in der folgenden Form hinzu: `Message-Type:` *typ*
`-p`	Gibt alle Nachrichten ungeordnet aus.
`-P`	Gibt alle Kopfzeilen beim Anzeigen der Nachrichten aus.
`-q`	Beendet und verlässt das Programm beim Auftreten des Interrupts.
`-r`	Gibt Nachrichten in der Reihenfolge »first-in, first-out« aus.
`-t`	Fügt der Nachricht eine Kopfzeile (für jeden Empfänger) in folgender Form hinzu: `To:` *empfänger*
`-w`	Wartet nicht, bis das Datenübertragungsprogramm beendet ist, bevor gesendet wird.
`-x` *level*	Setzt den Debug-Level auf *level* (erstellt eine Protokolldatei in `/tmp`).

Befehl	Erklärung
`?`	Hilfe. Zeigt alle Befehle und ihre Verwendungsmöglichkeiten an.
`#`	Gibt die aktuelle Nachrichtennummer aus.

Befehl	Erklärung
`-`	Vorherige Nachricht.
+ oder Zeilenschaltung (`newline`)	Nächste Nachricht.
`!befehl`	Verwendet die Shell, um den Befehl auszuführen.
`a`	Zeigt eine Nachricht, die nach dem Aufruf von `mail` eingetroffen ist.
`d`	`d` oder `dp`: Löscht die aktuelle Nachricht und zeigt die nächste an. `d` *n*: Löscht Nachricht Nummer *n*. `dq`: Löscht die aktuelle Nachricht und beendet dann.
`h`	`h`: Zeigt Kopfzeilen für die aktuelle Nachricht. `h` *n*: Zeigt Kopfzeilen für die Nachricht Nummer *n*. `h a`: Zeigt Kopfzeilen für alle Nachrichten. `h d`: Zeigt Kopfzeilen für die Nachrichten, die zum Löschen markiert sind.
`m` ***empfänger***	Sendet die aktuelle Nachricht zu *empfänger* und löscht sie.
`Nummer (number)`	Geht zu Nachricht Nummer *n*.
`p`	Gibt die aktuelle Nachricht erneut aus und ignoriert nicht druckbare Zeichen.
`P`	Gibt die aktuelle Nachricht erneut aus und zeigt alle Kopfzeilen an.
`q oder` **CTRL+D**	Beendet. Alle Nachrichten, die zum Löschen markiert wurden, werden nicht gelöscht.
`r` *empfänger*	Antwortet dem Absender. Wenn *empfänger* spezifiziert sind, werden diese auf CC (Verteiler) gesetzt.
`s` *maildatei*	Speichert eine Nachricht in der Datei, die durch *maildatei* spezifiziert ist. Standard ist `mbox`.
`u` *n*	Stellt Nachricht Nummer *n* wieder her. Wenn keine Nummer angegeben ist, wird die zuletzt gelesene Nachricht wieder hergestellt.
`w` *datei*	Schreibt die aktuelle Nachricht in *datei* und unterdrückt alle Kopfzeilen. Ist keine Datei angegeben, wird `mbox` verwendet.
`x`	Speichert alle Nachrichten und beendet.
`y` *datei*	Entspricht `w`.

Lesen Sie auch `write` (107).

mail (UCB-Version)

`/usr/ucb/mail [`*optionen*`]` *anwender*
`/usr/ucb/mail`

Die UCB-Version des `mail`-Programms wird verwendet, um elektronische Post von/an Anwender im lokalen System oder im Internet zu lesen oder zu versenden (mit Hilfe von `sendmail`).

Wenn dieser Befehl ohne Angabe eines Empfänger aufgerufen wird, kann er dazu verwendet werden, E-Mails zu lesen und zu bearbeiten. Ein Fragezeichen (`?`) wird als Eingabeaufforderungszeichen angezeigt. Wird das Programm beendet, während eine Mitteilung erstellt wird, wird diese in `dead.letter` im aktuellen Verzeichnis gespeichert. Eingehende Post wird unter `/var/mail/`*`anwendername`* oder an eine in der MAIL-Variablen angegebenen Stelle gespeichert. In dieser entspricht *`anwendername`* dem aktuellen Anmeldenamen des Anwenders, der den Befehl `mail` ausführt.

Option	Erklärung
`-B`	Kein Zwischenspeicher. Weder Standardein- noch -ausgabe.
`-b` *`bcc`*	Blindkopie (BCC). Die Anwender in der Liste *`bcc`* erhalten eine Blindkopie. Es können mehrere Empfänger aufgelistet werden, aber diese müssen in Anführungszeichen angegeben werden.
`-c` *`cc`*	Kopie. Die Anwender in der Liste *`cc`* erhalten eine Kopie. Es können mehrere Empfänger aufgelistet werden, aber diese müssen in Anführungszeichen angegeben werden.
`-d`	Debug-Modus. Zusätzliche Debug-Informationen werden gegeben.
`-e`	Abfrage nach Post. Keine Ausgabe wird gegeben. Ein Wert wird zurückgegeben, der anzeigt, ob Post vorhanden ist oder nicht: `0`: Post `1`: Keine Post
`-F`	Die Nachricht wird in einer Datei, die denselben Namen wie der Empfänger hat, gespeichert.
`-f` *`msgfile`*	Liest Nachrichten aus einer durch *`msgfile`* spezifizierten Datei und nicht aus der Standard-Mailboxdatei.
`-H`	Zusammenfassung der Kopfzeilen. Es werden nur die Kopfzeilen der Nachrichten gezeigt.
`-h` *`num`*	Setzt die maximale Anzahl von »Netzwerk Hops« auf *`num`*. Das Setzen dieser Option beugt endlosen Mail-Loops vor.
`-I`	Beinhaltet Kopfzeilen der Newsgroups und der Artikel-IDs.
`-N`	Keine Zusammenfassung der Kopfzeilen.
`-n`	Die Standard-`rc`-Dateien des Systems (`mailx.rc und Mail.rc`) werden beim Starten nicht gelesen.
`-r` *`adresse`*	Setzt die Rücksendeadresse der Mitteilungen auf *`adresse`*.
`-s` *`betreff`*	Setzt den Betreff der Mitteilung auf *`betreff`*. Um sicher zu gehen, sollte der Betreff in Anführungszeichen stehen.
`-T` *`datei`*	Die Kopfzeilen der Nachrichten-ID und der Artikel-ID werden in der Datei gespeichert, die durch *datei* spezifiziert ist.
`-t`	Erhält `To:-, cc:- und bcc:-`Felder vom Nachrichtentext und nicht von der Befehlszeilen-Empfängerliste.

Kommunikation

Option	Erklärung
`-u` *anwender*	Verwendet die Mailbox von *anwender* und nicht die aktuelle Anwender-Mailbox.
`-V`	Zeigt die Nummer der Mail-Version und beendet.

Befehl	Erklärung
`!cmd`	Führt den angegebenen Shell-Befehl aus. Ist kein Befehl angegeben, wird eine Shell erzeugt. Geben Sie **exit** ein, um zu `mail` zurückzukehren.
`=`	Zeigt die aktuelle Nachrichtennummer.
`?`	Zeigt eine Zusammenfassung der Befehle.
`alias` *alias recip*	Erstellt einen Alias für den spezifizierten E-Mail-Empfänger. Normalerweise werden Alias in der `.mailrc`-Datei definiert.
`cd` *verzeichnis*	Wechselt in das Verzeichnis *verzeichnis*.
`copy` *datei*	Entspricht dem `save`-Befehl. Die Mitteilung wird jedoch nicht als gespeichert markiert.
`delete` *nachrichten*	Löscht die aufgelisteten Nachrichten. Sind keine Nachrichten aufgelistet, wird die aktuelle Nachricht gelöscht.
`discard` *kopfzeilen*	Legt spezifizierte Kopfzeilen ab, wenn Nachrichten angezeigt werden.
`ignore` *kopfzeilen*	Gibt die spezifizierten Kopfzeilen bei der Ausgabe der Nachrichten nicht aus.
`dp` *nachrichten*	Löscht und zeigt an. Löscht die spezifizierten Nachrichten und zeigt dann die nächste Nachricht an.
`edit` *nachrichten*	Editiert Nachrichten unter Verwendung des Editors, der in der `EDITOR`-Umgebungsvariablen spezifiziert ist.
`exit`	Beendet `mail`.
`field` *kopfzeile*	Zeigt den Inhalt der Kopfzeile, die durch *kopfzeile* spezifiziert ist.
`file` *datei*	Ändert die Mailbox-Dateien auf *datei*. Ist keine Datei angegeben, wird der aktuelle Dateiname angezeigt.
`followup` *nachricht*	Antwortet dem Verfasser der spezifizierten Nachricht.
`from` *nachrichten*	Gibt eine Zusammenfassung der Kopfzeilen von *nachrichten* aus. Sind keine Nachrichten angegeben, wird eine Zusammenfassung der Kopfzeile der aktuellen Nachricht ausgegeben.
`hold` *nachrichten*	Hält die aufgelisteten Nachrichten in der aktuellen Mailbox.
`inc`	Nimmt neue Nachrichten, die ankommen, in der aktuellen Mail-Liste auf.

Befehl	Erklärung
`load` *datei*	Lädt die spezifizierte Datei als Nachricht. Die Datei muss in einem Standard-Einzelnachrichten-Format mit Kopfzeilen erstellt sein.
`mail` *empfänger*	Sendet eine Nachricht an einen spezifizierten Empfänger.
`Mail` *empfänger*	Sendet eine Nachricht an einen spezifizierten Empfänger und speichert eine Kopie.
`more` *nachrichten*	Zeigt die aufgelisteten Nachrichten und unterbricht nach jeder Seite.
`Unread` *nachrichten*	Markiert die aufgelisteten Nachrichten als ungelesen.
`next`	Springt zur nächsten Nachricht in der Nachrichtenliste.
`pipe` *nachrichten befehl*	Leitet die aufgelisteten Nachrichten durch den angegebenen Befehl.
`print` *nachrichten*	Druckt die spezifizierten Nachrichten.
`put` *nachrichten datei*	Schreibt die spezifizierten Nachrichten in die spezifizierte Datei.
`quit`	Beendet. Nachrichten, die in einer Datei gespeichert wurden, werden gelöscht; alle anderen werden gespeichert.
`reply` *nachrichten*	Antwortet auf jede spezifizierte Nachricht. Die Betreffzeile wird aus der ersten Nachricht aus der Liste der Nachrichten genommen.
`replyall` *nachrichten*	Antwortet auf jede Nachricht und versendet eine Kopie an jeden Empfänger der Originalnachricht.
`Save`	Speichert die spezifizierte Nachricht und lässt alle Adresseninformationen weg.
`save`	Speichert die spezifizierte Nachricht in der Mailbox-Datei (gewöhnlich `mbox`).
`source` *datei*	Führt die Befehle der spezifizierten Datei aus.
`shell`	Erzeugt eine Shell, um Befehle auszuführen. Geben Sie **exit** ein, um zu `mail` zurückzukehren.
`top` *nachrichten*	Zeigt nur die ersten paar Zeilen (`top`) der aufgelisteten Nachrichten an.
`unalias` *aliases*	Entfernt eine Alias-Definition. Siehe auch `alias` in dieser Tabelle.
`undelete` *nachrichten*	Stellt aufgelistete Nachrichten wieder her.
`unignore`	Ignoriert die angegebenen Kopfzeilen nicht länger. Siehe auch `ignore` in dieser Tabelle.
`version`	Zeigt die aktuelle Version von `mail`.
`visual`	Editiert die Nachricht im visuellen Modus. Es wird der Editor verwendet, der in der Umgebungsvariablen von `VISUAL` angegeben ist. Wird diese Variable nicht gesetzt, wird `vi` verwendet.

rwall

/usr/sbin/rwall [*optionen*] [*rechner*]

Dieser Befehl sendet eine Mitteilung an alle Anwender im Netzwerk. Wenn die Mitteilung erhalten wird, wird sie durch folgende Kopfzeile angemeldet:

```
Broadcast Message...
```

Auf dem Remote-Server muss der walld-Daemon laufen.

Option	Erklärung
-n *netgroup*	Sendet eine Mitteilung an das Netzwerk, das durch *netgroup* spezifiziert ist, anstatt an einen speziellen Rechner.
-h *rechner*	Gibt einen einzelnen Rechner an, an den die Mitteilung gesendet werden soll. Diese Option kann in Verbindung mit der -n-Option verwendet werden.

Lesen Sie auch rwho (100), rusers (93).

talk

usr/bin/talk *anwender* [*terminal*]

Ein Anwender kann sich mit anderen Anwendern durch die Verwendung des UNIX Talk Protocol schriftlich »unterhalten«. Es kann verwendet werden, um mit anderen Anwendern desselben Systems oder mit anderen Anwendern im Internet zu chatten. Auf dem Remote-System muss der Daemon talk (in.talkd) laufen, der den Port 517/udp abhört.
Wenn man mit einem Remote-System verbunden ist, wird der andere Anwender mit einer Mitteilung ähnlich der folgenden zur »Unterhaltung« aufgefordert:

```
Message from Talk_Daemon@remotehost at 8:55 ...
talk: connection requested by mulligan@localhost.
talk: respond with: talk mulligan@localhost
```

Nachdem der andere Anwender geantwortet hat, kann das Chatten beginnen. Der Text wird Zeichen für Zeichen gesendet.

Argument	Erklärung
anwender	Der Anmeldenamen des Anwenders, mit dem man spricht. Das kann entweder ein Anwendername (für das lokale System) oder eine Internetadresse in der Form user@remotehost sein, um im Internet chatten zu können.
terminal	Optional. Wenn ein Anwender mehrmals angemeldet ist, spezifiziert dies, welches Terminal der Befehl talk verwenden soll.

Befehl	Erklärung
CTRL+L	Aktualisiert den Bildschirm.
CTRL+D oder CTRL+C	Beendet das Chatten und verlässt das Programm.

Lesen Sie auch `mail` (101), `write` (107).

write

`/usr/bin/write [`*`terminal`*`]`

Sendet eine Mitteilung an andere Anwender des lokalen Systems. Im Gegensatz zu `talk` wird hier der Text Zeile für Zeile verschickt.

`write` sendet eine Mitteilung ähnlich der folgenden an den anderen Anwender:

`Message from mulligan on `*`host`*` (pts/6) [ Tue Mar 4 09:11:22 ]`

Um das Senden der Mitteilungen zu beenden, drücken Sie **CTRL+D** oder **CTRL+C**.

Argument	Erklärung
terminal	Optional. Wenn ein Anwender mehrmals angemeldet ist, spezifiziert dies, welches Terminal der Befehl `write` verwenden soll.

Lesen Sie auch `mail` (101), `talk` (106).

Remote-Shells und Remote-Anmeldung

rlogin

`/usr/bin/rlogin [`*`optionen`*`] [`*`rechner`*`]`

Erklärung

Meldet sich an einem Remote-System mit der Remote-Login Prozedur an anstatt über `telnet`. Der Anwender und/oder Rechner muss in einer `.rhosts-` oder `hosts.equiv`-Datei auf dem Remote-System definiert sein. Auf dem Remote-Server muss der `in.rlogind`-Daemon laufen. Das ist eine unverschlüsselte und relativ unsichere Methode der Remote-Anmeldung.

Option	Erklärung
`-L`	Erlaubt den Ablauf einer `rlogin`-Sitzung ohne Nachbearbeitung der Ausgabe (litout-Modus).
`-8`	Erlaubt die Eingabe von 8-Bit-Daten anstelle von 7-Bit.
`-e` *zeichen*	Setzt das Escape-Zeichen auf *zeichen*.
`-l` *anwendername*	Verwendet *anwendername* als den Anwendernamen für die Remote-Anmeldung und nicht den aktuellen Namen.

Lesen Sie auch `rcp` (100), `telnet` (109).

rsh

`/usr/bin/rsh [optionen] [rechnername] [befehl]`

Die Remote-Shell führt Befehle auf einem Remote-System über das Netzwerk aus. Alternative: Ist kein Befehl angegeben, verhält sich `rsh` wie `rlogin` und meldet den Anwender im Remote-System an. Dieser Befehl verwendet die `.rhosts-` oder `/etc/hosts.equiv`-Datei des Remote-Systems, um zu überprüfen, ob die Ausführung des Remote-Anmelden erlaubt ist.

Option	Erklärung
`-l` *anwendername*	Verwendet für die Anmeldung den Anwendernamen, der durch *anwendername* spezifiziert ist, anstatt des aktuellen Namens.
`-n`	Unterdrückt die Standardausgabe von `rsh`. Die Ausgabe wird an `/dev/null` gesendet.

.rhosts und hosts.equiv

Zwei Dateien werden verwendet, um die Berechtigung für die `rlogin-`, `rsh-` und `rcp`-Programme zu überprüfen: `.rhosts` und `hosts.equiv`. Die `.rhosts`-Datei ist im Homeverzeichnis des Anwenders platziert und beinhaltet alle Rechner und Anwender, die die Erlaubnis haben, sich mit dem lokalen Benutzerkonto anzumelden. Die `.rhost`-Datei sieht in der Regel folgendermaßen aus:

```
rechnername anwendername
```

Wird der Anwendername ausgelassen, haben alle Anwender des angegebenen Rechners Zugriffsrechte. Optional kann eine *netgroup* anstelle des Anwendernamens verwendet werden, indem sie als *+@netgroup* spezifiziert wird. Das Zeichen + steht für »alle«. Das folgende Beispiel erlaubt Remote-Anmeldungen des Anwenders `smithj` von jedem Rechner aus:

```
+ smithj
```

Dadurch entstehen jedoch Sicherheitslücken für das Benutzerkonto und sollte daher nicht verwendet werden.

Die `/etc/hosts.equiv`-Datei kann als `.rhosts`-Datei für das gesamte System angesehen werden. Wenn ein Remote-Anwender die Erlaubnis hat, sich auf Basis der `host.equiv`-Datei anzumelden, wird er auch die Erlaubnis haben, sich als ein beliebiger lokaler Anwender anzumelden.

Beachten Sie, dass die `.rhosts-` und `/etc/hosts.equiv`-Dateien zwei der Hauptquellen für Sicherheitsrisiken darstellen. Um sicher zu gehen, befolgen Sie diese Empfehlungen:

Verwenden Sie immer die Form *rechnername anwendername*; geben Sie nie nur einen Anwender oder einen Rechner an.

Verwenden Sie niemals ein + in einem Eintrag.

Listen Sie nur Rechner auf, die absolut vertrauenswürdig und sehr sicher sind.

Überprüfen Sie `.rhosts-` und `hosts.equiv`-Dateien regelmäßig darauf hin, ob sie auf irgendeine Weise geändert wurden oder ob darauf ein unberechtigter Zugriff erfolgte.

Beispiel

Zeigt eine Textdatei, die sich in einem Remote-System befindet:

```
rsh remotehost cat file.txt
```

Lesen Sie auch `rlogin` (107).

telnet

`/usr/bin/telnet [`*optionen*`] [`*rechner*`] [`*port*`]`

Interface für ein `telnet`-Protokoll, um sich an einem Remote-System anzumelden. `telnet` kann auch dazu verwendet werden, um einen ausgewählten Port/Dienst mit einem Remote-Rechner zu verbinden.

Option	Erklärung
`-8`	Schaltet den 8-Bit-Betrieb ein.
`-E`	Unterdrückt alle Escape-Zeichen.
`-L`	Verwendet 8-Bit -Betrieb bei der Ausgabe.
`-c`	Liest die `.telnetrc`-Datei nicht.
`-d`	Aktiviert den Debug-Modus auf `ein`.
`-e` *zeichen*	Setzt das Escape-Zeichen auf *zeichen*.
`-l` *anwender*	Sendet den aktuellen Anwendernamen als Wert von *anwender*.
`-n` *datei*	Öffnet *datei* als Protokolldatei für die Sitzung.
`-r`	Zwingt `telnet` sich wie `rlogin` zu verhalten. Escape-Zeichen: `~`, `.\r` und **CTRL+Z** können verwendet werden (siehe `rlogin`).

Befehl	Erklärung
CTRL-]	Kehrt zum Promptzeichen zurück. Dies ist sehr nützlich, wenn eine Verbindung hängt und abgebrochen werden muss. Drücken Sie einfach **CTRL-]** und geben Sie **quit** ein.
`?` *befehl*	Hilfe. Hilft bei *befehl*. Wenn *befehl* nicht angegeben wird, wird eine Liste von Befehlen angezeigt.
`close`	Schließt die aktuelle Sitzung und beendet das Programm.
`display` *arg*	Zeigt Parameterwerte, die aktiviert wurden.

`environ` *args*	Setzt Variablen, die durch die Umgebungsvariablen zum Remote-Rechner gesendet werden können. Das schließt die folgenden Argumente ein:
	`define` *variable wert*
	`undefine` *variable*
	`export`
	`unexport` *variable*
	`list`
	`?`

`logout`	Entspricht `close`, wenn `logout` auf der Remote-Seite unterstützt wird.

Befehl	Erklärung
`open` *rechner port*	Öffnet eine Verbindung zum angegebenen Rechner am angegebenen Port. Wenn kein Port angegeben ist, wird `23/tcp` verwendet. Optional kann mit `-l` der Anwender angefügt werden, um einen anderen als den aktuellen Anwendernamen zu spezifizieren.
`quit`	Entspricht `close`.
`send` *args*	Sendet Zeichenketten *argumente* (einschließlich spezieller Zeichen) an den Remote-Rechner. Das schließt die folgenden Argumente ein: `escape`, `synch`, `brk`, `ip`, `abort`, `ao`, `ayt`, `ec`, `el`, `eof`, `eor`, `ga`, `getstatus`, `nop`, `susp`.
`set oder unset` *arg value*	Setzt oder löscht eines der folgenden Argumente: `echo`: Aktiviert das lokale Echo `escape`: Setzt Escape-Zeichen auf *wert*. `interrupt`: Setzt Interrupt-Zeichen auf *wert*. `quit`: Setzt Beenden-Zeichen. `flushoutput`: Setzt das flushoutput-Zeichen. `erase`: Setzt Löschen-Zeichen. `eof`: setzt eof-Zeichen. `ayt`: Setzt das »Are You There«-Zeichen. `lnext`: Setzt das `lnext`-Zeichen. `reprint`: Setzt das Aktualisieren-Zeichen. `rlogin`: Setzt das Escape-Zeichen für `rlogin`. `start`: Setzt das Start-Zeichen. `stop`: Setzt das Stop-Zeichen. `susp`: Setzt das Zeichen zum Anhalten. `tracefile`: Definiert die Protokolldatei. `worderase`: Setzt das Wort-löschen-Zeichen.
`status`	Zeigt Status von `telnet` an.
`toggle` *args*	Aktiviert/deaktiviert die folgenden Parameter: `autoflush`, `autosynch`, `binary`, `inbinary`, `outbinary`, `crlf`, `crmod`, `debug`, `localchars`, `netdata`, `options`, `prettydump`, `skiprc`, `termdata` Der Befehl `toggle ?` zeigt alle verfügbaren Parameter an.
`z`	Unterbricht `telnet`. Die Jobkontrolle muss von der Shell unterstützt werden.

Lesen Sie auch `rlogin` (107).

Teil II
Befehle für Programmierer

5 Compiler/Interpreter

Befehl	Seite
gcc	114
perl	117

Befehle und ihre Funktion	Seite
Compiler	113
gcc	114
Interpreter	113
perl	117
Debug-Flags	118

Compiler

gcc

```
/usr/local/bin/gcc [optionen] [dateiname]
/usr/local/bin/g++ [optionen] [dateiname]
```

Der GNU C-Compiler ist ein integrierter C/C++-Compiler. Die Quelldateien der Programme, die in C geschrieben sind, haben normalerweise die Endung `.c`. Quellcodes, die in C++ geschrieben sind, haben gewöhnlich Endungen wie `.C`, `.cc`, `.cpp` oder `.cxx`. Wenn man den Compiler mit `gcc` aufruft, wird ein Linken im C-Stil durchgeführt, während beim Aufruf mit `g++` das Linken im C++-Stil erfolgt.

Option	Erklärung
`-x` *sprache*	Ignoriert die Bedeutung der Dateiendungen und spezifiziert, welche Sprache verwendet werden soll. Gültige Sprachen sind: `c`, `objective-c`, `c-header`, `c++`, `cpp-output`, `assembler` und `assembler-with-cpp`.
`-c`	Kompiliert nur und linkt Objektdateien nach dem Kompiliervorgang nicht.
`-S`	Beendet nach dem Kompiliervorgang und ruft nicht den Assembler auf. Ausgabedateien haben denselben Namen wie die Quelldatei mit der Ausnahme, dass sie die Endung `.s` haben.
`-E`	Präprozessiert nur. Präprozessierter Quellcode wird auf der Standardausgabe ausgegeben.
`-o` *datei*	Schreibt die Ausgabe nach *datei*.
`-v`	Gibt alle ausgeführten Befehle und die Versionsnummer des Compilers an der Standardfehlerausgabe aus.
`-pipe`	Verwendet Pipes anstelle von temporären Dateien.
`-ansi`	Verwendet strikt ANSI C-Standard, indem alle nicht-ANSI-Teile von GNU C gesperrt werden.
`-fno-asm`	Verwendet nicht `asm`, `inline` oder `typeof` als Schlüsselwörter.
`-fno-builtin`	Erkennt nur eingebaute Funktionen, die mit zwei Unterstrichen beginnen.
`-fhosted`	Definiert den Kompiliervorgang für die Verwendung in einer Host-Umgebung.
`-ffreestanding`	Definiert den Kompiliervorgang für die Verwendung in eigenständiger Umgebung
`-fno-strict-prototype`	Behandelt Funktionserklärungen ohne Argumente im C-Stil und nicht im C++-Stil.
`-trigraphs`	Unterstützt ANSI-Trigraphen.
`-fdollars-in-identifiers`	Erlaubt `$`-Zeichen in Kennzeichnungen von C++.
`-fenum-int-equiv`	Implizite Umwandlung von Integerwerten in Aufzählungstypen wird zugelassen (für C++).

Option	Erklärung
`-fexternal-templates`	Erzeugt kleineren Code durch die ausschließliche Verwendung einer einzigen Kopie einer Funktionsvorlage. Es muss `#pragma` im Quellcode verwendet werden.
`-fall-virtual`	Alle Teilfunktionen werden als virtuelle Funktionen behandelt.
`-fcond-mismatch`	Alle Bedingungstypabweichungen heben den Wert des Ausdrucks auf.
`-funsigned-char`	Der Datentyp `char` wird als vorzeichenbehaftet interpretiert.
`-fsigned-char`	Der Datentyp `char` wird als vorzeichenlos interpretiert.
`-include` *`datei`*	Verarbeitet (Kompilier- und Include-Vorgang) die spezifizierte Datei vor allen anderen Quelldateien.
`-imacros` *`datei`*	Definiert Makros, die in der spezifizierten Datei verarbeitet werden. Die gesamte sonstige Ausgabe wird ausgeschaltet.
`-idirafter` *`pfad`*	Wenn im normalen Include-Pfad keine Header-Datei gefunden wird, wird der hiermit spezifizierten Pfad durchsucht.
`-nostdinc`	Header-/Include-Dateien werden nicht in den Standardverzeichnissen gesucht.
`-nostdincc++`	Header-/Include-Dateien werden nicht in den C++-Verzeichnissen gesucht.
`-undef`	Definiert nur die nicht standardmäßigen Makrobefehle.
`-E`	Präprozessiert nur. Die Ausgabe wird an die Standardausgabe gesendet.
`-C`	Kommentare bleiben erhalten, wenn die Option mit der `-E`-Option verwendet wird. Die Ausgabe wird an die Standardausgabe gesendet.
`-P`	Erzeugt keine `#line`-Befehle, wenn die Option mit der `-E`-Option verwendet wird. Die Ausgabe wird an die Standardausgabe gesendet.
`-M`	Erzeugt eine Regel für jede Objektdatei.
`-MM`	Entspricht `-M`, aber bindet nur Header-/Include-Dateien von Benutzern (und nicht vom System) ein.
`-Umacro`	Löscht das spezifizierte Makro.
`-dM`	Gibt alle Makros aus, die nach dem Ende des Präprozessoraufrufs definiert werden.
`-Wa,` *`option`*	Ruft den Assember mit der spezifizierte Option auf.
`-llibrary`	Linkt mit der spezifizierten Bibliothek.
`-lobjc`	Linkt eine Objective C-Bibliothek.
`-nostartfiles`	Verwendet die standardmäßigen Systemstartdateien nicht.
`-nostdlib`	Verwendet die standardmäßigen Bibliotheken und Systemstartdateien nicht.

Option	Erklärung
`-static`	Linkt das Programm statisch (anstatt dynamisch).
`-shared`	Erzeugt ein gemeinsames Objekt, das mit anderen Objekten verwendet werden kann.
`-Wl,` *`option`*	Ruft den Link-Editor mit *`option`* auf.
`-Ipath`	Fügt den spezifizierten Pfad einer Liste von Include-Verzeichnissen hinzu.
`-Lpath`	Fügt den spezifizierten Pfad einer Verzeichnisliste hinzu, mit deren Hilfe nach Bibliotheken gesucht wird.
`-Bpath`	Gibt den Pfad als das Verzeichnis an, in dem die Compilerdaten liegen.
`-w`	Unterdrückt alle Warnmeldungen.
`-pendantic`	Verwendet strikt ANSI-Standard und zeigt alle Warnungen an.
`-pendantic errors`	Verwendet strikt ANSI-Standard (wie `-pendantic`) und gibt alle Warnungen als Fehlermeldungen aus.
`-Wimplicit`	Gibt eine Warnung aus, wenn eine Variablendeklaration einen Typ oder eine Funktion implizit definiert.
`-Wall`	Zeigt alle Warnmeldungen während des Kompiliervorgangs an. Es wird empfohlen, diese Option zu benutzen, um ein Programm zu kompilieren, das zum Überprüfen von möglicherweise auftretenden Problemen geschrieben wurde.
`-g`	Erzeugt eine Debug-Ausgabe, die entweder mit dem systemeigenen Debug-Programm oder mit GDB verwendet werden kann.
`-ggdb`	Erzeugt eine Debug-Ausgabe, die die GDB-Erweiterungen enthält.
`-g`*`format`*	Erzeugt eine Debug-Ausgabe im angegebenen Format. Gültige Formate sind: `stabs`, `stabs+`, `coff`, `xcoff`, `xcoff+`, `dwarf` und `dwarf+`.
`-save-temps`	Speichert alle temporären Dateien im aktuellen Arbeitsverzeichnis.
`-Olevel`	Optimiert die Objektdateien. Das Level-Argument ist nicht erforderlich. Falls angegeben, spezifiziert die Option `-O` den Grad der Optimierung. Grad 0 schaltet die Optimierung ab. Grad 3 ist die maximale Optimierungsstufe.
`-finline-functions`	Integriert den Code aller einfachen Funktionen direkt im Programmquellcode.
`-b` *`rechner`*	Erzeugt einen Maschinencode für den spezifizierten Rechnertyp. Das ist beim CrossCompiling sehr nützlich.
`-V` *`version`*	Startet `gcc` mit der angegebenen Version, wenn mehr als eine installiert wurde. Wird kein Argument angegeben, wird die aktuelle Version ausgegeben.

Option	Erklärung
-mtarget	Kompiliert für den spezifizierten Zielrechnertyp. Gültige Argumente sind: 68000, 6820, 68881, 68030, 68040, 68020-40, fpa, soft-float, short, nobitfield, rtd, unix, gnu, v8, sparclite, cypress, c1, c2, 29050, 29000, 88000, 88100, svr4, fp64 und fp32.

Lesen Sie auch as (123), gdb (138), ld (125).

Interpreter

perl

/usr/bin/perl [*optionen*] [*skript*] [*argumente*]

Perl ist eine extrem vielseitige Scriptsprache und nützlich für zahllose Anwendungen. Solaris 8 beinhaltet das Perl 5.005.3-Paket.

Option	Erklärung
-0*n*	Setzt das Trennzeichen für den Eingabesatz, das als Oktalzahl spezifiziert wird.
-a	Aktiviert den Autosplit-Modus, wenn -n oder -p auch angegeben sind.
-c	Überprüft nur die Syntax des Scripts. Das Script wird nicht wirklich ausgeführt.
-d	Führt das Script unter dem Perl-Debugger aus.
-d:*modul*	Verwendet das Debug- oder Protokollier-Modul unter Devel::*modul*.
-Dflags	Setzt die Debugging Flags (Debug-Kennzeichen). Lesen Sie die Tabelle im folgenden Abschnitt »Debug Flags«.
-e *perl*	Führt eine einzelne Zeile von Perl aus.
-Fpattern	Legt einen regulären Ausdruck fest, auf dem das Splitting basiert, wenn -a aktiviert ist.
-Idir	Spezifiziert die Verzeichnisse, in denen nach Modulen und Include-Dateien gesucht werden soll.
-l	Aktiviert die automatische Zeilenende-Verarbeitung.
-M*modul*	Führt das spezifizierte Modul aus, bevor das Script ausgeführt wird.
-n	Legt eine Eingabeschleife um das Script unter Verwendung von Dateinamen-Argumenten. Verhält sich ähnlich wie sed -n.
-P	Bearbeitet das Script mit dem C-Präprozessor, bevor es von Perl kompiliert wird.

Option	Erklärung
`-s`	Interpretiert Angaben auf der Befehlszeile nach dem Scriptnamen als einen Switch.
`-S`	Verwendet die PATH-Umgebungsvariable, um das Script zu suchen, das ausgeführt werden soll.
`-T`	Aktiviert das Taint-Checking.
`-u`	Erzeugt nach der Kompilierung des Scripts einen Coredump.
`-U`	Erlaubt unsichere Operationen, wie z. B. das Unlinken von Verzeichnissen, wenn root die Option verwendet.
`-v`	Zeigt die aktuelle Perl-Version an.
`-V`	Zeigt die Perl-Konfiguration an.
`-V:`*config*	Zeigt den Wert der spezifizierten Konfigurationsvariablen an.
`-W`	Liefert umfassende Debug-Informationen, einschließlich der Warnmeldungen über Variablen, die nur einmal verwendet werden.
`-x`	Geht davon aus, dass das Perl-Script in eine Textmitteilung eingebettet ist. Mit der Ausführung des Scripts wird begonnen, wenn eine Zeile, die die Zeichenkette `#!` enthält, auch die Angabe `perl` beinhaltet.

Debug-Flags

Die Nummern der unten angegebenen Debug-Flags sind zusätzlich. Z.B. `-D3` ist dasselbe wie `-Dps`.

Nummer	Buchstabe	Erklärung
1	p	Befehlsabarbeitung und Kennzeichnung (parsing and tokenizing)
2	s	Stackabzüge (stack snapshots)
4	l	Stackbearbeitungsschleife (loop stack processing)
8	t	Anzeige bei der Ausführung (trace execution)
16	o	Bereichsüberschreitungs- und Methodenauflösung (overloading and method resolution)
32	c	Konvertierung von Zeichenketten und Zahlen (string/numeric conversions)
64	p	Präprozessorbefehle (preprocessor commands)
128	m	Speicherzuteilung (memory allocation)
256	f	Formatierung (format processing)
512	r	Abarbeitung und Ausführung der regulären Ausdrücke (regexp parsing and execution)

Nummer	Buchstabe	Erklärung
1024	x	Speicherauszüge zum Syntaxbaum(syntax tree dumps)
2048	u	Taint checking
4096	L	Speicherverluste (memory leaks)
8192	H	Adressspeicherauszug (Hash dump)
16384	X	Speicherzuteilung des Arbeitsbereichs (scratchpad allocation)
32768	D	»Aufräumarbeit« (cleanup)
65536	S	Subroutinen (Threads)

Lesen Sie auch gcc (114).

6 Befehle zur Programmierung

Befehl	Seite
ar	122
as	123
dis	123
error	124
help	124
ld	125
lex	126
make	127
nm	128
size	129
strings	129
tsort	130
unifdef	130
yacc	131

Befehle zur Programmierung

ar

/usr/ccs/bin/ar [*optionen*] [*position*] [*archiv*] [*dateien*]

Das Programm ar wird verwendet, um Bibliotheken/Archive zu erstellen, zu aktualisieren und zu pflegen.

Kompatibilität mit ranlib

Bei SunOS 4.x wurde die Utility ranlib verwendet, um Archivbibliotheken in zufällig linkbare Bibliotheken umzuwandeln. Die Utility ar hat weiterreichende Aufgaben. Deshalb wird ranlib nicht mehr benötigt, ist aber darin enthalten, um die Kompatibilität mit älterer Software zu gewährleisten.

Option	Erklärung
-a	Neue Dateien im Archiv werden hinter den Operanden position platziert.
-b	Neue Dateien im Archiv werden vor den Operanden position platziert.
-c	Gibt keine Meldungen beim Erstellen von Archiven aus.
-d	Löscht die spezifizierten Dateien aus dem Archiv.
-m	Verschiebt Dateien in ein Archiv. Die spezifizierten Dateien werden an die durch die -a- oder -b-Optionen angegebene Position verschoben. Ist weder -a noch -b angegeben, werden die spezifizierten Dateien an das Ende des Archivs gesetzt.
-p	Zeigt den Inhalt des Archivs an.
-q	Fügt die spezifizierten Dateien am Ende des Archivs an.
-r	Ersetzt Dateien im Archiv oder fügt welche hinzu.
-s	Erzeugt die Symboltabelle des Archivs neu.
-t	Gibt das Inhaltsverzeichnis des Archivs aus.
-T	Schneidet Dateinamen von Archivdateien ab, die länger sind als die, die vom Betriebssystem verarbeitet werden können.
-u	Aktualisiert alte Dateien. Nur Dateien, deren Änderungsdatum neuer ist als das der Dateien im Archiv, werden geändert. Diese Option ist sehr nützlich, wenn sie mit -r verwendet wird.
-V	Zeigt Versionsinformationen an.
-v	Ausführlicher Modus.
-x	Löscht die spezifizierte Datei aus dem Archiv, ohne das Archiv selbst zu verändern. Steht nur bei /usr/xpg4/bin/ar zur Verfügung.

Lesen Sie auch gcc (114), ld (122), make (127).

as

`/usr/ccs/bin/as [optionen] [dateien]`

Der Assembler wird verwendet, um den Quellcode der Assembler-Programmiersprache zu lesen und Objektdateien zu erstellen. Temporäre Dateien werden im `/tmp`-Verzeichnis erzeugt, wenn die `TMPDIR`-Umgebungsvariable nicht einen anderen Wert enthält.

Option	Erklärung
`-b`	Erzeugt zusätzliche Informationen zur Symboltabelle.
`-K PIC`	Erzeugt einen positionsunabhängigen Code.
`-L`	Speichert Symbole. Alle Symbole, werden im ELF-Symbolplatz gespeichert, sogar die nicht mehr verwendeten.
`-m`	Die Assemblereingabe läuft durch den m4-Makroprozessor.
`-n`	Keine Warnmeldungen.
`-o` *datei*	Spezifiziert den Dateinamen der Ausgabe.
`-p`	Alle Eingabedateien laufen durch den C-Präprozessor (`cpp`).
`-Dname=`*def*	Definiert die Optionen des C-Präprozessors in Form von `-Dname=`*definition*.
`-Qx`	Schließt die Informationen über die Assembler-Version im Kommentarabschnitt der Ausgabedatei ein. `x` kann `y` sein (ja schließt Versionsinformationen mit ein) oder `n` (nein schließt keine Versionsinformationen mit ein).
`-s`	Hinterlegt alle Informationen zu `.stabs` in den Abschnitt `.stabs` anstatt in den Abschnitt `stabs.excl`.
`-T`	Wandelt 4.x-Dateien in 5.x-Dateien um.
`-V`	Zeigt Informationen über die Assembler-Version an.
`-xF`	Zeigt Informationen über die Auslastung an.
`-q`	Überspringt die Fehlerüberprüfung und führt eine schnellen Assemblierung durch.
`-xarch=`*arch*	Akzeptiert Anweisungen der genannten Architektur. Gültige Architekturen sind: v7 (SPARC Version 7), v8 (SPARC Version 8), v8a, v8plus, v9plusa, v9 und v9a.
`-S`*x*	Erzeugt einen zerlegten Code an der Standardausgabe. `x` kann sein: `a` (mit Adresse), `b` (mit `.bof`), `c` (mit Kommentar) oder `l` (mit Zeilennummern).

Lesen Sie auch `ar` (122), `gcc` (114), `ld` (125).

dis

`/usr/ccs/bin/dis [optionen] [datei]`

Zerlegt die angegebene Datei und erzeugt eine Auflistung in der Assembler-Sprache.

Option	Erklärung
`-C`	Zeigt C++-Symbolnamen in der Zerlegung.
`-d` *section*	Zerlegt den spezifizierten Bereich in Daten und gibt die aktuelle Adresse aus. Die Option `-D` hat denselben Effekt.
`-F` *function*	Zerlegt die spezifizierte Funktion.
`-l` *archive*	Zerlegt die spezifizierte Archivdatei. `-l foo` wird `libfoo.a` zerlegen.
`-L`	Sucht nach C-Quelllabels in der Symboltabelle und sendet diese an die Standardausgabe.
`-o`	Zeigt die Zahlen im Oktalsystem und nicht im standardmäßigen Hexadezimalsystem.
`-t` *section*	Zerlegt den spezifizierten Bereich in Text.
`-V`	Zeigt Versionsinformationen an.

Lesen Sie auch `ar` (122), `as` (123), `gcc` (114), `ld` (125).

error

`/usr/ccs/bin/error`

Fügt Fehlermeldungen im Quellcode an die passende Stelle. Können Fehlermitteilungen nicht zugeordnet werden, werden sie nicht in den Quellcode eingefügt.

Option	Erklärung
`-n`	Ändert keinen Quellcode. Mitteilungen werden an die Standardausgabe gesendet.
`-q`	Verlangt eine Bestätigung, bevor eine Datei verändert wird.
`-s`	Zeigt Statistiken über die Fehler an.
`-v`	Startet `vi` nach Fertigstellung.
`-t` *suffixlist*	Verändert keine Dateien mit Dateinamenserweiterungen, die nicht in der Suffixliste enthalten sind.

Lesen Sie auch `as` (123), `ld` (125), `vi` (29).

help

`/usr/ccs/bin/help [`*SCCS befehl*`] [`*message nummer*`]`

Das Programm `help` gibt Informationen für SCCS-Befehle aus bezüglich Fehlermeldungen und Warnungen. Als Argument kann entweder ein SCCS-Befehl oder eine Mitteilungsnummer, die in Klammern angegeben wird, spezifiziert werden. Wenn `help stuck` eingegeben wird, wird die Information zur Verwendung des `help`-Programms angezeigt. Dieser Befehl unterstützt keine Optionen in der Befehlszeile.

ld

/usr/ccs/bin/ld [*optionen*] [*dateiname*]

Dieser Befehl analysiert externe Symbole und arbeitet als Link-Editor für Objektdateien.

Option	Erklärung
-a	Erzeugt eine ausführbare Objektdatei, wenn keine undefinierten Bezüge im statischen Modus existieren.
-b	Führt keine besonderen Verschiebungen beim Linken im dynamischen Modus durch.
-B *mode*	Definiert den Link-Modus, wobei *mode* entweder statisch oder dynamisch ist. Andere gültige Modi sind: • eliminate: Eliminiert alle globalen Symbole, die keiner Versionsbeschreibung zugeordnet sind. • group: Verbindet Objekte zu einer Gruppe während der Laufzeit. • local: Wandelt alle globalen Symbole, die keiner Versionsbeschreibung zugeordnet sind, in lokale um. • symbolic: Verbindet globale Symbolbezüge mit ihren Definitionen im dynamischen Modus.
-c *configfile*	Definiert den Dateinamen für die Laufzeitkonfiguration.
-D *tokens*	Zeigt Debug-Informationen für jeden Token (spezifiziert als eine durch Kommas begrenzte Liste).
-e *symbol*	Setzt die Adresse des Einsprungpunkts auf das spezifizierte Symbol.
-G	Erlaubt undefinierte Symbole und erzeugt ein gemeinsam verwendetes Objekt im dynamischen Modus.
-h *objectname*	Verwendet den spezifizierten Objektnamen für das gemeinsam genutzte Objekt anstelle des regulären Dateinamens des Systems.
-i	Ignoriert die Umgebungsvariable LD_LIBRARY_PATH.
-I *path*	Definiert den Pfad des Interpreters für das Erzeugen einer ausführbaren Datei.
-l *libname*	Sucht nach der spezifizierten Bibliothek. Zum Beispiel: -l socket würde libsocket.so und libsocket.a suchen.
-L *path*	Definiert das Suchverzeichnis für Bibliotheken.
-m	Erzeugt eine Eingabe-/Ausgabe-Speichertabelle.
-M *mapfile*	Stellt die ld-Anweisungen ein, die in der angegebenen Map-Datei spezifiziert sind. Wenn an dieser Stelle ein Verzeichnis angegeben wird, werden alle Dateien in diesem Verzeichnis als Map-Dateien gelesen.
-N *string*	Definiert den DT_NEEDED-Eintrag im Objekt mit der spezifizierten Zeichenkette.
-o *outfile*	Definiert den Dateinamen der Objekt-Ausgabedatei.

Option	Erklärung
-p auditlib	Definiert die Prüfbibliothek, die zur Laufzeit verwendet wird.
-P auditlib	Definiert die Prüfbibliothek, die zur Laufzeit verwendet wird, um die Abhängigkeiten zu prüfen.
-r	Erzeugt ein einzelnes Objektmodul durch das Zusammenfassen mehrerer Objektmodule.
-R path	Definiert den durch Doppelpunkt begrenzten Suchpfad für Bibliotheken, die zur Laufzeit gelinkt werden.
-s	Nimmt keine Symbolinformationen in der Ausgabedatei auf.
-t	Warnt nicht vor mehrfach definierten Symbolen, die nicht dieselbe Größe haben.
-V	Gibt Versionsinformationen aus.
-Z extractmode	Definiert die Kriterien zum Entpacken mit einem der folgenden Modi: allextract, defaultextract oder weakextract.

Lesen Sie auch ar (122), as (123), gcc (114), LD_LIBRARY_PATH (56).

lex

/usr/ccs/bin/lex [*optionen*] [*dateien*]

Erzeugt Programme (in C), um lexikalische Analysen vorzunehmen und Schnittstellen zu yacc zu bilden. Eingabedateien werden in der Befehlszeile spezifiziert. Sind keine Dateien spezifiziert, wird die Standardeingabe als Eingabe verwendet. Das GNU-Programm mit Namen flex hat eine ähnliche Funktionalität und ist auf der Solaris Software Companion CD, die mit Solaris 8 geliefert wird, zu finden.

Option	Erklärung
-e	Setzt EUC-Zeichen korrekt um. Wird diese Option verwendet, ist yytext[] ein vorzeichenloser Wert char.
-n	Gibt beim Beenden keine Informationsübersicht aus.
-t	Sendet das erzeugte Quellprogramm an die Standardausgabe.
-v	Gibt beim Beenden Informationsübersicht aus.
-w	Setzt EUC-Zeichen korrekt um. Wird diese Option verwendet, ist yytext[] ein wchar_t.
-V	Zeigt lex-Versionsinformationen an.
-Qy	Sendet Versionsinformationen an die Ausgabedatei lex.yy.c.

Lesen Sie auch yacc (131).

make

/usr/ccs/bin/make [*optionen*] [*target*]

Dieses Programm wird verwendet, um eine Reihe von Shellbefehlen auszuführen, um unter Verwendung eines Makefiles ein Programm richtig zu kompilieren oder zu aktualisieren. Wird dieses Programm verwendet, kann ein so genanntes Ziel an der Befehlszeile spezifiziert werden. Ist keines spezifiziert, wird das erste im Makefile definierte Ziel verwendet.

Option	Erklärung
-d	Gibt Informationen zum erneuten Erzeugen eines Ziels gemeinsam mit neuen Abhängigkeiten aus. MAKEFLAGS-Optionen werden ebenfalls angezeigt.
-dd	Ausführliche Abhängigkeitsüberprüfung und Verarbeitung.
-D	Gibt das Makefile an der Standardausgabe aus, so wie es eingelesen wurde.
-DD	Gibt das Makefile und alle Abhängigkeitsberichte an der Standardausgabe aus.
-e	Die Umgebungsvariablen haben Vorrang vor den Makefile-Definitionen.
-f *makefile*	Spezifiziert ein Makefile. Wird diese Option nicht verwendet, wird angenommen, *makefile* ist ./makefile, ./Makefile oder s.makefile (vorzugsweise in dieser Reihenfolge).
-i	Ignoriert Fehlercodes.
-k	Wenn der Fehlercode ungleich 0 von einer Regel zurückgegeben wird, wird das Ziel (und alle verbundenen Vorgänge) beendet.
-K *statefile*	Verwendet das spezifizierte *statefile*. Ein spezifiziertes *statefile* hat Vorrang vor den Standardeinstellungen vordefinierter Regeln oder Makros.
-n	Keine Ausführung. Befehle und Ausgabe werden angezeigt, als wenn sie ausgeführt werden würden. Es werden aber keinerlei Änderungen vorgenommen.
-p	Gibt die komplette Makro-Definition sowie den Zielbeschreibungssatz aus.
-P	Erzeugt keine Abhängigkeiten. Diese werden ausgegeben.
-q	Abfragemodus. Prüft, ob die Zieldatei aktuell ist, und gibt einen Returncode gleich oder ungleich 0 zurück.
-r	Liest nicht in /usr/share/lib/make/make.rules (das Standard-Makefile).
-s	»Schweigender Modus«. Befehlszeilen werden bei der Ausführung nicht ausgegeben.
-S	Stoppt die Verarbeitung des Makefiles, wenn ein Fehlercode ungleich 0 von einem Befehl zurückgegeben wird.

Option	Erklärung
-t	Änderungsmodus. Die Zieldateien werden aktualisiert, aber die Regeln werden nicht ausgeführt.
-V	System-V-Modus.

Lesen Sie auch ar (122), gcc (114), ld (125).

nm

/usr/ccs/bin/nm

Zeigt die Namensliste einer ELF-Objektdatei an.

Option	Erklärung
-A	Zeigt in jeder Zeile den vollständigen Pfad der Objektdatei an.
-C	Übersetzt C++-Namen vor der Anzeige.
-g	Zeigt nur globale Symbolinformationen an.
-h	Unterdrückt Daten für die Ausgabe-Kopfzeilen.
-l	Hängt ein * an den Schlüsselbuchstaben für WEAK-Symbole.
-n	Sortiert Symbole alphabetisch nach Namen vor der Anzeige.
-o	Zeigt die Größe als Oktalwert an.
-p	Kurze Ausgabe (siehe folgende Tabelle).
-P	Zeigt eine Liste im portierbaren Ausgabeformat an.
-r	Stellt den Dateinamen des Objekts vor jede Zeile.
-R	Zeigt den Archivnamen, Objektdateinamen und Symbolnamen an.
-s	Zeigt den Sektionsnamen anstelle des Inhaltsverzeichnisses an.
-u	Zeigt nur undefinierte Symbole an.

Buchstaben der Kurzausgabe	Beschreibung
A	Absolutes Symbol
B	BSS-Symbol
D	Datenobjektsymbol
F	Dateisymbol
N	Ohne Typ
S	Sektionssymbol
T	Textsymbol
U	Undefiniert

Buchstaben der Kurzausgabe	Beschreibung
`LOCAL`	Schlüssel für Kleinschreibung
`WEAK`	Schlüssel für Großschreibung

Lesen Sie auch `ar` (122), `as` (123), `ld` (125).

size

`/usr/ccs/bin/size [`*`datei`*`]`

Zeigt Größeninformationen von Sektionen der ELF-Objektdateien an.

Option	Erklärung
`-f`	Zeigt die Größe von allokierbaren Sektionen an.
`-F`	Zeigt die Größe von ladbaren Segmenten an.
`-n`	Zeigt die Größen von nicht ladbaren Segmenten und Sektionen, die nicht zugeordnet werden können, an.
`-o`	Zeigt Zahlen im Oktalformat anstatt im Dezimalformat an.
`-V`	Zeigt Versionsinformationen an.
`-x`	Zeigt Nummern im Hexadezimalformat anstatt im Dezimalformat.

Lesen Sie auch `ar` (122), `as` (123), `gcc` (114), `ld` (125).

strings

`/usr/bin/strings [`*`optionen`*`] [`*`datei`*`]`

Sucht nach ASCII-Zeichenketten in einer spezifizierten Datei oder an der Standardeingabe und gibt sie aus. Dieses Programm kann Zeichenfolgen anzeigen, die in Binärdateien, wie z.B. ausführbare Dateien, Bibliotheken oder andere Dateien, gespeichert sind.

Option	Erklärung
`-a`	Sucht nach Zeichenketten in der gesamten Datei und nicht in einem initialisierten Datenbereich.
`-n len`	Spezifiziert die Mindestlänge der Zeichenkette. Standardwert ist 4.
`-o`	Zeigt Zeichenketten mit Dezimal-Position an.
`-t offset`	Zeigt jede Zeichenkette mit ihrer Position in dem spezifizierten Format an. Gültige Argumente sind `d` (dezimal), `o` (oktal) und `x` (hexadezimal).

Beispiel	Beschreibung
`strings netscape`	Zeigt alle Zeichenfolgen in der Ausführungsdatei von Netscape an.
`strings -a msdynlib.dll`	Zeigt alle Zeichenfolgen in einer `.dll`-Datei einschließlich der gesamten Datei an.

tsort

`/usr/ccs/bin/tsort [`*`datei`*`]`

Führt eine topologische Sortierung entweder an der Standardeingabe oder mit dem Inhalt einer spezifizierten Datei durch. Die Sortiermethode wird durch das teilweise Ordnen der Inhalte in der Datei oder des Datenstroms bestimmt. Doppelte Inhalte werden ignoriert. Dieser Befehl unterstützt keine Optionen an der Befehlszeile.

Beispiel	Beschreibung
`tsort<<EOF`	`a`
`a b c d e h h g g`	`b`
`EOF`	`c`
	`d`
	`e`
	`f`
	`g`
	`h`

unidef

`/usr/ccs/bin/unidef [`*`optionen`*`] [`*`datei`*`]`

Löst `ifdef`-Anweisungen im C-Quellcode auf und ersetzt diese.

Option	Erklärung
`-c`	Behält alle Zeilen bei, die normalerweise gelöscht oder mit Leerzeichen gefüllt werden würden.
`-l`	Ersetzt gelöschte Zeilen durch Leerzeilen.
`-t`	Bearbeitet keine Kommentare, einzelne oder doppelte Hochkommata (Anführungszeichen).
`-Dsymbol`	Löst Zeilen mit dem definierten Symbol auf und entfernt sie.
`-Usymbol`	Löst Zeilen mit dem undefinierten Symbol auf und entfernt sie.
`-iDsymbol`	Gibt Zeilen mit dem spezifizierten Symbol aus und ignoriert diese anschließend.
`-iUsymbol`	Gibt Zeilen mit dem undefinierten Symbol aus und ignoriert diese anschließend.

Lesen Sie auch `gcc` (114).

yacc

/usr/ccs/bin/yacc

Dieser Befehl heißt »yet another compiler-compiler« und stellt ein allgemeines Tool dar, um die Eingabe in ein Programm zu beschreiben. Das GNU-Programm namens bison hat eine ähnliche Funktionalität und ist auf der GNU Companion CD, die mit Solaris 8 geliefert wird, zu finden.

Option	Erklärung
-b prefix	Stellt das Präfix prefix den Ausgabedateien voran anstelle der Standardeinstellung y.
-d	Verbindet yacc-Token-Codes mit Token-Namen unter Verwendung von #define-Statements.
-l	Der Ergebniscode enthält keine #line-Konstruktionen.
-P parser	Verwendet den spezifizierten Parser und nicht /usr/ccs/bin/yaccpar.
-p prefix	Verwendet das spezifizierte Präfix anstelle des Standardpräfixes yy für externe yacc-Namen.
-Qx	Stellt die Anzeige der Versionsinformation ein. Wenn x y(es) ist, werden Versionsinformationen in y.tab.c geschrieben. Wenn x n(o) ist, wird die Versionsausgabe unterdrückt.
-t	Erzeugt den Laufzeit-Debug-Code.
-V	Zeigt Versionsinformationen an.
-v	Erzeugt eine Datei y.output, die diagnostische Informationen enthält.

Lesen Sie auch lex (126).

7 Debuggen

Befehl	Seite	Befehl	Seite
apptrace	136	psig	135
dumpadm	137	pstack	135
gdb	138	pstop	135
pcred	134	ptime	135
pfiles	134	ptree	136
pflags	134	pwait	136
pldd	134	pwdx	136
pmap	134	truss	138
prun	135		

Befehle und ihre Funktion	Seite
Proctools – Tools zur Bearbeitung des /proc-Dateisystems	134
pcred	134
pfiles	134
pflags	134
pldd	134
pmap	134
prun	135
psig	135
pstack	135
pstop	135
ptime *befehl* [*argumente*]	135
ptree [*optionen*] [*pid*]	136
pwait	136
pwdx	136
Debug-Tools	136
Debuggen von Anwendungen (apptrace)	136
dumpadm	137
GNU Debugger (gdb)	138
truss	138

Proctools – Tools zur Bearbeitung des /proc-Dateisystems

pcred

/usr/bin/pcred [*pid*]

Dieser Befehl zeigt die effektiven und realen IDs eines jeden angegebenen Prozesses an. Anstelle einer Prozess-ID kann eine Prozessdatei spezifiziert werden.

pfiles

/usr/bin/pfiles [*optionen*] [*pid*]

Dieser Befehl zeigt alle `fstat()`- und `fcntl()-Informationen` (Angaben zu Filedeskriptoren) für den angegebenen Prozess.

Option	Erklärung
-F	Erzwingt die Informationen. Verwendet den angegebenen Prozess, sogar wenn ein anderer Prozess zu dieser Zeit die Kontrolle hat.

pflags

/usr/bin/pflags [*optionen*] [*pid*]

Dieser Befehl zeigt die `/proc-Ablaufkennzeichen` (tracing flags) für die angegebene Prozess-Identifikationsnummer an. Als Alternative kann eine Prozessdatei angegeben werden

Option	Erklärung
-r	Zeigt die Register des Prozesses.

pldd

/usr/bin/pldd [*optionen*] [*pid*]

Dieser Befehl zeigt eine Liste der dynamisch gelinkten Bibliotheken für jeden Prozess an. Anstelle einer Prozess-ID kann eine Prozessdatei spezifiziert werden.

Option	Erklärung
-F	Erzwingt die Informationen. Verwendet den angegebenen Prozess, sogar wenn ein anderer Prozess zu dieser Zeit die Kontrolle hat.

pmap

/usr/bin/pmap [*optionen*] [*pid*]

Dieser Befehl zeigt die Aufteilung der Hauptspeicherbelegung für jeden Prozess an. Anstelle einer Prozess-ID kann eine Prozessdatei spezifiziert werden.

Option	Erklärung
`-r`	Zeigt reservierte Adressen an.
`-x`	Zeigt Einzelheiten der Speicherbelegung, einschließlich des residenten, gemeinsamen und persönlichen Speichers.
`-l`	Zeigt verwendete dynamisch gelinkte Bibliotheken einschließlich des Speicherverbrauchs an.
`-F`	Erzwingt die Informationen. Verwendet den angegebenen Prozess, sogar wenn ein anderer Prozess zu dieser Zeit die Kontrolle hat.

prun

`/usr/bin/prun` *`pid`*

Dieser Befehl lässt jeden Prozess wieder weiterlaufen und hat den gegenteiligen Effekt von `pstop`.

psig

`/usr/bin/psig [`*`optionen`*`] [`*`pid`*`]`

Dieser Befehl zeigt für einen angegebenen Prozess alle Signalaktionen an.

pstack

`/usr/bin/pstack [`*`optionen`*`] [`*`pid`*`]`

Dieser Befehl zeigt symbolisch und hexadizimal den Stack für jeden Light-Weight-Prozess (LWP) eines jeden angegebenen Prozesses an. Anstelle einer Prozess-ID kann eine Prozessdatei spezifiziert werden.

Option	Erklärung
`-F`	Erzwingt die Informationen. Verwendet den angegebenen Prozess, sogar wenn ein anderer Prozess zu dieser Zeit die Kontrolle hat.

pstop

`/usr/bin/pstop` *`pid`*

Dieser Befehl hält jeden angegebenen Prozess an und hat den gegenteiligen Effekt von `prun`.

ptime befehl [argumente]

`/usr/bin/ptime`

Dieser Befehl gibt die Ablaufzeit eines Prozesses an, wobei die Zeit für die Kindprozesse nicht beinhaltet sind. Dieser Befehl ist präziser als der `time`-Befehl.

ptree [optionen] [pid]

/usr/bin/ptree

Dieser Befehl zeigt einen Prozessbaum für eine angegebene Prozessidentifikationsnummer an. Kindprozesse werden eingerückt angezeigt.

Option	Erklärung
-a	Zeigt alle Kindprozesse des Prozesses 0 im Prozessbaum an.

pwait

/usr/bin/pwait

Dieser Befehl wartet, bis alle angegebenen Prozesse beendet sind.

Option	Erklärung
-v	Ausführlicher Modus.
-F	Erzwingt die Informationen. Verwendet den angegebenen Prozess, sogar wenn ein anderer Prozess zu dieser Zeit die Kontrolle hat.

pwdx

/usr/bin/pwdx [*optionen*] [*pid*]

Dieser Befehl zeigt das aktuelle Arbeitsverzeichnis (cwd) eines jeden Prozesses an.

Option	Erklärung
-F	Erzwingt die Informationen. Verwendet den angegebenen Prozess, sogar wenn ein anderer Prozess zu dieser Zeit die Kontrolle hat.

Debug-Tools

Debuggen von Anwendungen (apptrace)

/usr/bin/apptrace [*optionen*] *befehl*

Dieses Programm zur Ablaufprotokollierung von Anwendungen (apptrace) verfolgt alle Funktionsaufrufe vom angegebenen Befehl bis zu den gemeinsamen Solaris-Bibliotheken zurück. Die Ausgabe kann mit Hilfe der Funktion -v formatiert werden. Objekte und Funktionsaufrufe können durch das Voranstellen von ! ausgeschlossen werden, wenn die Optionen -F, -T, -f und -t verwendet werden.

Option	Erklärung
`-F list`	Definiert eine durch Kommas begrenzte Liste mit allen gemeinsam nachzuvollziehenden Objekten. Aufrufe von diesen Objekten werden angezeigt.
`-T list`	Definiert eine durch Kommas begrenzte Liste mit allen gemeinsam nachzuvollziehenden Objekten. Aufrufe an diese Objekte werden angezeigt.
`-o outfile`	Schreibt die Ausgabe in die spezifizierte Datei.
`-f`	Führt eine Ablaufprotokollierung für alle Prozesse durch, die von `fork()` erzeugt wurden.
`-t` *calls*	Verfolgt spezielle Funktionsaufrufe.
`-v` *calls*	Zeigt die Ausgabe der angegebenen Funktionsaufrufe in einem detaillierten, »formatierten« Stil.

dumpadm

`/usr/sbin/dumpadm [`*optionen*`]`

Programm für die Verwaltung von Solaris-Crash-Dumps.

Option	Erklärung
`-c` *type*	Spezifiziert den Inhalt des Crash-Dumps. Gültige Argumente sind `kernel` (nur Speicherbereich des Kernels) und `all` (gesamter Speicherbereich).
`-d` *device*	Definiert die Dump-Gerätedatei, in die beim Systemcrash gesichert wird. Gewöhnlich im lokalen Dateisystem.
`-m` *minspace*	Definiert die Mindestgröße des Speichers für die Sicherung eines Crash-Dumps in Kbyte (k), Mbyte (m) oder in Prozent (%).
`-r` *root*	Spezifiziert das root-Verzeichnis so, dass das Sicherungsverzeichnis relativ zum root-Verzeichnis angegeben ist. Wenn keine Option angegeben ist, wird / als root-Verzeichnis benutzt.
`-s` *savedir*	Definiert das Sicherungsverzeichnis für Crash-Dumps.
`-u`	Zwingt den Kernel, die Dump-Konfiguration zu aktualisieren.
`-y`	Führt automatisch `savecore` beim Hochladen aus.

Beispiel	Beschreibung
`dumpadm d/dev/dsk/ -c0t2d0s2`	Definiert die Dump-Gerätedatei auf dem lokalen Laufwerk.
`dumpadm -y`	Aktiviert `savecore` beim Neustart des Systems.

Lesen Sie auch `gdb` (138), `truss` (138).

GNU-Debugger (gdb)

gdb [*optionen*] [*programm*] [*pid*]

Der GNU-Debugger (GDB) erlaubt es Programmierern, die Ausführung eines Programms sogar bis zum genauen Punkt eines Systemcrashs nachzuvollziehen. Es kann auch dafür verwendet werden, ein Programm anzuhalten, wenn eine bestimmten Bedingung eintritt.

Option	Erklärung
`-help`	Zeigt alle möglichen Optionen und ihre Erklärungen an. Entspricht `-h`.
`-s` *file*	Liest eine Symboltabelle aus der spezifizierten Datei ein.
`-e` *file*	Verwendet die spezifizierte Datei als auszuführende und zu debuggende Datei.
`-c` *coredump*	Untersucht die angegebene Core-Dump-Datei.
`-x` *file*	Führt die GDB-Befehle der spezifizierten Datei aus.
`-d` *dir*	Fügt das spezifizierte Verzeichnis zum Suchpfad für die Quelldateien hinzu.
`-n`	Führt keine `.gdbinit`-Dateibefehle aus.
`-q`	»Schweigsamer Modus«. Die Copyright- und Startmeldungen werden unterdrückt.
`-batch`	Führt das Programm im Batch-Modus aus.
`-cd=`*dir*	Verwendet das spezifizierte Verzeichnis als GDB-Arbeitsverzeichnis.
`-f`	Zeigt den Dateinamen und die Zeilennummer in jedem Stack Frame an.
`-b` *bps*	Stellt die serielle Übertragungsgeschwindigkeit in Bits pro Sekunde für jede serielle Schnittstelle ein, die von GDB verwendet wird.
`-tty=`*device*	Stellt die Standardeingabe und -ausgabe auf das spezifizierte Gerät ein.

Lesen Sie auch `apptrace` (136), `dumpadm` (137), `gdb` (138).

truss

/usr/bin/truss [*optionen*] *befehl*

Verfolgt die Systemaufrufe und Signale des spezifizierten Befehls zurück. Als Alternative dazu kann unter Verwendung der `-p` *pid*-Option eine Prozessidentifikationsnummer (PID) anstelle eines Befehls verwendet werden.

Option	Erklärung
`-p`	Verwendet eine PID anstelle eines Befehls. Eine Liste von PIDs, die nachvollzogen werden können, kann verwendet werden.

Option	Erklärung
`-f`	Folgt allen `fork()`- und allen `vfork()`-Aufrufen.
`-c`	Stellt eine Anzahl von nachvollzogenen Systemaufrufen, Fehlern und Signalen zur Verfügung. Das zeilenweise Nachvollziehen wird weggelassen.
`-a`	Zeigt alle Argumentzeichenketten, die an beliebige `exec()`-Systemaufrufe übergeben wurden.
`-e`	Zeigt alle Umgebungszeichenketten, die an beliebige `exec()`-Systemaufrufe übergeben wurden.
`-i`	Zeigt keine `open()`- und `read()`-Funktionsaufrufe an.
`-d`	Enthält Zeitstempel beim Nachvollziehen.
`-D`	Zeigt Differenzzeiten beim Nachvollziehen an.
`-t` *syscalls*	Verfolgt nur die spezifizierten Systemaufrufe zurück. Systemaufrufe können auch durch das Voranstellen von `!` vor den Systemaufruf ausgeschlossen werden.
`-T` *syscalls*	Stoppt das Nachvollziehen, wenn der spezifizierten Systemaufruf gefunden wird.
`-v` *syscalls*	Ausführlicher Modus. Zeigt den Aufbau und die Informationen des spezifizierten Systemaufrufs an.
`-s` *signals*	Verfolgt nur die spezifizierten Signale zurück. Signale können auch durch das Voranstellen von `!` vor das Signal ausgeschlossen werden.
`-S` *signals*	Stoppt das Nachvollziehen, wenn das spezifizierte Signal gefunden wird.
`-m` *faults*	Verfolgt nur die spezifizierten Rechnerfehler zurück. Die Fehler können auch durch das Voranstellen von `!` vor den Fehlern ausgeschlossen werden.
`-M` *fault*	Stoppt das Nachvollziehen, wenn der spezifizierte Rechnerfehler gefunden wird.
`-r` *filedescriptor*	Zeigt die Inhalte des I/O-Puffers für jeden Lesevorgang auf den spezifizierten Dateizeigern (Filedeskriptoren) an.
`-w` *filedescriptor*	Zeigt die Inhalte des I/O-Puffers für jeden Schreibvorgang auf den spezifizierten Dateizeigern (Filedeskriptoren) an.
`-o` *outfile*	Schreibt die Ausgabe in die spezifizierte Datei.

Beispiel	Beschreibung
`truss ls`	Verfolgt den `ls`-Befehl zurück.
`truss -c ls`	Verfolgt den `ls`-Befehl zurück und gibt nur die Anzahl von Systemaufrufen und andere Summen zurück.
`truss -t open ls`	Verfolgt alle `open()`-Aufrufe des `ls`-Befehls zurück.

Lesen Sie auch `dumpadm` (137), `gdb` (138).

Debug-Tools

Teil III
Administration und Wartung

8 Starten und Anhalten des Systems

Befehl	Seite	Befehl	Seite
`/etc/power.conf`	144	`pmconfig`	144
`eeprom`	147	`powerd`	146
`halt`	149	`reboot`	151
`inittab`	154	`shutdown`	150
`last`	150	`uptime`	152

Prozesse oder Befehle und ihre Funktion	Seite
Power-Management	144
Konfiguration des Power-Managements (`mpconfig`)	144
Konfigurationsdatei des Power-Managements (`/etc/power.conf`)	144
Power-Management-Daemon (`powerd`)	146
Booten auf dem PROM Level	147
Boot-Konfigurationsparameter (`eeprom`)	147
Herunterfahren und Neustarten	149
Anhalten des Kernels (`halt`)	149
`last`	150
Neustarten und Herunterfahren (`shutdown`)	150
Neustarten des Betriebssystems (`reboot`)	151
`uptime`	152
Systemzustände (Runlevel)	152
Automatische Startdienste beim Booten	153
`inittab`	154

Power-Management

Konfiguration des Power-Managements (pmconfig)

/usr/sbin/pmconfig [*optionen*]

Das Power-Management-System wird beim Laden durch den pmconfig-Befehl konfiguriert. Dieser Befehl muss nicht manuell eingegeben werden, denn er wird automatisch ausgeführt, wenn das System startet. Durch das Lesen von /etc/power.conf wird die richtige Konfiguration bestimmt, dann werden die passenden Befehle zum Power-Management-Daemon gesendet.

Option	Erklärung
-r	Setzt alle Konfigurationsoptionen des Power-Managements auf die ursprüngliche Einstellung zurück.

Lesen Sie auch powerd (146), /etc/power.conf (144).

Konfigurationsdatei des Power-Managements (/etc/power.conf)

/etc/power.conf

Die Datei /etc/power.conf ist die Konfigurationsdatei für das Solaris Power-Management-System. Sie ist eine einfache Textdatei, die manuell editiert werden kann. Diese Datei wird durch das Programm pmconfig gelesen und definiert die Eigenschaften für den Power-Management-Daemon (powerd). Die Datei beinhaltet nur zwei Arten von Einträgen: Geräteeinträge und Systemeinträge.

Geräteeintragsformat

gerät aktivierungsschwelle abhängige geräte

Feld	Erforderlich?	Erklärung
gerät	Erforderlich	Der Name des Gerätes, das konfiguriert werden soll. Obwohl vollständige SCSI-Namen verwendet werden können, ist es gewöhnlich leichter, statt dessen den relativen Pfadnamen, wie z.B. /dev/fb1 zu verwenden. Wenn der relative Pfad mit /devices beginnt, kann der /devices-Teil ausgelassen werden.
aktivierungs-schwelle	Erforderlich	Dieses Feld gibt an, wie viele Sekunden ein Gerät nicht benutzt werden darf, damit das Power-Management aktiv wird. Wird ein Wert von -1 verwendet, ist das Power-Management für das angegebene Gerät gesperrt.
abhängige geräte	Optional	Optionale Geräte können angegeben werden. Abhängige Geräte müssen im Ruhezustand und ausgeschaltet sein, bevor das vom Power-Management verwaltete Gerät ausgeschaltet werden kann. Gewöhnlich sind diese Geräte nicht an ein vom Power-Management verwaltetes Gerät physikalisch angeschlossen, wie z.B. die Tastatur.

Systemeingabeformat

schlüsselwort aktivierungsschwelle tageszeit

Feld	Erklärung
schlüsselwort	Eines der speziellen Schlüsselwörter, die in der folgenden Liste aufgeführt sind.
aktivierungsschwelle	Zeit im Ruhezustand in Sekunden; erforderliche Eingabe.
tageszeit	Zeitspanne, in der die Aktion erlaubt ist. Die Zeiten werden paarweise angegeben: hh:mm. Die Zeit von 8:00 Uhr bis 11:00 Uhr würde folgendermaßen angegeben werden: 8:00 11:00

Schlüsselwortliste

Schlüsselwörter	Erklärung
`shutdown`	Das System wird heruntergefahren, nachdem die Zeitspanne im Ruhezustand der Aktivierungsschwelle überschritten wurde. Die aktuelle Zeit muss auch innerhalb der *tageszeit*-Zeitspanne liegen.
`noshutdown`	Verhindert automatisches Herunterfahren des Systems.
`autowakeup`	Das System wird heruntergefahren, nachdem die Zeitspanne im Ruhezustand der Aktivierungsschwelle überschritten wurde. Die aktuelle Zeit muss auch innerhalb der *tageszeit*-Zeitspanne liegen. Das System wird neu gestartet, wenn die aktuelle Zeit gleich der Endzeit der Zeitspanne ist. Nicht jede Hardware ist dazu in der Lage, dies durchzuführen.
`default`	Erlaubt dem System sein Standardverhalten. Dieses Verhalten ist abhängig von der Hardware. Beachten Sie die Handbücher der Hardware.
`unconfigured`	Verhindert automatisches Herunterfahren des Systems. Dieses Schlüsselwort wird nur definiert, bevor das System zum ersten Mal neu gestartet wird.

Andere Schlüsselwörter werden ebenfalls durch das Power-Management-System unterstützt. Die folgende Liste zeigt das Format der Konfigurationszeilen, die diese Schlüsselwörter verwenden:

Spezial-Schlüsselwörter	Erklärung
`ttychars` *maxchar*	Gibt die Höchstzahl des Durchsatzes an Zeichen auf einem Terminal an, die gelesen werden können, bevor das System als aktiv betrachtet wird. Der Standardwert von *maxchar* ist `0`.
`loadaverage` *maxload*	Gibt den maximalen Belastungsdurchschnitt an, der erreicht werden kann, bevor das System als aktiv betrachtet wird. Der Standardwert von *maxload* ist `0.04`.

Spezial-Schlüsselwörter	Erklärung
`diskreads` *maxdr*	Gibt die maximale Anzahl der Lesezugriffe auf Festplatten an, die ausgeführt werden können, bevor das System als aktiv betrachtet wird. Der Standardwert von *maxdr* ist 0.
`nfsreqs` *maxnfsrq*	Spezifiziert die maximale Anzahl von NFS-Anfragen, die gesendet oder erhalten werden können, bevor das System als aktiv betrachtet wird. Der Standardwert von *maxnfsrq* ist 0. Null-Anfragen werden nicht zur Gesamtanzahl gerechnet.
`idlecheck` *pathname*	Spezifiziert den Pfadnamen eines Programms, das überprüft, ob ein System aktiv oder untätig ist. Der Ausgabecode des Programms sollte die Zeit in Minuten sein, in der das System untätig ist. Standardmäßig wird der `idlecheck`-Parameter nicht definiert.

U.S. EPA EnergyStar Compliance und Sun Desktops

Die U.S. Umweltbehörden (EPA) bestimmten erstmalig für Sun Desktop-Systeme, die nach dem September 1995 hergestellt wurden, dass alle Desktops standardmäßig mit einem Energiesparmodus ausgestattet werden, durch den sie nach einer gewissen Zeit im Ruhezustand heruntergefahren werden, um Energie zu sparen. Die Systeme von Sun fahren nach 30 Minuten Inaktivität herunter, wenn diese Option während der Installation oder durch das Editieren der Datei `/etc/power.conf` nicht geändert wurde.

Die folgenden Zeilen finden Sie in `/etc/power.conf` eines neu installierten Solaris-Systems:

```
/dev/kbd          1800
/dev/mouse        1800
/dev/fb           0 0        /dev/kbd /dev/mouse
autoshutdown      30        9:00 9:00
default
```

Power-Management-Daemon (powerd)

`/usr/lib/power/powerd [optionen]`

Der Solaris Power-Management-Daemon (`powerd`) wendet zwei Arten des Herunterfahrens an, und zwar das automatische Herunterfahren und das Herunterfahren in den Energiesparmodus. Ein automatisches Herunterfahren kann stattfinden, wenn die aktuelle Zeit in den Zeitlimits enthalten ist, die in der Zeile `autoshutdown` in der Datei `/etc/power.conf` spezifiziert wurden, und wenn das System mindestens so lange im Ruhezustand war, wie in derselben Zeile der Datei `configuration` spezifiziert wurde.

Herunterfahren im Energiesparmodus wenden Batterie-betriebene Systeme an. Es ist kein Thema für die meisten Solaris-Systeme. Wenn der Daemon entdeckt, dass die Batterien zu schwach werden, führt das System ein ordentliches Herunterfahren durch, bevor die Batterie ganz leer ist. Auf jeden Fall wird vor dem Herunterfahren eine Warnmeldung an das Programm `syslog` gesendet.

Der Daemon wird durch die Datei `/etc/power.conf` und das Programm `mpconfig` konfiguriert. Der Daemon kann durch das Senden eines HUP-Signals zum Prozess `powerd` gezwungen werden, diese Konfigurationsdatei erneut zu laden (`kill -HUP` *powerd-pid*).

Wenden Sie niemals das Power-Management bei einer Hardwarekomponente an, die dafür nicht geeignet ist.

Option	Erklärung
`-n`	Sendet beim Herunterfahren keine Warnmitteilung an das Programm `syslog`.

Lesen Sie auch `etc/power.conf` (144), `pmconfig` (144).

Booten auf dem PROM Level

Boot-Konfigurationsparameter (eeprom)

`/usr/sbin/eeprom [`*optionen*`] [`*parameter=wert*`]`

Dieser Befehl kann verwendet werden, um Boot-Konfigurationsparameter, die im `NVRAM` gespeichert sind, zu setzen oder anzugeben. `eeprom` entdeckt auch fehlerhafte EEPROM-Einstellungen und zeigt sie an. Wenn kein Wert definiert wurde, wird der aktuelle Wert des Parameters angezeigt. Wird ein Wert definiert, dann wird der Parameter auf den neuen Wert gesetzt.

Option	Erklärung
`-`	Liest die Parameter und Werte Zeile für Zeile von der Standardeingabe.
`-f` *gerät*	Das EEPROM-Gerät ist das Gerät, das durch *gerät* spezifiziert wird.

Boot-Konfigurationsparameter

Parameter	Erklärung	Standardwert
`auto-boot?`	Das Betriebssystem wird automatisch hochgefahren nach einem Reset oder wenn der Rechner eingeschaltet wird.	`true`
`ansi-terminal?`	Interpretiert ANSI-Escape-Sequenzen.	`true`
`boot-command`	Auto-Boot-Befehl.	`boot`
`boot-device`	Definiert das Standardgerät für den Systemstart.	`disk net`
`boot-file`	Die zu ladende Datei.	`empty-string`
`boot-from`	Gibt an, von wo aus das System gestartet werden soll, einschließlich Gerät und Datei.	`vmunix`
`boot-from-diag`	Definiert das Boot-Gerät für die Diagnose.	`le() unix`
`diag-device`	Definiert die Boot-Quelle für die Diagnose.	`net`
`diag-file`	Definiert die Boot-Datei für die Diagnose.	`empty-string`
`diag-level`	Diagnose-Level (`off`, `min`, `max und menus`).	`platform-dependent`
`diag-switch?`	Spezifiziert, ob das System im Diagnose-Modus laufen soll.	`true`
`fcode-debug`	Schließt `Fcode` Plug-In-Parameter mit ein.	`false`

Parameter	Erklärung	Standardwert
input-device	Gibt das Standardeingabegerät an, das während des Systemstarts verwendet wird (keyboard, ttya oder ttyb).	keyboard
keyboard-click?	Aktiviert, dass die Tastatur beim Drücken einer Taste klickt.	false
load-base	Definiert die Ladeadresse für das Client-Programm.	16384
local-mac-address?	Verwendet die Treiberkonfiguration der Netzwerkkarte anstelle der MAC-Adresse des Systems.	false
mfg-mode	POST-Modus (off oder chamber).	off
mfg-switch?	Wiederholt die Systemdiagnose so lange, bis **STOP+A** gedrückt wird.	false
nvramrc	NVRAMRC-Inhalte.	empty-string
oem-banner	Wird die Variable auf true gesetzt, definiert sie einen OEM-Bannertext.	empty-string
oem-banner?	Verwendet einen OEM-Bannertext.	false
oem-logo	Wird der Wert von oem-logo? auf true gesetzt, definiert sie das Standard-OEM-Logo. Dies muss ein hexadezimaler Byte-Bereich sein.	no-value
oem-logo?	Verwendet das Standard-OEM-Logo.	false
output-device	Gibt das Standardausgabegerät an, das während des Systemstarts verwendet wird (screen, ttya oder ttyb).	screen
sbus-probe-list	Reihenfolge, nach der eingebaute Karten auf dem SBus getestet werden.	0123
screen-#columns	Breite des Bildschirms in Spalten (Zeichen pro Zeile).	80
screen-#rows	Höhe des Bildschirms.	34
scsi-initiator-id	Gibt die Busmaster-ID des eingebauten SCSI-Adapters an (von 0 bis 7).	7
security-mode	Setzt den Grad der Sicherheitsstufe fest – keinen, Befehl, voll (none, command, full). Wenn der Modus auf full gesetzt ist, ist ein PROM-Passwort für die Anmeldung erforderlich.	none
security-password	Definiert das Firmware-Passwort, wenn der Sicherheitsmodus auf full gesetzt ist.	no-value
selftest-#megs	Gibt an, wie viele Megabyte des RAM beim Systemstart getestet werden sollen (in MB).	1
sunmon-compat	Verwendet den auf Sun eingeschränkten Monitor Prompt.	false
tpe-link-test?	Ermöglicht den 10BaseT Verbindungstest.	true
ttya-mode	Setzt die Modi für TTYA durch das Definieren von fünf Feldern: *baud, rate, data bits, parity, stop bits* und *handshake* (-, h, s) **Beispiel:** 9600,8,n,1,s	9600,8,n,1,-

Parameter	Erklärung	Standardwert
`ttyb-mode`	Setzt die Modi für TTYB durch das Definieren von fünf Feldern: *baud, rate, data bits, parity, top bits* und *handshake* (`-, h, s`) Beispiel: `9600,8,n,1,s`	`9600,8,n,1,-`
`ttya-ignore-cd`	Ignoriert ein Carrier-Detect Signal.	`true`
`ttyb-ignore-cd`	Ignoriert ein Carrier-Detect Signal.	`true`
`ttya-rts-dtr-off`	Verwendet keine DTR und RTS.	`false`
`ttyb-rts-dtr-off`	Verwendet keine DTR und RTS.	`false`
`use-nvramrc?`	Führt `NVRAMRC`-Befehle beim Systemstart aus.	`true`
`version2?`	Falls möglich, startet der PROM im Version-2-Modus.	`true`
`watchdog-reboot?`	Fährt das System nach einem Watchdog-Reset sofort wieder hoch.	`false`

Beispiel	Beschreibung
`eeprom input-device`	Zeigt das Eingabegerät, das beim Starten des Systems verwendet werden soll.
`eeprom input-device=ttya`	Setzt das Eingabegerät zur Bootzeit auf TTYA.
`eeprom diag-switch?=true`	Setzt den diag-switch-Parameter auf `true`.

Herunterfahren und Neustarten

Herunterfahren und Neustarten

Anhalten des Kernels (halt)

`/usr/sbin/halt [optionen]`

Der `halt`-Befehl wird verwendet, um das System anzuhalten. Alle Informationen, die darauf warten, auf die Festplatten geschrieben zu werden, werden gespeichert und der Prozessor wird angehalten. `halt` wird mit Hilfe des `syslog`-Programms mitprotokolliert, wenn die Optionen `-n` oder `-q` nicht verwendet werden. Wenn möglich, verwenden Sie den `shutdown`-Befehl anstelle des `halt`-Befehls, da der Befehl `halt` nicht die `rc0 stop`-Scripte ausführt, wie es `shutdown` tut.

Option	Erklärung
`-l`	Protokolliert nicht den Anwendernamen des Anwenders, der `halt` ausgeführt hat.
`-n`	Synchronisiert die Laufwerke nicht vor dem Anhalten.
`-q`	Schneller Halt. Diese Option hält das System schnell und ohne Versuch eines ordentlichen Herunterfahrens. Noch nicht gespeicherte Daten werden auf die Platte geschrieben.
`-y`	Erlaubt den `halt`-Befehl über eine serielle Leitung.

Beispiel	Beschreibung
`halt -l`	Hält das System an, ohne den Anwendernamen des Benutzers, der den Befehl ausgeführt hat, mitzuprotokollieren.
`halt -qy`	Schneller Halt von einem Einwahl-Terminal aus.

last

`/usr/bin/last [`*optionen*`] [`*name*`]`

Dieser Befehl gibt Informationen der Datei `wtmpx` über alle An- und Abmeldungen aus, die im lokalen System durchgeführt wurden. Dieses Programm kann verwendet werden, um Daten eines kürzlich erfolgten Neustarts schnell zu erhalten.

Option	Erklärung
`-a`	Gibt den Rechnernamen in der letzten Spalte der Ausgabe aus.
`-f` *file*	Verwendet die angegebene Datei anstelle von `/var/adm/wtmpx`.
`-n`	Begrenzt die Ausgabe auf die durch *n* angegebene Anzahl von Einträgen.

Lesen Sie auch `uptime` (152), `w` (80), `whodo` (80).

Neustarten und Herunterfahren (shutdown)

`/usr/sbin/shutdown [`*optionen*`] [`*mitteilung*`]`

Der `/usr/sbin/shutdown`-Befehl wird sowohl zum Neustart als auch zum Herunterfahren des Systems verwendet. Seine Funktion ist es, den `init`-Status des Systems zu wechseln.

Spezial-Schlüsselwörter	Erklärung
`-g` *zeit*	Gewährte Zeitspanne. Wartet die Zeit, die durch *zeit* (in Sekunden) angegeben ist, bevor das System herunterfährt.
`-i` *status*	`init`-Status. Eine komplette Liste der Runlevel finden Sie im folgenden Abschnitt
`-y`	Beantwortet automatisch alle Fragen beim Herunterfahren mit einem `YES` an der Eingabeaufforderung, um das Herunterfahren zu bestätigen. Wurde dies ausgeschlossen, muss der root-Anwender das Herunterfahren bestätigen, nachdem der Befehl erteilt wurde, da dieser Befehl sonst abgebrochen wird.
mitteilung	Eine optionale Mitteilung kann spezifiziert werden, die allen im System eingewählten Anwendern angezeigt wird, bevor das System heruntergefahren wird.

Es gibt zwei verschiedene shutdown-Versionen die auf Solaris-Systemen zur Verfügung stehen:

System	Herunterfahren	Erklärung
System V-Version	`/usr/sbin/shutdown`	Langsamer als die UCB-Version, denn es dauert einige Zeit, bis alle Stoppscripte in `rc0.d/` ausgeführt werden. Diese Version beendet alle Prozesse, bevor heruntergefahren wird. Diese Version wird empfohlen.
UCB-Version	`/usr/ucb/shutdown`	Schneller als die System-V-Version, denn es werden keine `rc0.d`-Scripte ausgeführt. Es werden nur alle Nicht-Single-User-Prozesse beendet.

Beispiel	Beschreibung
`#/usr/sbin/shutdown -i5 -g0 -y`	Startet unverzüglich neu. Keine gewährte Zeitspanne. Keine Bestätigung erforderlich.
`#/usr/sbin/shutdown -iS -g0`	Startet neu in den Single-User-Modus. Das Herunterfahren muss an der Eingabeaufforderung bestätigt werden.
`#/usr/sbin/shutdown -i5 -g60 -y "DAS SYSTEM WIRD WEGEN REPARATURARBEITEN ANGEHALTEN."`	Beendet und schaltet die Hardware aus, wenn dies möglich ist. Wartet eine Minute (60 Sekunden) vor der Ausführung. Benötigt keine Bestätigung. Zeigt die Warnmeldung an.

Neustarten des Betriebssystems (reboot)

`/usr/sbin/reboot [optionen]`

Der `reboot`-Befehl wird verwendet, um den Systemkernel im normalen Multiuser-Modus neu zu starten. Es wird empfohlen, den Befehl `shutdown` zu verwenden, um die Anwender vor einem Neustart zu warnen. Der Neustart wird in der Datei `syslog` mitprotokolliert.

Option	Erklärung
`-d`	Erzeugt einen Coredump vor dem Neustart.
`-l`	Protokolliert den Neustart nicht in der Datei `syslog` mit.
`-n`	Synchronisiert die Dateisysteme vor dem Neustart nicht. Das Misslingen der Synchronisation kann möglicherweise Daten zerstören und wird daher nicht empfohlen.
`-q`	Schneller Neustart. Prozesse werden vor dem Neustart nicht beendet.

Beispiel	Beschreibung
`reboot`	Führt einen normalen, ordnungsgemäßen Neustart durch.
`reboot -ql`	Führt einen schnellen, nicht mitprotokollierten Neustart des Systems durch.

uptime

/usr/bin/uptime

Zeigt die Zeit seit dem letzten Beenden oder Neustart, die aktuelle Zeit, die Systemauslastung und die Anzahl der aktiven Anwender an.

Beispiel	Beschreibung
`uptime`	Zeigt die Systeminformationen des Befehls `uptime` an.

Lesen Sie auch `last` (150), `w` (80).

Systemzustände (Runlevel)

Runlevel	Erklärung
0	Stoppt Systemdienste, einschließlich Server und Daemons.
	Beendet alle laufenden Prozesse.
	Unmountet alle Dateisysteme.
	Stoppt das Betriebssystem.
	Die Stromzufuhr kann nun problemlos beendet werden.
1	Single-User-Modus. Nur die Konsole ist aktiv.
	Stoppt Systemdienste, einschließlich Server und Daemons.
	Beendet alle laufenden Prozesse, auch wenn noch nicht alle Prozesse von Anwendern beendet sind.
	Unmountet alle Dateisysteme.
2	Setzt die `TIMEZONE`-Variable.
	Mountet das `/usr`-Dateisystem.
	Löscht alle Dateien in `/tmp` und `/var/tmp`, ebenso wie alle temporären UUCP-Dateien.
	Initialisiert die Netzwerkschnittstelle.
	Startet den `cron`-Daemon.
	Startet `sendmail` und Druckerdienste (`lp`).
	Kein NFS in diesem Runlevel.
	Netzwerk als Client-Serverfunktion wird nicht gestartet.
3	Setzt die `TIMEZONE`-Variable
	Mountet das `/usr`-Dateisystem.
	Löscht alle Dateien in `/tmp` und `/var/tmp`, ebenso wie alle temporären UUCP-Dateien.
	Initialisiert die Netzwerkschnittstelle.
	Startet den `cron`-Daemon.

Runlevel	Erklärung
	Startet `sendmail` und Druckerdienste (`lp`).
	NFS-Dienste werden gestartet.
4	Wird nicht verwendet. (Steht Ihnen zur Verfügung.)
5	Stoppt Systemdienste, einschließlich Server und Daemons.
	Beendet alle laufenden Prozesse.
	Unmountet alle Dateisysteme.
	Stoppt das Betriebssystem.
	Schaltet den Rechner aus. (Dieses Merkmal ist abhängig von der Hardware, die verwendet wird.)
	Die Stromzufuhr kann nun problemlos beendet werden.
6	Neustart.
	Beendet alle laufenden Prozesse.
	Unmountet alle Dateisysteme.
	Fährt das System in den Runlevel hoch, der in der Zeile `initdefault` in der Datei `/etc/inittab` definiert wurde.
S,s	Single-User-Modus. Nur die Konsole ist aktiv.
	Beendet alle Prozesse der Anwender.
	Die Dateisysteme, die erforderlich für die Anmeldung im Multi-User-Modus notwendig sind, sind nicht gemountet.

Automatische Startdienste beim Booten

Wenn Sie ein Start/Stop-Script schreiben, verwenden Sie folgende Grundform:
Kopieren Sie das Script nach `/etc/init.d/`*`dienstnamen`*.
Erstellen Sie einen Hardlink für das Script zum Starten eines Dienstes im richtigen Runlevel-Verzeichnis.

```
ln /etc/init.d/servicename /etc/rcrunstate.d/SNNservicename
```

Erstellen Sie einen Hardlink für das Script zum Stoppen eines Dienstes im richtigen Runlevel-Verzeichnis. K-Scripts werden verwendet, um Prozesse zu beenden, und S-Scripts werden verwendet, um Prozesse zu starten, wenn der Runlevel gestartet wird. Beachten Sie also, dass K-Scripts vor den S-Scripts ausgeführt werden.

```
ln etc/init.d/servicename /etc/rcrunstate.d/KNNservicename
```

Feld	Erklärung
`servicename`	Der Name des Dienstes oder des Befehls, der ausgeführt werden soll (z.B. `webserver`, `snmp` usw.).
`runstate`	Der Runlevel, in dem dieser Dienst ausgeführt werden soll. Das ist in der Regel 2 oder 3.
	Lesen Sie auch »Systemzustände (Runlevel)« weiter oben.

Feld	Erklärung
NN	Eine Zahl, die die Reihenfolge bestimmt, in der mehrere Scripts ausgeführt werden sollen. Verwenden Sie 99, wenn dies der letzte Dienst ist, der gestartet werden soll. Mehrere Dienste können dieselbe Nummer haben.

rc.local wurde ersetzt

/etc/rc und /etc/rc.local der Solaris-Versionen 2.x werden nicht mehr verwendet. Sie wurden ersetzt durch die Start/Stop-Scripts in /etc/init.d.

Grundlegendes Format von Start/Stop-Scripts

```
#!/bin/sh
#Solaris startup script
#
case "$1" in
start)
            #Kommando zum Starten des Dienstes
            ;;
stop)
            #Kommando zum Anhalten des Dienstes
            ;;
esac
```

inittab

Solaris verwendet ein Programm namens init, um Prozesse, in der Regel Server und Daemon, beim Systemstart zu starten. Dieses Programm wird durch die Datei /etc/inittab gesteuert. Die Datei ist eine reine Textdatei, die manuell editiert werden kann.
Jede Zeile der Datei besteht aus vier Feldern:

identifier   run state   action   process

identifier

Ein zweistelliges Identifizierungszeichen, das für den Prozess, der gestartet werden soll, eindeutig ist. So wird z.B. der Prozess zur Konsolsteuerung (ttymon) durch co identifiziert. Sowohl Nummern als auch Buchstaben sind erlaubt.

run state

Spezifiziert den Runlevel (Systemzustand), in dem der Prozess abgearbeitet werden soll. Der Systemzustand kann ein Integerwert zwischen 0 und 6 oder S (für Single-User-Modus) sein, entsprechend den Solaris Runlevels (Siehe »Systemzustände (Runlevel)« im vorherigen Abschnitt). Mehr als ein Status kann spezifiziert werden. Für Prozesse, die unter normalen Multi-User-Bedingungen gestartet werden sollen, sollte der Systemzustand auf 3 gesetzt werden. Bei einem Prozess, der in allen Runleveln ausgeführt werden soll, sollte dieses Feld leer bleiben.
Wird der Runlevel verändert, wie im Falle eines Neustartens anstatt eines Herunterfahrens, wird allen Prozessen ein SIGTERM-Signal gesendet, die in inittab den neuen Runlevel nicht zugeordnet haben. Der Prozess hat dann fünf Sekunden Zeit zum Beenden. Wenn nach dieser Zeit der Prozess nicht beendet wurde, wird ein SIGKILL-Signal gesendet.

action

Das *action*-Feld spezifiziert, wie ein Prozess, der gestartet werden soll, behandelt wird. Die Aktion kann einem der elf definierten Schlüsselwörter entsprechen.

Schlüsselwort	Erklärung
respawn	Startet den Prozess, falls er nicht schon läuft. Wenn der Prozess stirbt, wird er neu gestartet.
wait	Startet den Prozess und wartet darauf, dass er beendet wird. Befehle mit der Aktion wait werden nur einmal pro Runlevel ausgeführt.
once	Führt den Prozess aus und wartet nicht darauf, dass er beendet wird.
boot	Führt den Prozess nur beim Systemstart aus. Wartet nicht und startet nicht neu, wenn der Prozess beendet ist.
bootwait	Der Prozess wird ausgeführt, wenn das System vom Einzel- auf Multi-User-Modus wechselt. Einmal gestartet, wartet der Prozess auf seine Beendigung.
powerfail	Der Prozess wird gestartet, wenn init ein SIGPWR-Signal empfängt (Stromausfall).
powerwait	Der Prozess wird gestartet, wenn init ein SIGPWR-Signal empfängt (Stromausfall). Dann wartet init, bis der Prozess beendet wird.
off	Wenn der Prozess läuft, wird er beendet. Dies geschieht durch das Senden eines SIGTERM-Signals und fünf Sekunden später durch das Senden eines SIGKILL-Signals.
ondemand	Entspricht respawn.
initdefault	Dieser Prozess wird nur dann gestartet, wenn inittab zu Beginn eingelesen wird. Beachten Sie, dass das System ununterbrochen startet und nicht benutzt werden kann, wenn das run-state-Feld leer oder 0123456 ist.
sysinit	Der Prozess wird gestartet, bevor die Konsole aktiviert ist (zeigt die login:-Eingabeaufforderung).

process

Das *prozess*-Feld steht für den tatsächlichen Befehl, der ausgeführt wird. Dieser Befehl kann jede beliebige gültige Solaris-Befehlszeile sein. Die Befehlszeile wird gewöhnlich an die Bourne-Shell (sh) über einen Aufruf sh -c exec übergeben. Ein Beispiel für eine inittab-Datei kann folgendermaßen aussehen:

```
ap::sysinit:/sbin/autopush -f /etc/iu.ap
ap::sysinit:/sbin/soconfig -f /etc/sock2path
fs::sysinit:/sbin/rcS sysinit      >/dev/msglog 2<>/dev/msglog </dev/console
is:3:initdefault:
p3:s1234:powerfail:/usr/sbin/shutdown -y -i5 -g0 >/dev/msglog 2<>/dev/msglog
sS:s:wait:/sbin/rcS                >/dev/msglog 2<>/dev/msglog </dev/console
s0:0:wait:/sbin/rc0                >/dev/msglog 2<>/dev/msglog </dev/console
s1:1:respawn:/sbin/rc1             >/dev/msglog 2<>/dev/msglog </dev/console
s2:23:wait:/sbin/rc2               >/dev/msglog 2<>/dev/msglog </dev/console
s3:3:wait:/sbin/rc3                >/dev/msglog 2<>/dev/msglog </dev/console
s5:5:wait:/sbin/rc5                >/dev/msglog 2<>/dev/msglog </dev/console
s6:6:wait:/sbin/rc6                >/dev/msglog 2<>/dev/msglog </dev/console
fw:0:wait:/sbin/uadmin 2 0         >/dev/msglog 2<>/dev/msglog </dev/console
```

```
of:5:wait:/sbin/uadmin 2 6          >/dev/msglog 2<>/dev/msglog </dev/console
rb:6:wait:/sbin/uadmin 2 1          >/dev/msglog 2<>/dev/msglog </dev/console
sc:234:respawn:/usr/lib/saf/sac -t 300
co:234:respawn:/usr/lib/saf/ttymon -g -h -p "`uname -n` console login: " -T sun -d /dev/
console -l console -m ldterm,ttcompat
```

9 Benutzerverwaltung

Befehl	Seite	Befehl	Seite
edquota	168	quotaon	169
grpchk	164	repquota	169
passwd	163	su	166
passwd -l	166	useradd	158
pwck	165	userdel	161
quota	167	usermod	161
quotacheck	172	wall	160

Prozesse	Seite
Grundlegende Aufgaben der Benutzerverwaltung	**158**
Anlegen neuer Benutzer (useradd)	158
Versenden einer Nachricht an alle Anwender (wall)	160
Löschen eines Benutzerkontos (userdel)	161
Ändern eines Benutzerkontos (usermod)	161
Zusätzliche Aufgaben der Benutzerverwaltung	**163**
Ändern eines Benutzerpasswortes (passwd)	163
Überprüfen der Gruppendatei nach Fehlern (grpchk)	164
Überprüfen der Passwortdatei nach Fehlern (pwck)	165
Sperren eines Benutzerkontos (passwd -l)	163
Zwischen Benutzern wechseln und zum root-Anwender wechseln (su)	166
Quoten (Festplattenverbrauch von Benutzern)	**167**
Überprüfen der Quota eines einzelnen Anwenders (quota)	167
Bearbeiten von Anwenderquoten (edquota)	168
Aktivieren oder Deaktivieren von Quoten in einem Dateisystem (quotaon)	169
Anzeigen der Quoten eines Dateisystems (repquota)	169
Aktualisierung von Quoten (quotacheck)	172

Grundlegende Aufgaben der Benutzerverwaltung

Anlegen neuer Benutzer (useradd)

Erstellen eines neuen Benutzerkontos für einen Anwender:

`useradd [optionen] *anwendername*`

Setzen des Passwortes für den neuen Anwender:

`*passwd* anwendername`

Der Befehl `/usr/bin/useradd` wird verwendet, um neue Anwender dem System hinzuzufügen. Der Befehl editiert die `/etc/passwd`-, `/etc/shadow`- und `/etc/group`-Dateien, um den neuen Anwender dort zu ergänzen. Es ist möglich, den Anwender durch manuelles Editieren der Dateien hinzuzufügen. Dies wird jedoch nicht empfohlen. Sofern der `useradd`-Befehl vorhanden ist, sollte er dazu verwendet werden, um neue Kontos einzurichten. Der `useradd`-Befehl setzt kein Passwort für das Konto. Daher sollte der Befehl `passwd` nach dem Einrichten eines neuen Kontos ausgeführt werden. Das neue Konto ist standardmäßig so eingestellt, dass die Bourne-Shell (`/sbin/sh`) benutzt wird. Die meisten Anwender bevorzugen die C- oder Korn-Shell. Wenn die Anwendershell gewechselt wird (durch Verwendung der `-s`-Option), stellen Sie sicher, dass im Verzeichnis `/etc/skel` entsprechende Vorlagedateien für die neue Shell zur Verfügung stehen. Die Optionen in dem folgenden Abschnitt erklären alle unterschiedlichen Parameter, die gesetzt werden können, wenn ein neues Benutzerkonto erstellt wird. Als Alternative können Sie das Programm `admintool` verwenden, um mit Hilfe einer graphischen Benutzeroberfläche ein Benutzerkonto zu erstellen und zu verwalten.

Option	Erklärung
`-b` *basedir*	Setzt das Basisverzeichnis des Systems auf *basedir*. Nachfolgende `useradd`-Befehle setzen das Homeverzeichnis auf *basedir/login*, wenn die `-d`-Option nicht verwendet wird.
`-c` *kommentar*	Weist dem Kommentarfeld die Zeichenkette zu, die durch *kommentar* spezifiziert wurde. Es wird empfohlen, den Kommentar in Anführungszeichen zu setzen. Dies ist aber nur notwendig, wenn Leer- und Sonderzeichen im Kommentarfeld verwendet werden. Der Kommentar ist gewöhnlich der volle Name des Anwenders oder eine Beschreibung eines Kontos. Diese Information wird vom Befehl `finger` angezeigt.

`-D`	Zeigt die Standardeinstellungen von `useradd`. Standardwerte sind folgende:
	`group = other, 1`
	`base_dir = /home`
	`skel = /etc/skel`
	`shell = /sbin/sh`
	`invalid = 0` (für die Verwendung mit der Option-f)
	`expire = (nicht definiert)`
	Die Option `-D` kann auch verwendet werden, um neue Standardwerte zu setzen, wie z.B. `useradd -D -s /sbin/csh` (dies weist als Anmeldeshell die C-Shell zu).

Option	Erklärung
`-d` *homedir*	Weist dem Homeverzeichnis des neuen Anwenders das Verzeichnis zu, das durch *homedir* spezifiziert ist. Wird es weggelassen, ist das Standardhomeverzeichnis *basedir/login*, wobei *basedir* für das Basisverzeichnis des Systems und *login* für den neuen Anmeldename des Anwenders steht.

`-e` *verfallsdatum*	Das Konto läuft an einem spezifizierten Datum ab (wird gesperrt). Das Datum kann in folgenden Formaten angegeben werden:
	`2/7/02`
	`"February 7, 2002"`
	Mit Hilfe eines Ablaufdatums können temporäre Benutzerkonten eingerichtet werden.

`-f` *tage*	Sperrt das Konto, wenn es nicht innerhalb der Tage, die durch *tage* spezifiziert wurden, benutzt wird. Das Setzen dieser Option kann die Sicherheit des Systems erhöhen, indem inaktive und möglicherweise gefährdete Konten gesperrt werden. Wird jedoch die Anzahl der Tage zu niedrig gesetzt, kann dies lästig sein.
`-g` *gruppe*	Setzt eine Gruppenmitgliedschaft des neuen Benutzerkontos. In der Standardeinstellung ist die Gruppe auf `other` gesetzt. Entweder der Name (eine Zeichenkette) oder eine Zahl (ein Integerwert) kann verwendet werden, um eine Gruppe zu spezifizieren.
`-G` *andere_gruppe*	Weist dem neuen Benutzerkonto eine weitere Gruppe zu. Anwender können zu mehr als einer Gruppe gehören, und diese Option setzt die zweite und weitere Gruppenmitgliedschaften (*andere_gruppe*). Entweder der Name (eine Zeichenkette) oder eine Zahl (ein Integerwert) kann verwendet werden, um eine Gruppe zu spezifizieren.
`-k` *skeldir*	Gibt das Verzeichnis an, in dem Vorlagedateien für die Benutzerinitialisierungsdateien stehen. Dieses Verzeichnis enthält Dateien (wie z.B. `.cshrc`, `.profile` usw.), die in das neue Homeverzeichnis des Anwenders kopiert werden. Alle Dateien, die sich in diesem Verzeichnis befinden, werden in alle neuen Anwender-Homeverzeichnisse kopiert.
`-m`	Erstellt ein neues Verzeichnis. Wenn das Homeverzeichnis des Anwenders noch nicht existiert, wird es erstellt und die Vorlagedateien werden hineinkopiert (lesen Sie `-k` *skeldir* in dieser Tabelle).
`-o`	Dupliziert ein Benutzerkonto, indem die gleiche UID-Nummer verwendet wird.
`-s` *shell*	Setzt die Anwendershell auf *shell*. Die Shell muss durch einen vollständigen Pfadnamen (wie z.B. `/sbin/csh`) angegeben werden. In der Standardeinstellung ist die Shell auf `/sbin/sh` gesetzt.
`-u` *UID*	Weist dem Benutzer die ID-Nummer *UID* zu. In der Standardeinstellung ist die neue UID eine Zahl höher als die höchste existierende UID-Nummer. Neue UIDs müssen niedriger sein als in `/sys/param.h` im `MAXUID` definiert ist.

Die Shells Dritter und die `/etc/shells`**-Datei**

Überprüfen Sie die `/etc/shells`-Datei, wenn ein neues Benutzerkonto erstellt wird und der Anwender sich zwar via telnet anmelden kann, aber keinen FTP-Zugriff hat. Alle Anwendershells müssen in `/etc/shells` aufgeführt sein, damit FTP funktioniert. Wenn keine Standardshell als Anwendershell zuwiesen wurde (wie z.B. `tcsh` oder `zsh`), stellen Sie sicher, dass Sie die Shell zu `/etc/shells` hinzufügen. Diese Datei existiert nicht in einem neu installierten System – daher muss sie dort manuell erstellt werden.

Beispiel	Beschreibung
`useradd -c "John Smith" smithj`	Fügt ein neues Benutzerkonto für den Anwender John Smith mit dem Anmeldenamen `smithj` hinzu.
`useradd -c "Guest" -e 1/1/02 guest`	Erstellt ein temporäres Gastkonto, das am 1. Januar 2002 verfällt.
`useradd -c "John Smith" -m -d/ home2/smithj smithj`	Legt ein neues Benutzerkonto für den Anwender John Smith mit einem neuen Homeverzeichnis `/home2/smithj` an.

Versenden einer Nachricht an alle Anwender (wall)

`/usr/sbin/wall [`*optionen*`] [`*datei*`]`

Versendet eine Nachricht an alle Anwender, die am lokalen System angemeldet sind, auf ähnliche Weise wie der Befehl `write`. Alle Anwender erhalten eine Nachricht dieser Art:

```
Braodcast Message from mulligan (pts/8) on nsl Wed Apr 12 20:24:52...
```

Wird eine Datei angegeben, dann wird der Inhalt der Datei als Nachricht gesendet. Wird keine Datei angegeben, kann eine Nachricht Zeile für Zeile eingegeben werden, bis durch Eingabe von **CTRL+D** die Eingabe abgesendet wird.
Die anderen Anwender des Systems müssen Terminals/Terminalfenster mit Schreibrecht geöffnet haben, damit der `wall`-Befehl funktioniert. Deshalb kann normalerweise nur der root-Anwender diesen Befehl verwenden, um Nachrichten an alle Anwender des Systems zu versenden. Um `wall` für alle Anwender nutzbar zu machen, verwenden Sie den folgenden Befehl, wenn Sie als root angemeldet sind, um dem Programm das spezielle Ausführrecht als root (`setuid root`) zuzuwiesen:

```
chmod 4755 /usr/sbin/wall
```

Dies sollte nur bei einem System durchgeführt werden, bei dem man sicher ist, dass kein Anwender das Programm `wall` missbraucht.

Option	Erklärung)
`-a`	Versendet Nachrichten an alle Terminals – Konsol- und Pseudoterminals.
`-g` *gruppe*	Versendet Nachrichten nur an die Gruppe, die durch *gruppe* spezifiziert ist.

Lesen Sie auch `rwall` (106), `write` (107).

Löschen eines Benutzerkontos (userdel)

Sperren Sie das Benutzerkonto (dieser Schritt und Schritt 2 sind nicht notwendig, aber sie werden empfohlen):

```
passwd -l anwendername
```

Warten Sie, bis die nächste Datensicherung durchgeführt wurde.

Löschen Sie das Benutzerkonto:

```
userdel [options] anwendername
```

Durch diesen Befehl werden Benutzerkonten gelöscht. Dieser Befehl entfernt die Einträge des Benutzerkontos aus den Dateien `/etc/passwd` und `/etc/shadow`. Optional kann `userdel` auch die Homeverzeichnisse des Anwenders und alle darin enthaltenen Dateien entfernen. Die Dateien `/etc/passwd` und `/etc/shadow` können auch manuell editiert werden, um die Benutzerkonten auf gleiche Weise zu entfernen. Dies wird jedoch nicht empfohlen. Anstatt Benutzerkonten sofort zu entfernen, ist es auch möglich, diese eine Zeitlang zu sperren und sie später zu löschen. Dadurch kann das Konto zwar nicht verwendet werden, sollten jedoch aus irgendwelchen Gründen Daten aus dem Konto benötigt werden, stehen diese zur Verfügung. Es wird empfohlen, das Konto zu sperren, bis die nächste Datensicherung durchgeführt wird, und es dann zu löschen. Das Programm `admintool` kann verwendet werden, um mit Hilfe einer graphischen Benutzeroberfläche ein Benutzerkonto zu löschen.

Option	Erklärung
`-r`	Entfernt das Homeverzeichnis des Anwenders, wenn das Konto gelöscht wird. Das Homeverzeichnis des Anwenders und alle Inhalte werden für immer gelöscht und können nicht mehr hergestellt werden (wenn keine Datensicherung existiert).

Entfernen Sie Quoten, bevor Sie das Konto löschen

Die Verwendung von `userdel`, um einen Anwender zu löschen, entfernt keine für den Anwender gesetzten Quoten. Bevor ein Anwender gelöscht wird, entfernen Sie die Quoten, indem Sie `edquota` benutzen. Dann aktualisieren Sie mit Hilfe von `quotacheck` und verwenden Sie anschließend den Befehl `userdel`, um das Konto zu löschen. Obwohl dies nicht notwendig ist, verhindert es doch, dass überflüssige Informationen in den Quota-Dateien des Dateisystems angesammelt werden.

Beispiel	Beschreibung
`userdel smithj`	Löscht den Anwender `smithj`, aber nicht dessen Homeverzeichnis.
`userdel -r smithj`	Löscht den Anwender `smithj` und das dazugehörige Homeverzeichnis.

Lesen Sie auch »Sperren eines Benutzerkontos (passwd -1)« (163).

Ändern eines Benutzerkontos (usermod)

Stellen Sie sicher, dass zur Zeit kein Anwender angemeldet ist:

```
finger
last anwendername
```

Ändern Sie das Benutzerkonto.

```
usermod anwendername
```

Nachdem ein Benutzerkonto mit Hilfe des useradd-Befehls erstellt wurde, kann es mit dem usermod-Befehl verändert werden. Die Optionen von usermod sind denen von useradd sehr ähnlich und können einige der Parameter, die durch den Befehl useradd gesetzt wurden, verändern. Wie bei useradd verändert der Befehl die Dateien /etc/passwd und /etc/shadow. Dies kann auch durch manuelles Editieren der Dateien erfolgen, wird jedoch nicht empfohlen. Das Programm admintool kann verwendet werden, um mit Hilfe einer graphischen Benutzeroberfläche ein Benutzerkonto zu verändern.

Option	Erklärung
-b *basedir*	Setzt das Basisverzeichnis des Systems auf *basedir*. Nachfolgende usermod-Befehle setzen das Homeverzeichnis auf *basedir/login*, wenn die Option -d nicht spezifiziert ist.
-c *kommentar*	Weist dem Kommentarfeld die Zeichenkette zu, die durch *kommentar* spezifiziert wurde. Es wird empfohlen, den Kommentar in Anführungszeichen zu setzen. Dies ist aber nur notwendig, wenn Leer- und Sonderzeichen im Kommentarfeld verwendet werden. Der Kommentar ist gewöhnlich der volle Name des Anwenders oder eine Beschreibung eines Kontos.
-d *homedir*	Weist dem Homeverzeichnis des neuen Anwenders das Verzeichnis zu, das durch *homedir* spezifiziert ist. Wird es weggelassen, ist das Standardhomeverzeichnis *basedir/login*, wobei *basedir* für das Basisverzeichnis des Systems und *login* für den neuen Anmeldenamen des Anwenders steht.
-e *verfallsdatum*	Der Konto läuft an einem spezifizierten Datum ab (wird gesperrt). Das Datum kann in folgenden Formaten angegeben werden: 2/7/02 "February 7, 2002" Mit Hilfe eines Ablaufdatums können temporäre Benutzerkonten eingerichtet werden.
-f *tage*	Sperrt das Konto, wenn es nicht innerhalb der Tage, die durch *tage* spezifiziert wurden, benutzt wird. Das Setzen dieser Option kann die Sicherheit des Systems erhöhen, indem inaktive und möglicherweise gefährdete Konten gesperrt werden. Wird jedoch die Anzahl der Tage zu niedrig gesetzt, kann dies lästig sein.
-g *gruppe*	Setzt eine Gruppenmitgliedschaft des neuen Benutzerkontos. In der Standardeinstellung ist die Gruppe auf other gesetzt. Entweder der Name (eine Zeichenkette) oder eine Zahl (ein Integerwert) kann verwendet werden, um eine Gruppe zu spezifizieren.
-G *andere_gruppe*	Weist dem neuen Benutzerkonto eine weitere Gruppe zu. Anwender können zu mehr als einer Gruppe gehören, und diese Option setzt die zweite und weitere Gruppenmitgliedschaften (*andere_gruppe*). Entweder der Name (eine Zeichenkette) oder eine Zahl (ein Integerwert) kann verwendet werden, um eine Gruppe zu spezifizieren.
-l *login*	Ändert den Anmeldenamen in *login*.

Option	Erklärung
-m	Verschiebt das Homeverzeichnis und erstellt ein neues Verzeichnis, wenn dieses noch nicht existiert. Das Homeverzeichnis wird erstellt, und die Vorlagedateien werden kopiert (lesen Sie useradd-Optionen in dieser Tabelle).
-s *shell*	Setzt die Anwendershell auf *shell*. Die Shell muss durch einen vollständigen Pfadnamen (wie z.B. /sbin/csh) angegeben werden. In der Standardeinstellung ist die Shell auf /sbin/sh gesetzt.
-u *UID*	Weist dem Benutzer die ID-Nummer *UID* zu. In der Standardeinstellung ist die neue UID eine Zahl höher als die höchste existierende UID-Nummer. Neue UIDs müssen niedriger sein als in /sys/param.h im MAXUID definiert ist.

Modifizieren aktiver Konten

Wenn ein Benutzerkonto verändert wird, kann der Anwender während der Änderung angemeldet sein. Wenn der Anwender angemeldet ist, wird eine Fehlermeldung (Fehlermeldung 6) ausgegeben.

Beispiel	Beschreibung
usermod -l jsmith smithj	Verändert einen Anwendernamen von smithj auf jsmith.
usermod -c "system op" manager	Verändert das Kommentarfeld des Verwalters der Benutzerkonten von "system admin" auf "system op".
usermod -d/home2/smithj -m smithj	Verschiebt ein Homeverzeichnis eines Anwenders von /home/smithj nach /home2/smithj.

Zusätzliche Aufgaben der Benutzerverwaltung

Ändern eines Benutzerpasswortes (passwd)

passwd *anwendername*

Manchmal vergessen Anwender ihre Passwörter. In diesen Fällen muss das Passwort geändert werden. Nachdem ein neues Konto mit dem useradd-Befehl erstellt wurde, muss der Befehl passwd ausgeführt werden, um ein Passwort erstmalig zuzuweisen. Dies geschieht mit Hilfe des Befehls passwd, wenn Sie als Benutzer root angemeldet sind.

Öffnen Sie auf dieselbe Weise ein Benutzerkonto wieder, nachdem es mit Hilfe des Befehls passwd -l gesperrt wurde. Beachten Sie, dass nur die ersten acht Zeichen des Passwortes ausgewertet werden.

Bis zur Version Solaris 2.5 veränderte der Befehl passwd nur das Passwort des Anwenders in der Datei /etc/shadow auf dem lokalen Rechner. Wenn NIS ausgeführt wurde, wurde der Befehl yppasswd verwendet, um das Passwort des Anwenders in der NIS-Datenbank zu ändern. Wenn NIS+ ausgeführt wurde, wurde der Befehl nispasswd verwendet, um das Passwort in der NIS+-Datenbank zu ändern. Ab Solaris 2.5 und in späteren Versionen jedoch ändert der Befehl passwd in der Standardeinstellung das Passwort des Anwenders in der ersten Passwortquelle, die in der Datei /etc/nsswitch.conf eingetragen ist. Die Befehle yppasswd und nispasswd existieren immer

noch aus Kompatibilitätsgründen; von ihrer Verwendung wird jedoch abgeraten. Sie sind in Wirklichkeit nur Verknüpfungsdateien zum Befehl `passwd`.
Für nähere Informationen lesen Sie Kapitel 12 »Sicherheit«.

Beispiel	Beschreibung
`passwd smithj`	Ändert das Passwort für das Konto `smithj`.
`passwd -r` *`dateien`*	Ändert das Passwort auf dem lokalen Rechner.
`passwd -r nis`	Ändert das Passwort in der NIS-Datenbank.
`passwd -r nisplus`	Ändert das Passwort in der NIS+-Datenbank.

Überprüfen der Gruppendatei nach Fehlern (grpchk)

```
grpchk
```

Dieser Befehl überprüft die Gruppendatei (`/etc/group`) nach Fehlern. Die Gruppendatei hat folgendes Format:

`gruppenname:leer:GID:mitglieder`

Parameter	Beschreibung
Anzahl der Felder	Jeder Eintrag muss vier Felder haben.
Gruppenname	Alle Gruppennamen müssen gültig sein.
Gruppen-ID (GID)	Alle Gruppen-IDs müssen gültig sein.
Anzahl der Gruppen	Kein Anwender kann mehr Gruppen angehören, als über die Variable `NGROUPS_MAX` in `/sys/param.h` definiert wurde.
Anmeldename	Alle Anmeldenamen müssen in der Passwortdatei (`/etc/passwd`) erscheinen.

Beispiel

Im Folgenden sehen Sie ein Beispiel für eine Gruppendatei (`/etc/group`):

```
root: :0:root
other: :1:
bin: :2:root,bin,daemon
sys: :3:root,bin,sys,adm
adm: :4:root,adm,daemon
uucp: :5:root,uucp
mail: :6:root
tty: :7:root,tty,adm
lp: :8:root,lp,adm
nuucp: :9:root,nuucp
staff: :10:
student: :30:
faculty: :40:
gcg: :500:
www: :600:
daemon: :12:root,daemon
sysadmin: :14:
```

```
nobody: :60001:
noaccess: :60002:
```

Überprüfen der Passwortdatei nach Fehlern (pwck))

```
pwck
```

Wird die Passwortdatei (/etc/passwd) niemals manuell editiert, ist die Wahrscheinlichkeit gering, dass diese durch das Hinzufügen, Löschen oder Verändern von Benutzern fehlerhaft wird. Gelegentlich tauchen jedoch geringere Probleme mit der Datei auf. Das Programm pwck kann verwendet werden, um die Passwortdatei nach allgemeinen Problemen zu durchsuchen. Nicht alle von pwck gemeldeten Probleme sind ernst, und jeder Fehler, der gemeldet wird, sollte von Fall zu Fall untersucht werden. Zum Beispiel sind lange Anwendernamen kein Problem, sollten jedoch vermieden werden.

Die Passwortdatei hat das folgende Format:

anwendername:x:UID:GID:kommentar:homeverzeichnis:shell

Parameter	Beschreibung
Anzahl der Felder	Jeder Eintrag muss sieben durch Doppelpunkte voneinander getrennte Felder haben.
Anmeldename	Anmeldenamen müssen acht oder weniger Zeichen haben.
Anwender-ID(UID)	Alle Anwender-IDs (UIDs) müssen kleiner sein, als die Variable MAXUID in /sys/param.h definiert wurde.
Gruppen-ID (GID)	Gruppen-IDs müssen gültig, also wie in /etc/group eingetragen sein.
Homeverzeichnis	Das Homeverzeichnis muss existieren.
Shell	Die Shell muss existieren. Es wird nicht überprüft, ob die Shell in /etc/shells eingetragen ist.

Beispiel

```
root:x:0:1:Super-User:/:/sbin/sh
daemon:x:1:1::/:
bin:x:2:2::/usr/bin:
sys:x:3:3::/:
adm:x:4:4:Admin:/var/adm:
lp:x:71:8:Line Printer Admin:/usr/spool/lp:
smtp:x:0:0:Mail Daemon User:/:
uucp:x:5:5:uucp Admin:/usr/lib/uucp:
nuucp:x:9:9:uucp Admin:/var/spool/uucppublic:
/usr/lib/uucp/uucico
listen:x:37:4:Network Admin:/usr/net/nls:
nobody:x:60001:60001:Nobody:/:
noaccess:x:6002:6002:No Access User:/:
mulligan:x:100:10:John Mulligan:/home/user/
mulligan:/bin/tcsh
```

Sperren eines Benutzerkontos (passwd -l)

`passwd -l` *anwendername*

Es kann in einigen Situationen notwendig sein, ein Benutzerkonto kurzfristig zu sperren. Dies kann mit Hilfe der Datei `/etc/shadow` erfolgen, indem dort der Eintrag für das Konto so gesetzt wird, dass das Konto gesperrt ist (`*LK*` im Passwortfeld). Verwenden Sie dazu den Befehl `passwd`. Beachten Sie, dass das aktuelle Passwort verloren geht, wenn das Konto gesperrt ist. Deshalb muss ein neues Passwort zugewiesen werden, um das Konto wieder zu öffnen.
Wenn angenommen wird, dass ein Konto für böswillige Zwecke oder zum Zwecke des Hackens des Systems verwendet wird, sollte es so schnell wie möglich gesperrt werden. Die Möglichkeit, Kontos zu sperren, ist auch nützlich, wenn ein Konto gelöscht werden soll. In diesem Fall kann das Konto für einige Zeit gesperrt werden, bis absolut sicher ist, dass sich keine wertvollen Daten in dem Konto befinden. Erst dann sollte das Konto gelöscht werden.

Beispiel	Beschreibung
`passwd -l smithj`	Sperrt das Konto `smithj`.
`passwd smithj`	Öffnet das Konto `smithj` wieder und weist das Passwort neu zu.

Lesen Sie auch »Löschen eines Benutzerkontos (userdel)« (161).

Zwischen Benutzern wechseln und zum root-Anwender wechseln (su)

Verwenden Sie den Befehl `su`, um zu einem neuen Anwender zu wechseln:

`su [`*optionen*`] [`*anwendername*`]`

Geben Sie das Passwort an der Eingabeaufforderung ein.
Dieser Befehl wird verwendet, um zu einem Anwender zu wechseln, indem die effektive Anwender-ID des Anwenders gewechselt wird. Wenn kein Anmeldename angegeben wird, versucht der Befehl `su` standardmäßig den Anwender auf root zu wechseln.
Wenn der Anwender root (`UID=0`) den Befehl `su` aufruft, wechselt er sofort zum anderen Anwender. Andernfalls wird der Anwender aufgefordert, das Passwort des anderen Benutzerkontos einzugeben.
Die Verwendung des Befehls `su` wird in `/var/adm/sulog` mitprotokolliert.

Option	Erklärung
`-`	Wird in der Befehlszeile vor dem Anwendernamen ein Gedankenstrich geschrieben, wird die Umgebung des anderen Anwenders verwendet. Dies simuliert das Anmelden als der andere Anwender.

Beispiel	Beschreibung
`su`	Wechselt nach root.
`su smithj`	Wechselt zum Anwender `smithj`.
`su - smithj`	Wechselt zum Anwender `smithj` und verwendet die Umgebungsvariablen (einschließlich des Pfads) von `smithj`.

Quoten (Festplattenverbrauch von Benutzern)

Überprüfen der Quota eines einzelnen Anwenders (quota)

```
quota -v anwendername
```

Dieser Befehl kann verwendet werden, um die Benutzer-Quoten des Dateisystems ufs, einschließlich Platzverbrauch und Quotenbeschränkungen, zu überprüfen. Anwender, die nicht root sind, können diesen Befehl verwenden, um ihre eigene Quota und den Platzverbrauch zu überprüfen. Aber nur der root-Anwender kann einen Anwendernamen auf der Befehlszeile spezifizieren, um andere Anwender zu überprüfen. Wenn dieser Befehl ohne Optionen ausgeführt wird, wird quota nur überschrittene Quoten melden.
Quoten werden mit dem Programm edquota gesetzt.

Option	Erklärung
-v	Zeigt alle verfügbaren Informationen.

Die Ausgabe von quota -v sieht folgendermaßen aus:

```
Disk quotas for mulligan (uid 252):
Filesystem        usage  quota  limit
/home/www/student   500  10000  10000
timeleft  files  quota  limit    timeleft
              0      0      0
```

Die angezeigten Felder enthalten folgende Informationen:

Feld	Beschreibung
Filesystem	Das Dateisystem, bei dem die Quota eingerichtet wird.
Usage	Der belegte Speicherplatz in Kilobyte auf der Festplatte.
Quota	Das Softlimit für die Quota. Wenn das Limit für länger als dieses Zeitlimit überschritten wird, wird aus dem Softlimit ein Hardlimit. Angabe in Kilobyte.
Limit	Das Hardlimit für die Quota. Zu keinem Zeitpunkt darf dieser in Kilobyte angegebene Platzverbrauch überschritten werden.
Timeleft	Die verbleibende Zeit, bevor aus dem Softlimit ein Hardlimit wird.
Files	Die Anzahl der Dateien im Dateisystem, die einem Anwender gehören.
Quota	Das Softlimit für die im Dateisystem zugelassene Anzahl von Dateien. Wenn das Limit für länger als dieses Zeitlimit überschritten wird, wird aus dem Softlimit ein Hardlimit.
Limit	Das Hardlimit für die im Dateisystem zugelassene Anzahl von Dateien. Zu keinem Zeitpunkt darf die Anzahl der Dateien überschritten werden.
Timeleft	Die verbleibende Zeit, bevor aus dem Softlimit der Dateien ein Hardlimit wird.

Beispiel	Beschreibung
quota	Überprüft, ob die Quota des Anwenders, der quota aufgerufen hat, überschritten wurde (gilt nicht für den Anwender root).
quota -v	Überprüft den Status der Quota, wenn der Anwender, der quota aufgerufen hat, diese überschritten hat (gilt nicht für den Anwender root).
quota smithj	Überprüft, ob ein anderer Anwender seine Quota überschritten hat (nur root).
quota -v smithj	Zeigt alle Informationen über die Quota eines anderen Anwenders (nur root).

Bearbeiten von Anwenderquoten (edquota)

edquota *anwendername*

Dieser Befehl wird verwendet, um die Quoten einzelner Anwender zu editieren. In der Standardeinstellung ruft edquota den vi-Editor auf, um die Quotabegrenzungen einzugeben. Dies kann durch das Definieren der EDITOR-Umgebungsvariablen auf den gewünschten Editor verändert werden. Nur der root-Anwender darf Quoten editieren.
Wenn das Programm edquota aufgerufen wird, erstellt dieses eine temporäre Datei, die zum Verändern der Quoten editiert werden kann. Die Quota wird nur aktualisiert, nachdem der Editor beendet wurde. Die temporäre Datei hat die folgende Form:

```
fs mountpoint blocks (soft =slimit, hard = hlimit) inodes (soft = slimit, hard = hlimit)
```

mountpoint ist der Mountpoint für das Dateisystem. Die Sektion blocks definiert die Soft- und Hardlimits für den Ressourcenverbrauch (angegeben in Blöcken von 1.024 Byte). Die Sektion inodes definiert die Soft- und Hardlimits für die Anzahl der Dateien im Dateisystem, die für Anwender erlaubt sind. Hardlimits können in keinem Fall überschritten werden. Softlimits können für eine spezifizierte Zeitspanne überschritten werden, bevor das Softlimit zu einem Hardlimit wird.

Option	Erklärung
-p	Verwendet einen Prototypanwender. Kopiert die Quota des spezifizierten Anwenders und verwendet diese Quota für den Anwender, dessen Quota editiert wird.
-t	Ändert die Zeitvorgabe des Softlimits für das Dateisystem. Wird es auf 0 gesetzt, wird die Standardzeit verwendet, die in /usr/include/sys/fs/ufs_quota.h definiert ist.

Setzen neuer Quoten

Werden für einen Anwender zum ersten Mal Quoten gesetzt, muss das Programm quotacheck ausgeführt sein, damit die Quoten wirksam werden.

Beispiel	Beschreibung
edquota smithj	Editiert die Quota für den Anwender smithj.

Aktivieren oder Deaktivieren von Quoten in einem Dateisystem (quotaon)

quotaon [*optionen*]

Bevor im ufs-Dateisystem Quoten verwendet werden können, muss das Quotasystem aktiviert werden. Dies geschieht durch die Verwendung des Befehls quotaon. Genauso muss der Befehl quotaoff verwendet werden, um Quoten in einem Dateisystem zu deaktivieren. Obwohl Quoten für das gesamte Dateisystem eingerichtet werden, werden die Quoten für jeden Anwender einzeln definiert.

Die Befehle quotaon und quotaoff verändern die Datei /etc/mnttab. Sind Quoten deaktiviert, erhält der Eintrag des Dateisystems in der Spalte für die Mountoptionen (mntopts) den Hinweis quota. Wenn die Quoten mit Hilfe von quotaoff deaktiviert werden, wird der Eintrag mit quotaoff definiert. Dies kann manuell ohne die Verwendung von quotaon durchgeführt werden, aber dies wird nicht empfohlen.

Beim Starten des Systems werden alle Quoten der Dateisysteme deaktiviert, die im mntopts-Feld der Datei /etc/vfstab den Eintrag rq haben.

Option	Erklärung
-a (quotaon)	Deaktiviert alle Quoten von jedem Dateisystem, das im mntopts-Feld der Datei /etc/vfstab den Eintrag rq hat.
-v (quotaon)	Ausführlicher Modus. Meldet den Status, nachdem die Quota von jedem Dateisystem aktiviert wurde.
-a (quotaoff)	Schaltet die Quoten für alle Dateisysteme in /etc/mnttab aus.
-v (quotaoff)	Ausführlicher Modus. Meldet den Status, nachdem die Quota von jedem Dateisystem deaktiviert wurde.

Beispiel	Beschreibung
quotaon -a	Aktiviert alle Quoten.
quotaoff -a	Deaktiviert alle Quoten.
quotaon -av	Aktiviert alle Quoten und meldet, welche aktiviert sind.

Anzeigen der Quoten eines Dateisystems (repquota)

/usr/sbin/repquota [*optionen*]

Dieses Programm wird verwendet, um Quotainformationen für mehrere Anwender gleichzeitig anzuzeigen. Um Quotainformationen für einen Anwender anzuzeigen, kann der Befehl quota verwendet werden. Ein anzuzeigendes Dateisystem muss spezifiziert werden, wenn die -a-Option nicht angegeben ist. In diesem Fall werden alle Dateisysteme mit Quoten angezeigt.

Quoten geheim halten

In der Standardeinstellung erlaubt es Solaris allen Anwendern des Systems, den Befehl repquota zu verwenden. repquota in /usr/sbin/ ist eigentlich ein symbolischer Link zu einer anderen Datei:

```
lrwxrwxrwx  1  root    22  Oct 21 1996

/usr/sbin/repquota -> ../lib/fs/ufs/repquota
```

Die verknüpfte Datei ist folgende:

```
-r-xr-xr-x  1  bin  8616  May 2 1996

../lib/fs/ufs/repquota
```

Diese Datei darf von jedem ausgeführt werden. Das bedeutet, dass alle Anwender im System das Programm repquota verwenden können.

In den meisten Fällen ist das kein Problem. Wenn es aber aus irgendwelchen Gründen notwendig ist, Quoten und die Verwendung von Systemressourcen geheim zu halten, müssen Sie die Ausführungsgenehmigung von /usr/lib/fs/repquota wie folgt ändern (als root):

```
chmod 550 /usr/lib/fs/repquota
```

Option	Erklärung
-a	Zeigt alle Dateisysteme mit aktivierten Quoten an. Dateisysteme mit deaktivierten Quoten haben den Eintrag rq im mntopts-Feld der Datei /etc/vfstab.
-v	Zeigt eine Zusammenfassung der Quoten aller Anwender an, unabhängig von der Nutzung der Systemressourcen.

Die Ausgabe von repquota sieht folgendermaßen aus:

```
Block limits   File limits
User     used   soft   hard    timeleft used soft  hard  timeleft
smithj -   19  10000  10000                4    0    0
jonesb - 3121  10000  10000               77    0    0
smithk -   39  10000  10000                7    0    0
jonesw - 6393  10000  10000              175    0    0
smithr - 4271  10000  10000              135    0    0
```

Anzeigen von Quoten über das Netz

In einigen Fällen kann es wünschenswert sein, den Anwendern eine Überprüfung ihrer Quoten über das Netz zu ermöglichen. Es gibt viele Möglichkeiten, dies zu tun. Das folgende CGI-Script ist nur ein Beispiel dafür. Es setzt voraus, dass der Anwendername aus einem HTML-Formular entnommen wurde und in die Variable $FORM_uname übergeben wurde. Es wird außerdem angenommen, dass $HOME das Basisverzeichnis der HTML-Dateien des Benutzerkontos ist und dass $WWW die Basis der URL (wie z.B. http://www.somedomain.com) ist. Es werden auch zwei Bilder im GIF-Format verwendet, die die WIDTH-Option des Tages <IMG> verwenden, um reine grafische Darstellung der Ausnutzung der Quota anzuzeigen. Beachten Sie, dass dieses

Script von jedem Anwender verwendet werden kann, um alle Quoten aller Anwender zu überprüfen. Wenn Quoten geheim gehalten werden sollen, sollte dieses Script verändert werden.

CGI-Sicherheitshinweis

Führen Sie CGI-Scripts nie als root oder als anderer privilegierter Anwender im System durch. Das Script in diesem Abschnitt sollte am besten als Anwender nobody ausgeführt werden.


```
if [ -z "$FORM_uname" ];then
FORM_uname="none"
fi

DATE=`date`
WWW=http://www.somedomain.com
QUOTA=`/usr/sbin/repquota -a| grep $FORM_uname |head -1| awk '{print $4}'`

cat << EOM
<TITLE>Quota for $FORM_uname</TITLE>
<BODY BGCOLOR="#FFFFFF" TEXT="#000000">
<CENTER>
<TABLE BORDER=0 CELLPADDING=4 CELLSPACING=0 WIDTH=500>
<TR><TD BGCOLOR="#666699">
EOM

#prüfen, ob für den Anwender keine Quoten festgesetzt sind
if [ -n "$QUOTA" ]; then
QUOTA=`/usr/sbin/repquota -a| grep $FORM_uname|head -1 | awk '{print $5}'`
USED=`/usr/sbin/repquota -a| grep $FORM_uname |head -1 | awk '{print $3}'`
PUSED=`expr  $USED \* 100 / $QUOTA`
PFREE=`expr 100 - $PUSED`
NAME=`grep $FORM_uname /etc/passwd|head -1|awk '{FS=":";print $5}'`

if [ $PFREE -lt 0 ];then
PFREE=1
fi

if [ -z "$NAME" ];then
NAME=`/usr/sbin/repquota -a| grep $FORM_uname|head -1 | awk '{print $1}'`
fi
cat << EOM
<FONT FACE="Arial, Helvetica" SIZE=5 COLOR="#FFCC00">Quote für
$NAME</FONT>
<CENTER>
<TR><TD BGCOLOR="#FFFFCC">
EOM

if [ $PUSED -gt 100 ]; then
cat << EOM
<FONT FACE="Arial,Helvetica" COLOR="#FF0000" SIZE=4>
YOU ARE OVER YOUR QUOTA LIMIT</FONT>
<P>
```

```
<FONT FACE="Arial,Helvetica">Entfernen Sie umgehend nicht mehr benötigte Dateien aus
Ihrem Verzeichnis, um Speicherkapazitäten freizugeben.</FONT><P>
EOM
fi

cat << EOM
<FONT FACE="Arial, Helvetica">Zur Zeit nutzen Sie $USED KB Speicherkapazität Ihres
Webaccounts.  D.h. Sie belegen zur Zeit $PUSED% Ihrer Quote.<P><BR>
<FONT FACE="Arial Black, Arial, Helvetica"  SIZE=6><CENTER>
$PUSED% FULL</FONT>
<BR CLEAR=both>
<IMG BORDER=0 WIDTH=$PUSED HEIGHT=20 HSPACE=0 ALT="$PUSED% used"
SRC="$WWW/images/blue_button.gif">
<IMG BORDER=0 WIDTH=$PFREE HEIGHT=20 HSPACE=0 ALT="$PFREE% free"
SRC="$WWW/images/blank_button.gif"><P><BR>
EOM
else
cat << EOM
<FONT FACE="Arial" COLOR="#FFCC00" SIZE=5>Keine Quote</FONT>
<TR><TD BGCOLOR="#FFFFCC">
<FONT FACE="Arial, Helvetica">
$FORM_uname hat keine Quote. Vielleicht haben Sie den Namen falsch eingegeben.
Geben Sie Ihre Anfrage nochmals ein.
<BR CLEAR=both><P><BR>
<A HREF="$WWW/quota.html">Nochmal versuchen.</A>
EOM
fi
echo "</TABLE><PRE></CENTER>"
echo "$DATE: $REMOTE_HOST überprüfte $FORM_uname" >> $HOME/log/quota.log
```

Der dazugehörige HTML-Code beinhaltet ein zu verwendendes Formular und sieht folgendermaßen aus:

```
<FORM METHOD=GET ACTION="/cgi-bin/quotacheck">
<FONT FACE="Arial, Helvetica">
Geben Sie Ihren Benutzernamen ein: </FONT>
<INPUT NAME="uname" SIZE=15><P>
<CENTER>
<FONT FACE="Arial, Helvetica" SIZE=3>
<INPUT TYPE=RESET VALUE="Formular zurücksetzen">
<INPUT TYPE=SUBMIT VALUE="Zur Überprüfung klicken"></FONT>
</FORM>
```

Aktualisierung von Quoten (quotacheck)

```
quotacheck [optionen]
```

Dieses Programm führt die folgenden Aufgaben bei den angegebenen Dateisystemen (oder bei allen Dateisystemen, wenn `-a` verwendet wird) durch:

- Untersucht jedes gemountete ufs-Dateisystem.
- Erstellt eine Tabelle des aktuellen Festplattenverbrauchs.
- Vergleicht den Festplattenverbrauch mit den eingerichteten Quoten.
- Aktualisiert die Datei `quota` und berichtigt alle Abweichungen.

Es ist notwendig, als root für jeden neuen Anwender, `quotacheck` auszuführen, nachdem eine Quota definiert wurde (mit `edquota`). Es ist auch empfehlenswert, `quotacheck` hin und wieder auszuführen, um die Quotadateien aktuell und fehlerlos zu halten.

Sicheres Aktualisieren von Quoten

Das Dateisystem sollte nicht sehr aktiv sein, während `quotacheck` ausgeführt wird. Je weniger das System benutzt wird, um so geringer ist die Chance, dass Probleme auftauchen. Es ist trotzdem nicht notwendig, in den Single-User-Modus zu wechseln.

Es wird empfohlen, dass root den Befehl `wall` verwendet, um Anwender dazu zu bringen, ihre Arbeit zu speichern und sich abzumelden, bevor `quotacheck` ausgeführt wird.

Option	Erklärung
`-a`	Alle Dateisysteme. Alle Dateisysteme, die den Eintrag `rq` im Feld `mntopts` in der Datei `/etc/vfstab` haben, haben eine Quotadatei, werden als `ufs`-Dateisysteme in `/etc/mnttab` aufgeführt und werden überprüft und aktualisiert.
`-p`	Aktualisiert parallel Quotadateien.
`-v`	Ausführlicher Modus. Zeigt Informationen über die Quoten aller Anwender an. Wird es weggelassen, zeigt `quotacheck` nur dann Anwenderinformationen an, wenn eine Änderung vorgenommen wurde.

Sicherheit für große Dateien

Es sollte beachtet werden, dass alle Quotabefehle für große Dateien sicher sind. Sie sind sicher für Systeme, deren Dateien größer als 2 Gigabyte sind.

Beispiel	Beschreibung
`quotacheck -ap`	Überprüft alle Dateisysteme parallel.
`quotacheck /home`	Überprüft das Dateisystem `/home`.
`quotacheck -v / home/student`	Überprüft das Dateisystem `/home/student` und zeigt den Festplattenverbrauch aller Anwender an.

10 Netzwerk-Administration

Daemon/Server	Seite	Daemon/Server	Seite
aspppd	195	ldaplist	204
asppls	196	ldapmodify	205
dhcpagent	192	ldapsearch	205
dhcpconfig	197	listen	185
dhcpinfo	199	lockd	185
dhtadm	199	netacl	191
in.dhcp	198	nfsd	189
in.fingerd	185	nscd	183
in.ftpd	180	pntadm	200
in.named	179	ppp	195
in.rdisc	186	rpc.bootparamd	178
in.rlogind	189	rpc.rexd	190
in.routed	186	rstatd	183
in.rshd	190	rusersd	189
in.rwhod	190	rwalld	189
intalkd	191	sendmail	214
in.telnetd	192	smap	218
inetd	182	smapd	218
ldapadd	201	sprayd	187
ldap_cachemgr	201	statd	187
ldapclient	201	wu-ftp	193
ldapdelete	203	xntpd	188
ldap_gen_profile	203		

Daemons, Server oder Funktion	Seite
Daemons und Server	**178**
Boot Parameter Server (rpc.bootparamd)	178
Domain Name Server (in.named)	179
File Transfer Protocol Daemon (in.ftpd)	180
Internet-Daemon (inetd)	182
Daemon für Kernelinformationen (rstatd)	183
Name Service Cache-Daemon (nscd)	183
Netzwerk-Daemon für den Befehl finger (in.fingerd)	185

Daemons, Server oder Funktion	Seite
Netzwerk-Daemon für den Dienst listen (listen)	185
Netzwerk-Daemon für den Dienst lock (lockd)	185
Netzwerk-Daemon für das Router-Discovery (in.rdisk)	186
Netzwerk-Daemon für den Router-Dienst (in.routed)	186
Netzwerk-Daemon für den Dienst spray (sprayd)	187
Netzwerk-Status-Daemon (statd)	187
Netzwerk-Zeitprotokoll-Daemon (xntpd)	188
Netzwerk-Daemon für den Befehl rusers (rusersd)	189
Netzwerk-Daemon für den Befehl wall (rwalld)	189
NFS-Daemon (nfsd)	189
Remote Login-Daemon (in.rlogind)	189
Remote Shell-Daemon (in.rshd)	190
RPC-Daemon für die Remote-Ausführung (rpc.rexd)	190
Systemstatus-Daemon (in.rwhod)	190
Daemon für den Befehl talk (in.talkd)	191
TCP-Daemon für die Netzwerk-Zugangskontrolle (netacl)	191
Telnet-Daemon (in.telnetd)	192
Anonymes FTP	**192**
Anonymes FTP einrichten	192
Wuarchive-FTP (wu-ftp)	193
PPP	**195**
aspppd	195
asppls	196
ppp	196
DHCP	**197**
dhcpagent	197
dhcpconfig	197
DHCP-Daemon (in.dhcp)	198
dhcpinfo	199
dhtadm	199
pntadm	200
LDAP	**201**
ldapadd	201
ldap_cachemgr	201
ldapclient	201
ldapdelete	203

Daemons, Server oder Funktion	Seite
`ldap_gen_profile`	203
`ldaplist`	204
`ldapmodify`	205
`ldapsearch`	205
Network File System (NFS)	**207**
Anzeigen von NFS-Informationen	207
Tabelle der gemounteten Dateisysteme	208
Mounten und Unmounten von NFS-Dateisystemen	209
NFS-Ressourcen freigeben/exportieren	212
Die Freigabe einer NFS-Ressource wieder aufheben	213
E-Mail	**214**
`sendmail`	214
`sendmail`-Konfiguration	215
`smapd`	218
SMTP Application Proxy (`smap`)	218

Daemons und Server

Boot-Parameter-Server (rpc.bootparamd)

`/usr/sbin/rpc.bootparamd [optionen]`

Der Boot-Parameter-Server (auch bekannt als BOOTP-Server) `rpc.bootparamd` wird verwendet, um Boot-Parameter an Clients im Netzwerk weiterzugeben, die keine eigene Festplatte besitzen. Der Daemon muss im gleichen IP-Subnetz wie der Diskless Client (ein Rechner, der keine eigene Festplatte besitzt) laufen. Boot-Parameter werden in den Dateien `/etc/nsswitch.conf` und `/etc/bootparams` definiert.

Option	Erklärung
`-d`	Zeigt Debug-Informationen an

Die Datei `/etc/bootparams` hat das folgende Format:

rechnername id

Das erste Feld (*rechnername*) ist der Rechnername des Diskless Clients. Dieses Feld kann ein bestimmter Rechnername eines Clients sein, oder das Wildcardsymbol (*) kann für alle Clients verwendet werden. Wenn sowohl das Wildcardsymbol als auch einzelne Clients angegeben werden, haben die Client-spezifischen Zeilen vor denen des Wildcardsymbols Vorrang. Wie es bei den meisten Konfigurationsdateien von Solaris üblich ist, können lange Zeilen durch den Backslash (\) unterteilt werden.
Das zweite Feld (*id*) ist das Identifikationsfeld in einer der folgenden Formen:

```
Datei-spezifisch: id=rechner:pfad
nicht Datei-spezifisch: id=domain
```

Datei-spezifische Konfigurations-IDs weisen den Diskless Client an, die exportierte Datei oder das Dateisystem auf dem genannten Rechner zu verwenden. Der Rechner und der Pfadname der Datei oder des Dateisystems müssen durch einen Doppelpunkt getrennt werden. Die nicht dateispezifische Konfigurations-ID weist dem Client einen Domainnamen zu. Wenn ein Domainname nach dem Gleichzeichen angegeben wird, wird er verwendet. Wenn keiner angegeben ist, wird der Domainname des Servers verwendet. Die einzigen IDs, die für Diskless SPARC-Clients verwendet werden können, sind `root`, `swap` und `dump`.
Der letzte Eintrag ist die Konfigurationszeile des Name Service. Er hat folgendes Format:

```
ns=[nameserver]:[nameservice]:[(netmask)]
```

Der Name Server ist im ersten Feld *nameserver* spezifiziert. Das zweite Feld kann einer von drei Name-Service-Typen sein: `nis`, `nisplus` oder `none`. Das letzte Feld ist die Netzmaske für den Client. Netzmasken werden verwendet, um anzugeben, welcher Teil einer IP-Adresse eine Netzwerkadresse ist und welcher Teil die Rechneradresse ist. Für eine IP-Adresse von `192.168.0.4` mit einer Netzmaske von `255.255.255.0` steht der Wert `4` in der IP-Adresse für die Rechneradresse.
Standardmäßig wird NIS+ als Name Service verwendet, wenn ein NIS+-Server gefunden wird. Ansonsten wird ein NIS-Server verwendet, wenn einer gefunden wird. Wird kein Name Service gefunden, wird eine interaktive Meldung auf dem Client ausgegeben, die den zu verwendenden Name Service anfragt. Im folgenden sehen Sie ein Beispiel einer `/etc/bootparams`-Datei:

```
*    root=fs1:/export/cslab/root
ice9 root=fs1:/export/ice9/root
     swap=fs1:/export/ice9/swap
     domain=cslab.somecollege.edu
     ns=mach:nis(255.255.255.0)
```

Domain Name Server (in.named)

`/usr/sbin/in.named [optionen]`

Der Domain Name Server stellt für die Clients des Netzwerks Domain Name Service (DNS) zur Verfügung. In der Standardeinstellung verwendet der Daemon die Datei `/etc/named.boot`, um Grundinformationen über DNS zu erhalten. Ein separates Programm namens `named-xfer` wird vom Daemon verwendet, um einen Zonentransfer durchzuführen. Dieses Programm sollte niemals manuell ausgeführt werden. Der Daemon kann gezwungen werden, die Datei `named.boot` nochmals zu lesen, indem das Signal `SIGHUP` (`kill -HUP` *daemonpid*) an den Daemon gesandt wird.

DNS einrichten

Standardmäßig sind Solaris-Systeme so eingestellt, dass sie nur lokale Dateien für eine DNS-Abfrage verwenden. Um Internetabfragen mit Hilfe eines DNS-Servers zu ermöglichen, muss die Datei `/etc/nsswitch.conf` editiert werden. Suchen Sie folgende Zeile in der Datei:

```
hosts: files
```

Ändern Sie diese wie folgt:

```
hosts: files dns
```

Dieses veranlasst Abfragen, zuerst auf die Datei `/etc/hosts` zuzugreifen und dann den DNS Name Server zu verwenden, der in der Datei `/etc/resolv.conf` definiert wird.

Option	Erklärung
`-b` *datei*	Verwendet die durch *datei* spezifizierte Datei und nicht `/etc/named.boot`.
`-d` *level*	Debug. Zusätzliche Debug-Informationen werden ausgegeben. Je höher der Level, desto mehr Informationen werden ausgegeben.
`-p` *port*	Spezifiziert einen Port, an dem »gehorcht« wird.

Die Konfigurationsdatei `/etc/named.boot` unterstützt die folgenden Typen von Einträgen:

Eintrag	Erklärung
`domain` *domain*	Die DNS-Domain. Es wird kein führender Punkt vor dem Domainnamen benötigt.
`primary` *domain datei*	Spezifiziert, dass die Domaininformationen für *domain* in der Datei *datei* lokalisiert wird. In der Regel wird die Datei `named.db` verwendet.

Eintrag	Erklärung
`secondary` *domain server1 server2*	Spezifiziert einen oder mehrere Sekundärserver, um DNS-Informationen über *domain* zu sammeln.
`cache` *datei*	Spezifiziert, welche Datenbankdatei in den Cache geladen werden soll.

Mit Hilfe der Datei `/etc/resolv.conf` wird konfiguriert, wie der Rechnername auf dem lokalen Rechner aufgelöst werden soll. Die Datei ist eine einfache Textdatei, die manuell editiert werden kann. Die Datei kann folgende Einträge enthalten:

Eintrag	Erklärung
`nameserver` *adresse*	Spezifiziert den Name Server (DNS Server), den das System verwenden soll, um nach Internetnamen zu suchen. Es können mehrere Name Server definiert werden, indem zusätzliche Zeilen mit dem Inhalt `nameserver` *addr* hinzugefügt werden. Auf diese Weise können Sicherungsserver aufgeführt werden.
`domain` *name*	Standard-Domainname, der an den Rechnernamen angehängt wird, falls kein Domainname angegeben ist.

File Transfer Protocol Daemon (in.ftpd)

`/usr/sbin/in.ftpd [`*optionen*`]`

Der File Transfer Protocol Daemon (FTP) bearbeitet Übertragungsanfragen, die von FTP-Clients gesendet werden. Der Daemon wird über den `inetd`-Dienst gestartet. In der Standardeinstellung können nur Anwender, die ein Konto im System haben (gültige Anwendernamen und Passwörter), FTP-Anfragen an das System stellen. Wenn der entsprechende Anwendername in `/etc/ftpusers` aufgeführt ist, wird der Zugang verwehrt. Es ist aber möglich, ein »anonymes FTP« einzurichten, das es jedem Anwender mit Zugang zum System erlaubt, Dateiübertragungen in zugelassenen Verzeichnissen durchzuführen.

Anwendershells müssen in `/etc/shells` aufgeführt sein

Ein allgemeines Problem aller Solaris-Systeme ist, dass ein Anwender keinen Dateitransfer zum Rechner ausführen kann, wenn er eine nicht standardmäßige Shell (wie z.B. `tcsh` oder `zsh`) verwendet. Um dieses Problem zu lösen, fügen Sie die Shell des Anwenders der Datei `/etc/shells` hinzu. Der komplette Pfad muss dabei angegeben werden.

Existiert die Datei `/etc/shells` nicht, dürfen Sie die folgenden Standardshells benutzen:

```
/bin/csh        /bin/jsh        /bin/ksh
/bin/sh         /sbin/jsh       /sbin/sh
/usr/bin/csh    /usr/bin/jsh    /usr/bin/ksh
/usr/bin/sh
```

Optionen	Erklärung
`-d`	Debug. Zusätzliche Informationen werden mit Hilfe der Funktion `syslog` mitprotokolliert.

Optionen	Erklärung
`-l`	Protokolliert jeden Zugriff des FTP-Daemon mit Hilfe von `syslog` mit. Dies wird als wichtige Sicherheitsmaßnahme empfohlen.
`-t` *`timeout`*	Spezifiziert die inaktive Zeit (in Sekunden), bevor der Daemon unterbricht.

Unterstützte Prozesse

Prozess	Erklärung
`ABOR`	Abbruch.
`ACCT`	Definiert das Konto.
`ALLO`	Allokiert Speicher.
`APPE`	Hängt eine lokale Datei an eine Datei auf dem Remote-Rechner an.
`CDUP`	Wechselt vom aktuellen Verzeichnis ins Homeverzeichnis.
`CWD`	Wechselt das Arbeitsverzeichnis.
`DELE`	Löscht.
`HELP`	Gibt eine Liste aller verfügbaren Befehle aus.
`LIST`	Listet Dateien auf (entspricht `ls -gl`).
`MKD`	Erstellt ein Verzeichnis.
`MODE`	Setzt den Übertragungsmodus.
`NLST`	Listet Dateien und Verzeichnisse auf (entspricht `ls`).
`NOOP`	Keine Funktion (tut nichts).
`PASS`	Passwort.
`PASV`	Passiver Modus.
`PORT`	Setzt den Port.
`PWD`	Gibt das aktuelle Verzeichnis aus.
`QUIT`	Beendet.
`RETR`	Überträgt eine Datei vom Remote- auf den lokalen Rechner.
`RMD`	Löscht ein Verzeichnis.
`RNFR`	Benennt um von.
`RNTO`	Benennt um nach.
`STOR`	Speichert.
`STOU`	Speichert (eindeutigen Namen).
`STRU`	Struktur.
`TYPE`	Datenübertragungstyp.
`USER`	Anwendername.
`XCUP`	Wechselt vom aktuellen Arbeitsverzeichnis ins übergeordnete Verzeichnis.

Prozess	Erklärung
XCWD	Wechselt das Arbeitsverzeichnis.
XMKD	Erstellt ein Verzeichnis.
XPWD	Gibt das aktuelle Verzeichnis aus.
XRMD	Löscht ein Verzeichnis.

Internet-Daemon (inetd)

inetd [*optionen*] [*konfigurationsdatei*]

Der Internet-Daemon kontrolliert die Internetdienste, die vom System angeboten werden. In der Standardeinstellung wird inetd gestartet, wenn das System in einen Runlevel mit Netzwerkdiensten hochgefahren wird. Der Daemon liest die Konfigurationsdatei /etc/inetd.conf, wenn er gestartet wird. Der Internet-Daemon wird gewöhnlich nicht manuell gestartet; sollte dies jedoch der Fall sein, können die folgenden Optionen verwendet werden:

Optionen	Erklärung
-d	Schickt inetd nicht in den Hintergrund. Der Daemon läuft im Vordergrund, um Debug-Informationen auszugeben.
-r *n intervall*	Entdeckt »abgestürzte« Server. Wenn ein Dienst, der von inetd verwaltet wird, mehr als *n*-mal pro *intervall* Sekunden startet, wird davon ausgegangen, dass er »abgestürzt« ist, und wird für zehn Minuten heruntergefahren. Nach zehn Minuten wird der Dienst wieder hochgefahren. In der Standardeinstellung verwendet inetd eine Prozedur ähnlich wie -r40 60.
-s	Standalone. Der Daemon kontaktiert den Service Access Controller (SAC) des Dienstes nicht, wie er es normalerweise tun würde.
-t	Verfolgt mit Hilfe von syslog (daemon.notice priority) alle TCP-Zugriffe auf den Dienst. UDP-Dienste können nicht mit dieser Option nachvollzogen werden.

UDP-Dienste und nowait

Stellen Sie niemals einen UDP-Dienst auf nowait ein. Dies verursacht Probleme zwischen inetd und dem UDP-Dienst, die darin bestehen, dass eine Vielzahl von UDP-Servern erzeugt werden. Dies kann gegebenenfalls die Performance des gesamten Systems ungünstig beeinflussen.

Der inetd-Daemon wird mit Hilfe der Datei /etc/inet/inetd.conf konfiguriert. Aus BSD-Kompatibilitätsgründen gibt es einen symbolischen Link auf /etc/inetd.conf. Die Datei ist eine einfache Textdatei und kann manuell editiert werden. Senden Sie ein HUP-Signal an den inetd-Prozess mit dem kill-Befehl.

Um einen Dienst zu deaktivieren, wird als erstes Zeichen der Zeile ein # gesetzt und dann wird der inetd-Prozess erneut gestartet. Standardmäßig startet Solaris viele Netzwerk-Daemons. Aus Sicherheitsgründen sollten Sie alle Dienste, die Sie nicht benötigen, deaktivieren. Ein Tool eines Drittherstellers, wie z.B. TCP-Wrapper kann ebenfalls helfen, die Sicherheit von inetd zu erhöhen.

Die Datei hat das folgende Format:

dienst socket protokol wait-status uid programm argumente

Feld	Erklärung
dienst	Der Name des Dienstes wie in der /etc/services-Datei aufgeführt.
socket	Spezifiziert den Sockettyp. stream: Stream dgram: Datagramm raw: Roh seqpacket: Reihe von Paketen tli: Beliebiger Schnittstellenendpunkt der Transportschicht
protokoll	Das Protokoll, das für den Dienst verwendet wird. Es muss ein Protokoll sein, das in der Datei /etc/inet/protocols aufgeführt ist. Für RPC-Dienste kann das Protokoll als rpc/* spezifiziert werden.
wait-status	Entweder wait oder nowait. Die meisten Dienste verwenden nowait, außer für Datagramm- (UDP) Dienste.
uid	Spezifiziert, mit welchem Anwender der Daemon ausgeführt wird. Die meisten werden mit root ausgeführt.
programm	Kompletter Pfad zur tatsächlichen Programmdatei des Daemons.
argumente	Beliebige Argumente, die der Befehlszeile der Programmdatei hinzugefügt werden. Es können nur fünf Argumente spezifiziert werden.

Daemon für Kernelinformationen (rstatd)

/usr/lib/netsvc/rstat/rpc.rstatd

Der Daemon für Kernelinformationen (rstatd) antwortet auf Anfragen, die vom Befehl rup gesendet werden. Die Informationen werden dem Kernel entnommen und über das Netzwerk versendet. Wenn kein bestimmter Grund vorliegt, diesen Daemon zu verwenden, dann sollte er aus Sicherheitsgründen deaktiviert werden.

Name Service Cache Daemon (nscd)

/usr/sbin/nscd [*optionen*]

Der Name Service Cache Daemon (nscd) pflegt eine interne Datenbank mit den häufigsten DNS-Abfragen. Dieser Daemon wird verwendet, um Informationen aus den Dateien passwd, group und hosts zu speichern. Der nscd benötigt bis zu zehn Sekunden, um seine Aufzeichnungen zu aktualisieren, nachdem eine dieser Dateien verändert wurde. Beachten Sie, dass die Datei /etc/nsswitch.conf nicht wie diese Dateien nach dem Ändern erneut von nscd eingelesen werden. Wenn diese Datei editiert wird, muss ncsd erneut gestartet oder das System erneut hochgefahren werden. Befehle können nscd übergeben werden, indem der Dienst in der Befehlszeile noch einmal gestartet wird. Alle neuen Optionen werden der im Moment laufenden Instanz übergeben.

Neustart von nscd

Wenn die Dateien /etc/nsswitch.conf oder /etc/nscd.conf verändert werden, muss der Name Service Cache Daemon (nscd) neu gestartet werden. Dies kann durch das Ausführen der zwei folgenden Befehle als Anwender root geschehen:

```
/etc/init.d/nscd stop
/etc/init.d/nscd start
```

Warten Sie ein paar Sekunden, bis `nscd` richtig beendet wurde, bevor Sie den Startbefehl ausführen.

Beachten Sie ebenfalls, dass der Name Service Cache Daemon weiterhin Netzwerkabfragen durchführt, um seine interne Datenbank aufzufrischen. Dies kann Probleme verursachen, wenn asynchrones PPP (`aspppd`) verwendet wird. Um dies zu verhindern, setzen Sie in der Datei `/etc/nscd.conf` den Eintrag `keep-hot-count` auf 0.

Optionen	Erklärung
`-e` *cache,yesno*	Aktiviert oder deaktiviert den Cache, der durch *cache* spezifiziert ist. Wenn der Wert *yesno* auf ja steht, ist der Cache aktiviert. Wenn *yesno* nein ist, ist der Cache deaktiviert.
`-f` *configfile*	Verwendet eine andere Datei als die Standard-Konfigurationsdatei. Die Konfigurationsdatei wird durch *configfile* spezifiziert.
`-g`	Zeigt die aktuelle Konfiguration.
`-i` *cache*	Macht den spezifizierten Cache ungültig.

Der Name Service Cache Daemon wird durch das Editieren der Datei `/etc/nscd.conf` konfiguriert. Die Datei wird Zeile für Zeile analysiert. Kommentarzeilen beginnen mit einem # und werden ignoriert. Gültige Cache-Namen sind `hosts`, `passwd` und `groups`.

Attribute der Konfiguration

Attribute	Erklärung
`check-files` *cachename yesno*	Spezifiziert, ob der angegebene Cache seine verbundenen Dateien, wie z. B. die Rechnerdatei, alle zehn Sekunden nach Veränderungen überprüft. Wenn der Wert von *yesno* ja ist, ist die Dateiüberprüfung aktiviert. Wenn *yesno* nein ist, ist sie deaktiviert.
`debug-level` *level*	Definiert den Level und die Ausführlichkeit der zur Verfügung gestellten Debug-Informationen. 0 stellt die wenigsten Details und 10 die meisten Details zur Verfügung. Wird ein Wert ungleich null gesetzt, läuft `nscd` im Vordergrund und nicht im Hintergrund.
`enable-cache` *cachename yesno*	Spezifiziert, ob der genannte Cache aktiviert werden soll. Der Wert von *yesno* ist entweder ja (aktiv) oder nein (inaktiv).
`keep-hot-count` *cachename n*	Setzt die Zahl der Einträge (*n*), die im Cache bleiben sollen.
`logfile` *datei*	Schreibt die Debug-Informationen in die spezifizierte Datei. Die Datei kann auch ein besonderes Gerät, wie z. B. `/dev/tty` sein (um die Ausgabe an die Konsole zu senden).

Attribute	Erklärung
`negative-time-to-live` *cachename n*	Spezifiziert die Lebenszeit für erfolglose Abfragen. Die Zeit wird durch *n* in Sekunden angegeben.
`positive-time-to-live` *cachename n*	Spezifiziert die Lebenszeit für erfolgreiche Abfragen. Die Zeit wird durch *n* in Sekunden angegeben.
`suggested-size` *cachename size*	Setzt die Größe der internen Hash-Tabelle. Die Größe sollte eine Primzahl sein.

Netzwerk-Daemon für den Befehl finger (in.fingerd)

`/usr/sbin/in.fingerd`

Der Netzwerk-Daemon für den Befehl `finger` (`in.fingerd`) verarbeitet Anfragen nach Informationen des Befehls `finger` an Port `79/tcp`. Diese Anfragen, die an den Daemon für den Befehl `finger` gesendet werden, werden eigentlich an den Befehl `finger` des Servers gesendet, um eine Antwort bereitzustellen. Beachten Sie, dass in der Standardeinstellung solche Anfragen nicht mitprotokolliert werden und Informationen an potentielle Systemeindringlinge weitergegeben werden können. Der Daemon für den Befehl `finger` sollte nur laufen, wenn es absolut notwendig ist, da dies ein Sicherheitsrisiko ist. Um den Daemon für den Befehl `finger` zu deaktivieren, kommentieren Sie die entsprechende Zeile in der Datei `/etc/inetd.conf` aus. Es wird dringendst empfohlen, diesen Daemon zu deaktivieren.

Lesen Sie auch »Internet-Daemon (`inetd`)« (182).

Netzwerk-Daemon für den Dienst listen (listen)

`/usr/lib/saf/listen [`*optionen*`]`

Der Daemon für den Dienst `listen` (`listen`) ist Teil der Service Access Facility (SAF). Er »horcht« im Netzwerk nach Anfragen nach Servern. Wenn er eine Anfrage entdeckt, startet der Daemon eine neue Instanz des passenden Servers für jede gültige Verbindung.

Optionen

Option	Erklärung
`-m` *vorsilbe*	Verwendet *vorsilbe* als die Vorsilbe des Pfadnamens.

Netzwerk-Daemon für den Dienst lock (lockd)

`/usr/lib/nfs/lockd [`*optionen*`]`

Der Netzwerk-Daemon für den Dienst `lock` (`lockd`) ist Teil des NFS-Systems. Der Daemon kontrolliert mit Hilfe der Funktionsaufrufe `fcntl()` und `lockf()` die Sperrvorgänge für Netzwerkdateien. Alle `fcntl()`-Aufrufe, die empfangen werden, werden an den Lock-Manager des entsprechenden NFS-Servers weiter gegeben. Wenn der Daemon `lockd` während der Ausführung gestoppt wird, können Informationen verloren gehen.

Option	Erklärung
`-g` *frist*	Wenn der Server neu hochgefahren wird, haben die Clients eine durch *frist* spezifizierte Anzahl von Sekunden, um Sperren wiederherzustellen.
`-t` *timeout*	Spezifiziert die Wartezeit *timeout* in Sekunden, bevor eine Sperranforderung erneut an einen NFS-Server gesendet wird.

Netzwerk-Daemon für das Router-Discovery (in.rdisc)

`/usr/sbin/in.rdisc`

Der Netzwerk-Daemon für das Router-Discovery (`in.rdisc`) füllt die Netzwerk-Routingtabellen, wenn das System mit Hilfe des UCMP Router Discovery Protocol hochgefahren wird. Wenn der Rechner ein Rechner ist, der nicht als Router eingesetzt wird, sucht `in.rdisc` über die Multicastadresse `ALL_HOSTS` (`224.0.0.1`) nach anderen Routern. Router mit der höchsten Priorität (wie in ihren Nachrichtensendungen eingestellt) werden akzeptiert, wenn kein `-a` in der Befehlszeile angegeben wurde. Ist der Rechner ein Routing-Rechner, teilt der Daemon auch anderen Systemen die Anwesenheit des Routers durch das Senden von Mitteilungen an die Multicastadresse `ALL_HOSTS` alle 600 Sekunden mit.

Option	Erklärung
`-a`	Akzeptiert alle Router, die entdeckt werden, während die Multicastadresse `ALL_HOSTS` abgesucht wird.
`-f`	Für immer. Zwingt den Daemon, weiterhin aktiv zu bleiben, auch wenn keine Router entdeckt wurden.
`-p` *pref*	Wenn Nachrichten zum Auffinden von Routern gesendet werden, definiert diese Option den bevorzugten Router (*pref*). Standardmäßig ist der Wert von *pref* 0.
`-r`	Route. Der Daemon verhält sich, als wenn er auf einem Router und nicht auf einem Rechner ausgeführt werden würde.
`-s`	Sendet drei Mitteilungen aus, um zu versuchen, andere Router zu finden. Werden keine gefunden, wird der Daemon beendet, wenn nicht zusätzlich die `-f`-Option spezifiziert wurde.
`-T` *zeit*	Definiert die Zeit zwischen aufeinander folgenden Nachrichtensendungen. Der Standardwert ist 600 Sekunden.

Netzwerk-Daemon für den Router-Dienst (in.routed)

`/usr/sbin/in.routed [`*optionen*`]`

Der Netzwerk-Daemon für den Router-Dienst (`in.routed`) prüft die System-Routingtabellen auf Netzwerkaktivität ab und »horcht« den Port `520/udp` nach Routingpaketen ab. Wenn der Rechner ein Routing-Rechner ist, stellt der Daemon auch anderen Rechnern Kopien der Routingtabellen zur Verfügung. Sobald der Daemon gestartet wird, sucht er nach konfigurierten Netzwerkschnittstellen. Wenn zwei Schnittstellen gefunden werden, nimmt er an, dass Pakete zwischen den beiden Schnittstellen weitergeleitet werden (zwischen den beiden Netzwerken). Netzwerk-Routingtabellen werden, wenn notwendig, aktualisiert. Unbenutzte Einträge werden ungefähr alle vier Minuten gelöscht. Die Dateien `/etc/gateways` und `/etc/networks` werden zu Konfigurationszwecken verwendet.

Option	Erklärung
`-g`	Gateway. Wird bei Rechnern verwendet, die als Router arbeiten, um eine Standardroute zu definieren.
`-q`	Liefert keine Routing-Informationen.
`-s`	Liefert Routing-Informationen. Diese Informationen werden geliefert, egal ob der Rechner ein Router ist oder nicht.
`-S`	Gibt nur Standardrouten für das Routing zwischen Netzwerken an (wenn der Rechner als Router zwischen Netzwerken fungiert).
`-t`	Trace. Gibt alle empfangenen Pakete an der Standardausgabe aus.

Netzwerk-Daemon für den Dienst spray (sprayd)

`/usr/lib/netsvc/spray/rpc.sprayd`

Der Netzwerk-Daemon für den Dienst `spray` (`sprayd`) antwortet auf Pakete, die vom Programm `spray` geschickt wurden. Dieser Service funktioniert ähnlich wie der Befehl `ping`, um einen Antwortzeitpunkt und eine Anzahl der abgegebenen Pakete zu finden. Der `spray`-Daemon kann jedoch manchmal unzuverlässig sein und Pakete fälschlicherweise als abgeliefert melden.

Netzwerk-Status-Daemon (statd)

`/usr/lib/nfs/statd`

Der Netzwerk-Status-Daemon (`statd`) wird gemeinsam mit dem Lock-Daemon verwendet, um Systemabstürze zu verhindern oder ein System nach einem Crash wieder herzustellen. Der Status-Daemon teilt dabei anderen Systemen mit, dass der Rechner nach einem Crash wieder erfolgreich hochgefahren wurde. Nachdem die anderen Systeme benachrichtigt wurden, kann ein Versuch unternommen werden, alle Sperren wieder herzustellen und den Betrieb fortzusetzen.

Dateien

Datei	Erklärung
`/var/statmon/sm`	Diese Datei beinhaltet Rechner, die nach einem Systemabsturz und Neustart benachrichtigt werden sollten.
`/var/statmon/sm.bak`	Eine vom Daemon erstellte Liste aller Rechner, die nach dem letzten Crash nicht kontaktiert werden konnten.
`/var/statmon/state`	Eine Datei, die eine einzelne Nummer beinhaltet, die den Systemstatus angibt.

Netzwerk-Zeitprotokoll-Daemon (xntpd)

`/usr/lib/inet/xntpd [optionen]`

Ein vollständiger Netzwerk-Zeitserver, wie in RFC 1305 (kompatibel mit RFC 1059 und RFC 1119) spezifiziert wird. Dieser Daemon setzt und wartet die UNIX-Systemzeit. Die Standard-Konfigurationsdatei für den Daemon ist `/etc/inet/ntp.conf`. Standardmäßig befinden sich die Abweichungsdatei, die Schlüsseldatei und die Server-Konfigurationsdateien in `/etc/inet/ntp.drift`, `/etc/inet/ntp.keys` und `/etc/inet/ntp.server`.

Option	Erklärung
`-a`	Authentifizierungsmodus.
`-A`	Nicht authentifizierter Modus.
`-b`	Hält Ausschau nach gesendeten NTP-Paketen und synchronisiert die gefundenen.
`-c` *configfile*	Definiert eine alternative Konfigurationsdatei. Der Standardwert ist `/etc/inet/ntp.conf`.
`-d`	Läuft im Debug-Modus.
`-e` *delay*	Spezifiziert eine Verzögerung der Authentifizierung in Sekunden. Dies ist die Zeit, die erfordert wird, um das Entschlüsselungsfeld zu berechnen.
`-f` *driftfile*	Definiert den Pfad für die Abweichungsdatei.
`-k` *keyfile*	Definiert den Pfad für die Schlüsseldatei, die für die Authentifizierung erforderlich ist.
`-l` *logfile*	Definiert den Pfad für die Protokolldatei. Standardwert ist `syslog`.
`-m`	Hält Ausschau nach Multicast-Mitteilungen und synchronisiert sie.
`-q` *pidfile*	Definiert die Datei, die die Prozess-ID des Daemons speichert.
`-r` *delay*	Spezifiziert die Verzögerung in Sekunden, mit deren Hilfe die Netzwerkverzögerung kompensiert wird.
`-s` *statdir*	Definiert das Verzeichnis, in dem statistische Daten gespeichert werden.
`-t` *trustkey*	Fügt eine vertrauliche Schlüsselnummer hinzu.
`-v`	Fügt eine Variable hinzu.

Beispiel	Erklärung
`xntpd -a`	Führt einen Daemon im Authentifizierungsmodus aus.
`xntpd -A -c /etc/xntpd.conf.new`	Führt einen Daemon im nicht authentifizierten Modus unter Verwendung einer anderen Konfigurationsdatei aus.

Netzwerk-Daemon für den Befehl rusers (rusersd)

/usr/lib/netsvc/rusers/rpc.rusersd

Der Netzwerk-Daemon für den Befehl `rusers` (`rusersd`) antwortet auf Anfragen des Befehls `rusers`. Der Daemon wird gestartet, wenn entweder der Listen-Daemon oder `inetd` eine Anfrage erhalten, die im Netzwerk gesendet wurde.

Netzwerk-Daemon für den Befehl wall (rwalld)

/usr/lib/netsvc/rwall/rpc.walld

Der Netzwerk-Daemon für den Befehl `wall` (`rwalld`) bearbeitet Anfragen des Befehls `rwall` (siehe `rwall`). Der Daemon nimmt die Anfrage und gibt sie an den Befehl `wall` auf allen Netzwerkrechnern weiter. Dieser Daemon ist nicht erforderlich; daher sollte seine Deaktivierung in Betracht gezogen werden. Dies hält Anwender davon ab, unwichtige Nachrichten an jeden Rechner des Netzwerks zu senden. Um ihn zu deaktivieren, kommentieren Sie die Zeile `wall` in `/etc/inetd.conf` aus und starten Sie den Prozess `inetd` neu.

Lesen Sie auch `rwall` (106).

NFS-Daemon (nfsd)

/usr/lib/nfs/nfsd [*optionen*] [*maxthreads*]

Der NFS-Daemon prüft Anfragen nach Netzwerk-Dateisystemen über den NFS-Dienst. Wenn `nfsd` automatisch gestartet wird (in Runleveln mit Netzwerkdiensten), wird er mit der Option `-a` ausgeführt, die dazu führt, dass er sowohl für UDP- als auch für TCP-Transport gestartet wird. Optional kann ein Argument auf der Befehlszeile spezifiziert werden, um die Zahl der Simultanverbindungen (Zahl der Threads) auf *maxthreads* einzuschränken.

Option	Erklärung
-a	Startet `nfsd` sowohl für UDP- als auch für TCP-Transport.
-c *max*	Definiert die maximale Anzahl der Verbindungen (*max*), die auf dem NFS-Server zulässig sind. In der Standardeinstellung gibt es keine Begrenzung.
-p *protokoll*	Startet den Daemon nur mit dem spezifizierten *protokoll* (UDP oder TCP).
-t *dev*	Führt `nfsd` aus, wobei derselbe Transport wie im spezifizierten Gerät benutzt wird.

Remote Login-Daemon (in.rlogind)

/usr/sbin/in.rlogind

Der Remote Login-Daemon (`in.rlogind`) bearbeitet Remote Login-Anfragen des Programms `rlogin`. Der Daemon »horcht« am Port `514/tcp`. Die Authentifizierung und der Zugang finden auf der Grundlage eines Rechnernamen-/Anwendernamen-basierten Systems statt. Dieses System verwendet `.rhosts`-Dateien und auch die Datei `/etc/hosts.equiv`. Wird das Kerberos-System verwendet, sind diese Dateien nicht notwendig, und die Authentifizierung basiert auf Kerberos-Tickets. Außerdem muss der Quellport des Clients im Bereich von 0 bis 1023 liegen, sonst wird der Zugang zum System verweigert. Wenn alle Sicherheitsabfragen passiert wurden, wird ein Pseudoterminal erzeugt und der Anwender erhält die Erlaubnis, sich anzumelden. Die Systeme rlogin und rsh sind nicht besonders sicher. Die Daemons rlogind und rshd sollten nur in sehr vertrauenswürdigen (in sich geschlossenen) Netzwerken verwendet werden. Wenn es nicht absolut notwendig ist, ist es am besten, diese überhaupt nicht zu verwenden.

Remote Shell-Daemon (in.rshd)

`/usr/sbin/in.rshd`

Der Remote Shell-Daemon (in.rshd) bearbeitet Anfragen zur Befehlsausführung, die durch den Befehl rsh erzeugt werden. Der Zugang hängt von den Dateien /etc/hosts.equiv und .rhosts ab. Dieses System verwendet eine Authentifizierung, die auf Rechnernamen/Anwendernamen aufgebaut ist. Wird jedoch Kerberos verwendet, ist es nicht nötig, die Dateien .rhosts zu verwenden, da Kerberos ein höheres Maß an Sicherheit bietet.

Lesen Sie auch Kerberos (265), rlogin (107), rsh (108).

RPC-Daemon für die Remote-Ausführung (rpc.rexd)

`/usr/sbin/rpc.rexd [optionen]`

Der Daemon für die Remote-Ausführung (rpc.rexd) bearbeitet Anfragen über die Ausführung von Remote-Programmen aus dem Netzwerk. Nicht interaktive Programme, die über Remote-Ausführung laufen, werden in einer ähnlichen Weise wie bei rsh ausgeführt. Interaktive Programme haben ein zugewiesenes Pseudoterminal, so dass sich die Sitzung ähnlich einer rlogin-Sitzung verhält. Dieser Daemon stellt ein Sicherheitsrisiko dar und sollte nur laufen, wenn es unbedingt notwendig ist. Die Diagnosemeldungen des Daemons werden gewöhnlich an die Konsole gesendet.

Option	Erklärung
-s	Jede Anfrage einer Remote-Ausführung muss gültige DES-Verschlüsselungsreferenzen haben, um bearbeitet werden zu können. Die Authentifizierung wird mit Hilfe des Befehls chkey definiert.

Systemstatus-Daemon (in.rwhod)

`/usr/sbin/in.rwhod [optionen]`

Der Systemstatus-Daemon in.rwhod (manchmal auch rwho-Daemon genannt) bearbeitet Anfragen der Client-Programme rwho und ruptime. Der Daemon sammelt Informationen über das lokale System und versendet diese als Rundsendung/Multicast, so dass diese Informationen von anderen rwho-Daemons aus dem Netzwerk aufgenommen werden können. Er »horcht« auch nach Informationen, die von anderen Daemons kommen, und speichert sie im Verzeichnis /var/spool/rwho.

Der Daemon kann zu überhöhter Aktivität im Netzwerk führen

Jeder Systemstatus-Daemon im Netzwerk versendet kontinuierlich Systeminformationen an andere rwho-Daemons. Wenn nur wenige Rechner diese Daemons im Netzwerk ausführen, ist dies kein Problem. Wenn jedoch eine große Anzahl von Rechnern diese Daemons ausführen, kann die Aktivität der Daemons den Netzwerkverkehr entscheidend erhöhen, wodurch das Netzwerk möglicherweise langsam wird. Aus diesem Grund sowie aus Sicherheitsgründen sollte dieser Daemon nur verwendet werden, wenn dies absolut notwendig ist.

Option	Erklärung
-m	Verwendet die Multicast-Adresse (224.0.1.3), wenn Systeminformationen an andere rwho-Daemons gesendet werden. Der Daemon übermittelt Multicast-Sendungen an alle Schnittstellen, aber er wird von Multicast-Routern nicht weitergeleitet.

Daemon für den Befehl talk (in.talkd)

`/usr/sbin/in.talkd`

Der Daemon für den Befehl talk (in.talkd) wird zum Kommunizieren verwendet, indem er das Programm talk verwendet und an Port 514/udp nach Anfragen »horcht«. Obwohl talkd an einem UDP-Port »horcht«, nachdem die Verbindung erstellt wurde, wird das Chatten der Befehle talk vom TCP-Protokoll ausgeführt.

Lesen Sie auch talk (106).

TCP-Daemon für die Netzwerk-Zugangskontrolle (netacl)

netacl [-*version*] [-*daemon port*] *service*

Obwohl der Internet-Service-Daemon (inetd) den Konfigurationsrahmen der Netzwerkdienste zur Verfügung stellt, stellt er keine Mittel für die Zungangskontrolle zu diesen Diensten bereit. inetd bietet nur einzelne Dienste für *jeden* oder für *niemanden* an. In Fällen, in denen es wünschenswert wäre, speziellen Rechnern Zugang zu einzelnen Netzwerkdiensten zu erlauben oder zu verwehren, kann der TCP-Daemon für die Netzwerk-Zugangskontrolle (netacl) verwendet werden. netacl ist eine der Komponenten des *TIS Firewall-Toolkits* (fwtk), einer Sammlung von Programmen, die für erhöhte Sicherheit in UNIX-Systemen sorgen. Dieses Programm wurde von Trusted Information Systems Inc. geschrieben und wird für nicht kommerzielle Zwecke kostenlos zur Verfügung gestellt (*http://www.tis.com/research/software/fwtk*). netacl wird durch inetd für jeden Dienst aufgerufen, bei dem eine Zugangskontrolle gewünscht wird. netacl liest eine Konfigurationsdatei (/usr/local/etc/netperm-table), um herauszufinden, ob der angeforderte Dienst Zugang zum anfragenden Rechner hat. Wenn ja, ruft netacl das Programm auf, das konfiguriert wurde, um den Dienst zur Verfügung zu stellen.

Option	Erklärung
-version	Gibt an der Standardausgabe (stdout) Versionsinformationen über netacl aus und wird beendet.
-daemon *port*	Zeigt an, dass das Programm netacl als Daemon arbeiten sollte und »horcht« an den spezifizierten Ports nach Verbindungsaufrufen, anstatt dass es durch inetd aufgerufen wird. Der *port* kann entweder durch Name oder Nummer spezifiziert werden.
service	Das Argument service, das angegeben werden muss, spezifiziert einen Namen. Durch diesen Namen unterscheidet eine Instanz von netacl alle ihre Einträge in der Konfigurationsdatei von denen, die zu anderen Instanzen von netacl gehören. Dies ist in der Regel der Name des Programms, das netacl aufruft, um den Dienst zur Verfügung zu stellen.

Die Konfigurationsdatei /usr/lokal/etc/netperm-table wird von allen Komponenten des TIS Firewall Toolkits verwendet. Konfigurationseinträge für netacl haben das folgende Format:

```
netacl-service: permit-hosts host-pattern [options args] -exec program [args]
netacl-service: deny-hosts host-pattern
```

host-pattern ist ein Rechnername oder eine IP-Adressenspezifikation, die unter Umständen einen Stern (*) als Wildcardzeichen beinhaltet. Es gibt folgende zusätzliche Konfigurationsoptionen:

Option	Erklärung
-user *UID*	Spezifiziert eine Anwender-ID, unter der netacl das spezifizierte Programm aufrufen soll.
-group *GID*	Spezifiziert eine Gruppen-ID, unter der netacl das spezifizierte Programm aufrufen soll.
-chroot *path*	Spezifiziert einen Pfad, auf den netacl den Befehl chroot(2) durchführen soll, bevor das spezifizierte Programm aufgerufen wird.

Beispiel

Dem folgenden Eintrag in der /etc/inetd.conf

```
login stream tcp nowait root /usr/local/bin/netacl rlogind
```

werden folgende Einträge in der /etc/inetd.conf zugeordnet:

```
netacl-rlogind: permit-hosts 1.2.3.* -exec /usr/sbin/in.rlogind
netacl-rlogind: deny-hosts *
```

Das hat zum Ergebnis, dass der Dienst rlogin Zugang zu allen Rechnern mit der IP-Adresse in der Form 1.2.3.* hat und der Zugang zu allen anderen verweigert wird (wobei der Versuch, sich Zugang zu verschaffen, mitprotokolliert wird).

Telnet-Daemon (in.telnetd)

```
/usr/sbin/in.telnetd
```

Der Telnet-Daemon (in.telnetd) erlaubt Remote-Anwendern, sich im System anzumelden und über ein Pseudoterminal zu arbeiten. Der Daemon »horcht« an Port 23/tcp nach Verbindungen. Umgebungsvariablen können über den Telnet-Daemon während der Sitzungsherstellung zu Beginn übergeben werden. Auf diese Weise wird in der Regel die DISPLAY-Variable übergeben, um OpenWindows zu verwenden.

Anonymes FTP

Anonymes FTP einrichten

Anonymes FTP kann mit Hilfe der hier folgenden Schritte unter Solaris eingerichtet werden. Bedenken Sie jedoch, dass anonymes FTP Ihr System dahingehend öffnet, dass es allen anonymen Anwendern den Datenaustausch ermöglicht. Grundsätzlich sollte anonymes FTP als Sicherheitsrisiko angesehen werden und nur dann aktiviert werden, wenn es absolut notwendig ist. Um es FTP zu ermöglichen, in einer chroot-Umgebung richtig zu arbeiten, sollten Sie sicher stellen, dass das Dateisystem, in dem das FTP-Homeverzeichnis enthalten ist, nicht nosuid gemountet wurde.

1. Erstellen Sie die Struktur des FTP-Homeverzeichnisses:

```
mkdir /export/ftp/pub
mkdir /export/ftp/bin
mkdir /export/ftp/dev
mkdir /export/ftp/etc
mkdir /export/ftp/usr
mkdir /export/ftp/usr/lib
```

2. Kopieren Sie den Befehl ls in das Verzeichnis `/export/ftp/bin`:

```
cp /usr/bin/ls /export/ftp/bin
chmod 111 /export/ftp/bin/ls
```

3. Kopieren Sie die notwendigen Bibliotheken in die FTP-Verzeichnisstruktur:

```
cp /usr/lib/ld.so* /export/ftp/usr/lib
cp /usr/lib/libc.so.1 /usr/lib/libdl.so.1 /export/ftp/usr/lib
cp /usr/lib/libintl.so.1 /usr/lib/libw.so.1 /export/ftp/usr /lib
cp /etc/passwd /etc/group /etc/netconfig /export/ftp/etc
```

4. Kopieren Sie die notwendigen Dateien in die FTP-Verzeichnisstruktur, um NIS-Namen aufzulösen:

```
cp /usr/lib/nss*.so.1 /export/ftp/usr/lib
cp /usr/lib/libnsl.so.1 /export/ftp/usr/lib
cp /usr/lib/straddr.so /export/ftp/usr/lib
cp /etc/nsswitch.conf /export/ftp/etc
```

5. Definieren Sie die Zugriffsrechte für die Verzeichnisse `/export/ftp/usr/lib` und `/export/ftp/etc`:

```
chmod 555 /export/ftp/usr/lib/*
chmod 444 /export/ftp/etc/*
```

6. Definieren Sie die Zugriffsrechte für alle erstellten Verzeichnisse:

```
chmod 555 /export/ftp/usr/lib
chmod 555 /export/ftp/usr
chmod 555 /export/ftp/bin
chmod 555 /export/ftp/dev
chmod 555 /export/ftp/etc
chmod 755 /export/ftp/pub
chmod 555 /export/ftp
```

7. Fügen Sie die folgende Zeile der Datei `/etc/passwd` hinzu:

```
ftp:x:30000:30000:Anonymous FTP:/export/ftp:/bin/false
```

8. Fügen Sie die folgende Zeile der Datei `/etc/shadow` hinzu:

```
ftp:NP:6445::::
```

9. Stellen Sie sicher, dass root und nicht FTP der Besitzer von allem ist:

```
chown -R root /export/ftp
```

Wuarchive-FTP (wu-ftp)

`/usr/sbin/in.ftpd [`*`optionen`*`]`

Wuarchive-FTP (auch bekannt als `wu-ftp`) ist ein FTP-Daemon, der an der Washington University (www.wustl.edu) entwickelt wurde. Er ist der im Moment populärste anonyme FTP-Daemon. Wuarchive-FTP ist standardmäßig nicht auf einem neuen Solaris-System installiert. Er ist auf der Software-Begleit-CD enthalten und muss manuell installiert werden.

Option	Erklärung
`-V`	Gibt Informationen über das Copyright und die Version aus.
`-d`	Aktiviert das Debuggen. Informationen werden in `syslog` mitprotokolliert.
`-l`	Protokolliert jede FTP-Sitzung in `syslog` mit.
`-t` *sekunden*	Definiert den Timeout des anonymen FTP für eine inaktive Sitzung. Der Standardwert ist 15 Sekunden.
`-a`	Verwendet die Datei `ftpaccess` zur Konfiguration.
`-A`	Verwendet nicht die Datei `ftpaccess` zur Konfiguration. In der Standardeinstellung wird `ftpaccess` nicht verwendet.
`-L`	Protokolliert alle Befehle mit, die dem FTP-Daemon gesendet werden.
`-i`	Protokolliert alle empfangenen Dateien in `xferlog` mit.
`-I`	Deaktiviert Identifikationsabfragen (RFC 931) von Anwendernamen auf dem Client.
`-o`	Protokolliert alle versendeten Dateien in `xferlog` mit.
`-u` *umask*	Weist dem Filter *umask* einen neuen Wert zu.
`-W`	Protokolliert keine Anwenderanmeldungen in der Datei `wtmp` mit.
`-S`	Führt den FTP-Daemon im Hintergrund aus.
`-s`	Führt den FTP-Daemon im Vordergrund aus.
`-p` *portnum*	Setzt den FTP-Kontrollport auf die angegebene Portnummer.
`-P` *portnum*	Setzt den FTP-Datenport auf die angegebene Portnummer.
`-q`	Verwendet PID-Dateien.
`-Q`	Verwendet keine PID-Dateien.
`-r`	Zwingt den Daemon, beim Laden den Befehl `chroot` auf das spezifizierte Verzeichnis auszuführen.

Beispiel	Erklärung
`in.ftpd -p 37337 -o -i`	Führt den FTP-Daemon an Port 37337 aus und protokolliert alle Dateitranfers mit.

Lesen Sie auch `in.ftpd` (180).

PPP

aspppd

Dies ist der Verbindungsmanager für das asynchrone Datenverbindungsprotokoll (`aspppd`), wie in RFC 1331 definiert. Durch die Verwendung dieses Programms können sich Anwender bei einem ISP einwählen und eine PPP-Verbindung ins Internet aufbauen. Die Konfiguration wird über die Datei `/etc/asppp.cf` vorgenommen und durch eine Reihe von Token (einer pro Zeile) bereitgestellt, an die ein Leerzeichen oder ein Tabstopp und schließlich die Einstellung angefügt wird. Konfigurations-Token werden unten angegeben. Protokollmeldungen werden in der Datei `/etc/log/aspppd.log` gespeichert.

Option	Erklärung
`-d` *`level`*	Definiert den Debug-Level. Gültige *`level`* sind Integerwerte zwischen 0 (die wenigsten Mitteilungen) und 9 (die meisten Mitteilungen).

Token	Erklärung
`chp_name string`	Eine Reihe von Achtbitzeichen, die den lokalen Rechner identifizieren.
`debug_level` *`n`*	Setzt den Debug-Level. Gültige Level sind Integerwerte zwischen `0` (die wenigsten Mitteilungen) und `9` (die meisten Mitteilungen).
`default_route`	Setzt, wenn das System aktiv ist, die Peer-IP-Adresse als die Standardroute.
`ifconfig options`	Alle Optionen, die mit diesem Token spezifiziert werden, werden vom Befehl `ifconfig` ausgeführt.
`inactivity-`*`timeout sekunden`*	Setzt die inaktive Zeitspanne auf eine bestimmte Anzahl von Sekunden.
`interface` *`schnittstelle`*	Erstellt eine Verbindung zwischen den Point-to-Point-Schnittstellen, die durch den aktuellen Pfad (*`n`* ist ein Integerwert und * ein variabler Wert) spezifiziert werden. Gültige Schnittstellen sind: `ipd`*`n`*, `ipdptp`*`n`* und `ipdptp*`.
`ipcp_compression` *`x`*	Aktiviert die IP-Komprimierung, wobei *`x`* für den Wert `vj` des Van Jacobson Komprimierungs-Algorithmus oder `off` für keine Komprimierung steht.
`lcp_compression` *`x`*	Aktiviert die PPP-Adresse, die Kontroll- und die Protokollfelder-Komprimierung, wobei *`x`* entweder `on` oder `off` ist.
`lcp_mru` *`n`*	Definiert die maximale Größe der einzelnen Pakete, die in Achtbitzeichen angegeben wird.
`negotiate_address` *`x`*	Erzeugt eine dynamische IP-Adresse, wobei *`x`* entweder `on` oder `off` ist.
`pap_id name`	Definiert den Namen des Rechners, der zum authentifizierenden Rechner gesendet wird, als Achtbitzeichen.

Token	Erklärung
pap_password passwd	Definiert das Passwort, das zum Rechner gesendet werden wird, als Achtbitzeichen.
pap_peer_id name	Definiert den Namen des Peers, der authentifiziert werden soll.
pap_peer_password passwd	Definiert das Passwort des Peers, der authentifiziert werden wird, als Achtbitzeichen.
path	Alle Token, denen ein Pfadtoken folgt, werden gruppiert. Dieser Token ist erforderlich.
peer_ip_address ipaddr	Verbindet die angegebene IP-Adresse mit dem aktuellen Pfad.
require_authentication type	Ist der lokale Rechner der authentifizierende Rechner, dann definiert dieser Token den erforderlichen Authentifizierungstyp. Gültige Typen sind: off (keine Authentifizierung), pap oder chap.
version *n*	Definiert die Version, die beim Abarbeiten von Konfigurationsdateien verwendet werden soll.

Lesen Sie auch aspppls (196).

aspppls

/usr/sbin/aspppls

Der Befehl aspppls ist der Verbindungsmanager für das asynchrone Datenverbindungsprotokoll. Der Manager verbindet einen Peer mit dem Daemon aspppd und baut eine Verbindung auf. aspppls wird gewöhnlich durch den seriellen Portmonitor gestartet, wenn jemand versucht, sich an einem PPP-Konto (in der Regel über ein Modem) anzumelden. Die Konfiguration wird über die Datei /etc/asppp.cf vorgenommen. Sie verwendet dieselben Token zur Wartung wie aspppd. Weitere Einzelheiten entnehmen Sie dem Abschnitt aspppd.

Lesen Sie auch aspppd (195).

PPP

Das Point-to-Point-Protokoll (PPP), wie in RFC 1331 definiert, wird in Solaris durch die folgenden STREAMS-Module ausgeführt: ppp, ppp_diag, ipd, ipdptp und ipdcm. Die IP-Schicht des Protokolls wird durch die Verwendung von Pseudogerätetreibern gebildet. Tatsächliche Verbindungen werden durch die Verbindungsmanager (aspppd und aspppls) aufgebaut und deaktiviert.

Pseudogerät	Erklärung
/dev/ipd	Poinit-to-Point-Schnittstellen-Pseudogerätetreiber.
/dev/ipdptp	Poinit-to-Multipoint-Schnittstellen-Pseudogerätetreiber.
/dev/ipdcm	Verbindungsmanager, ipd- und ipdptp-Schnittstellen-Pseudogerätetreiber.

Lesen Sie auch aspppd (195), aspppls (196).

DHCP

dhcpagent

/sbin/dhcpagent [*optionen*]

Konfiguriert die Netzwerkparameter des lokalen Rechners unter Verwendung des Dynamic Host Configuration Protocol (DHCP). Der DHCP-Agent läuft als Daemon auf dem lokalen Rechner und wird mit Hilfe des Befehls ifconfig konfiguriert. Dieser Daemon kann manuell oder, wenn notwendig, automatisch durch ifconfig gestartet werden. Die Verwendung von DHCP erfordert, dass ein DHCP-Server (oder BOOTP-Server) im Netzwerk vorhanden ist. Fehlermeldungen werden mit Hilfe von syslog mitprotokolliert. Die Schnittstellenkonfiguration wird in /etc/dhcp/*schnittstelle*.dhc definiert, wobei *schnittstelle* den Schnittstellennamen bezeichnet.

Option	Erklärung
-a	Zur Verwendung in Boot-Scripts für Diskless Clients. Diese Option übernimmt eine konfigurierte Netzwerk-Schnittstelle.
-d *level*	Setzt den Debug-Level entweder auf 1 oder 2.
-f	Läuft im Vordergrund als regulärer Prozess und nicht als Daemon. Fehlermeldungen werden an der Standardfehlerausgabe ausgegeben.
-v	Liefert eine ausführliche Ausgabe.

Lesen Sie auch dhcpinfo (199).

dhcpconfig

/usr/sbin/dhcpconfig

Das DHCP-Konfigurationstool ist ein Shellscript, das verwendet wird, um die DHCP/BOOTP-Dienste und -Agents zu konfigurieren. Der Anwender hat vier Optionen beim Ausführen der Scripts zur Verfügung: DHCP-Service konfigurieren, BOOTP Replay Agent konfigurieren, DHCP-oder Relay Service-Konfiguration aufheben oder Exit. Das Programm dhcpmgr wird als graphische Benutzeroberfläche zur Verfügung gestellt, um den DHCP-Dienst auf einem Rechner zu verwalten und zu konfigurieren. Es hat dieselbe Funktionalität, als wenn man dhcpconfig, dhtadm und pntadm an der Befehlszeile ausführen würde. Die DHCP-Rechner-Konfigurationsdatei befindet sich in /var/dhcp/dhcptab und die DHCP-Konfigurationsdatei in /etc/default/dhcp. Der DHCP-Dienst verwendet auch die Datei /etc/inet/hosts.

Menü-Option	Erklärung
DHCP-Service konfigurieren	Hiermit werden z.B. Startoptionen, das Intervall zum Neueinlesen von dhcptab und der BOOTP-Kompatibilitätsmodus eingestellt. Wenn BOOTP-Clients versorgt werden müssen, muss die BOOTP-Kompatibilität in dieser Menüoption eingeschaltet sein.

Menü-Option	Erklärung
BOOTP Relay Agent konfigurieren	Mit dieser Option wird einfach eine Liste von BOOTP/DHCP-Servern aktiviert, an die Anfragen weitergeleitet werden.
DHCP- oder Relay Service-Konfiguration aufheben	Diese Option schließt den DHCP/BOOTP-Dienst und löscht alle DHCP-Tabellen. Stellen Sie sicher, dass kein anderer Rechner die DHCP-Tabellen oder -Informationen verwendet, bevor die Konfiguration des Diensts aufgehoben wird.

Lesen Sie auch `dhcpconfig` (197), `dhcpinfo` (195), `dhtadm` (199), `pntadm` (200).

DHCP-Daemon (in.dhcp)

`/usr/lib/inet/in.dhcp [`*`optionen`*`]`

Der DHCP-Daemon bearbeitet Anfragen von DHCP-Clients nach Konfigurations-Informationen. Er gibt IP-Adressen und andere Informationen über die Netzwerk-Konfiguration aus und kann optional auch BOOTP-Anfragen bearbeiten. Der Daemon bezieht seine Informationen aus der Tabelle des DHCP-Dienstes (`dhcptab`). Um den Daemon zu starten und anzuhalten, geben Sie `/etc/init.d/dhcp start` und `/etc/init.d/dhcp stop` ein. Diese Befehle sollten immer verwendet werden, wenn der Daemon kurzfristig neu gestartet wird. Der DHCP-Daemon lädt die Datei `dhcptab` neu, wenn er neu oder wieder gestartet wird.

Option	Erklärung
`-b` *`mode`*	Definiert den BOOTP-Kompatibilitätsmodus. Dieser kann entweder automatisch oder manuell sein.
`-d`	Debug-Modus. DHCP-Transaktionen werden an der Konsole mitprotokolliert.
`-h` *`maxhops`*	Setzt die maximalen Hops (»Sprünge«) zwischen Relay Agents, die für DHCP/BOOTP-Pakete zugelassen sind.
`-i` *`interface`*	Spezifiziert, welche Netzwerk-Schnittstellen bei DHCP/BOOTP-Anfragen überwacht werden sollen.
`-l` *`syslog-facility`*	Wenn die Option `-l` angegeben ist, ist die DHCP-Protokollierung aktiviert und wird mit Hilfe der spezifizierten `syslog-facility`-Nummer über `syslog` aufgezeichnet. Die Nummer kann zwischen `0` und `7` sein.
`-n`	Sucht keine doppelten IP-Adressen. Wird diese Option nicht angegeben, sendet der Daemon den Befehl `ping` an eine Adresse, um sicher zu gehen, dass diese nicht schon verwendet wird, bevor sie an einen anderen DHCP-Client verliehen wird.
`-o` *`speicherzeit`*	Zeitspanne in Sekunden, in der der Daemon die Antworten an die Clients zwischenspeichern soll. Standardwert ist 10 Sekunden.
`-r` *`rechner`*	Aktiviert den BOOTP-Übertragungsmodus und spezifiziert eine Liste von Relay Agents (durch Kommas begrenzte Liste von IP-Adressen oder Rechnernamen).

Option	Erklärung
-t *rescantime*	Zeitspanne in Sekunden, die vergeht, wenn die dhcptab-Informationen nacheinander eingelesen werden.
-v	Ausführlicher Modus.

Lesen Sie auch dhtadm (199).

dhcpinfo

/sbin/dhcpinfo [*optionen*] *parameter*

Dieser Befehl gibt den Wert des spezifizierten DHCP-Parameters an der Standardausgabe aus. Er ist beim Debuggen von DHCP-Problemen oder -Fehlermeldungen nützlich. Die Parameter können entweder mit ihrem numerischen Wert oder mit ihrem Identifizierungsnamen angegeben werden.

Option	Erklärung
-c	Kanonisches Ausgabeformat.
-i *schnittstelle*	Gibt die DHCP-Werte für die angegebene Netzwerk-Schnittstelle aus.
-n *limit*	Definiert die maximale Anzahl der Zeilen, die angezeigt werden sollen, wenn die Werte der DHCP-Parameter abgefragt werden.

Lesen Sie auch dhcpagent (197).

dhtadm

/usr/sbin/dhtadm [*optionen*]

Verwaltungsprogramm zum Konfigurieren der DHCP-Service-Tabelle (dhcptab).

Option	Erklärung
-A	Fügt ein Makro oder Symbol zu dhcptab hinzu. Die Optionen -d, -m oder -s müssen in Verbindung mit dieser Option verwendet werden.
-d *definition*	Spezifiziert eine Makro- oder Symboldefinition.
-m *makro*	Definiert einen Makronamen.
-s *symbol*	Definiert einen Symbolnamen.
-C	Erzeugt die Datei mit der DHCP-Konfigurationstabelle (dhcptab).
-D	Löscht ein Makro oder ein Symbol aus dhcptab. Die Optionen -d, -e, -n, -m oder -s müssen in Verbindung mit dieser Option verwendet werden.
-e	Spezifiziert ein Symbol- oder Wertepaar (als Symbol=Wert angegeben).
-n	Spezifiziert einen neuen Makronamen.

Option	Erklärung
-p *pfadname*	Definiert den Quellpfad und weist ihm den Pfadnamen zu. Standardwert ist /etc/default/dhcp.
-P	Gibt die DHCP-Quelltabelle dhcptab aus.
-r *quelle*	Spezifiziert einen anderen Quelltyp, als den, der in /etc/default/dhcp spezifiziert ist. Werte können files (Dateien) oder nisplus (NIS+) sein.
-R	Entfernt und löscht die DHCP-Tabelle dhcptab.

pntadm

/usr/sbin/pntadm [*optionen*] *netzwerk*

Verwaltungsprogramm für die DHCP-Netzwerk-Client-Tabelle. Dieses Programm aktualisiert nur die DHCP-Tabellen in /var/dhcp und nicht die Netmasks-Datei. Wenn neue Subnetze zum DHCP-Dienst hinzugefügt werden, muss die Netmasks-Tabelle ebenfalls aktualisiert werden.

Option	Erklärung
-A *rechner*	Fügt einen Rechner, der durch den Rechnernamen oder eine IP-Adresse spezifiziert ist, der DHCP-Netzwerktabelle hinzu. Diese Option kann mit -c, -e, -f, -h, -i, -m oder -s verwendet werden.
-c *text*	Spezifiziert einen Kommentar.
-e *datum*	Spezifiziert ein absolutes Freigabedatum (lease date) (Format mm/dd/yyyy).
-f *schlüsselwörter*	Spezifiziert einen Flagwert.
-h *rechner*	Spezifiziert einen Client-Rechnernamen.
-i *cid*	Spezifiziert einen Client-Identifier.
-s *rechner*	Spezifiziert einen Server durch den Rechnernamen oder eine IP-Adresse.
-C	Erstellt eine DHCP-Netzwerktabelle.
-D *rechner*	Löscht einen Rechner, der durch den Rechnernamen oder eine IP-Adresse spezifiziert ist, aus der Netzwerktabelle. Wird -y mit dieser Option angegeben, wird der Eintrag in der dazugehörigen Tabelle /etc/inet/hosts ebenfalls gelöscht.
-L	Listet konfigurierte DHCP-Tabellen auf.
-M *rechner*	Ändert den spezifizierten Rechnereintrag, der durch den Rechnernamen oder eine IP-Adresse angegeben ist. Diese Option kann mit -c, -e, -f, -h, -i, -m, -n oder -s verwendet werden.
-n *ipaddr*	Spezifiziert eine neue IP-Adresse.
-P	Gibt die DHCP-Netzwerktabelle aus.
-v	Liefert eine ausführliche Ausgabe.

Option	Erklärung
`-p` *pfadname*	Spezifiziert einen Pfad zum DHCP-Quellpfad. Standardwert ist `/etc/default/dhcp`.
`-R`	Entfernt und löscht die DHCP-Netzwerktabelle.
`-r` *quelle*	Definiert den Typ der Ressource, der files (Dateien) oder nisplus (NIS+) sein kann. Der Standardwert ist in `/etc/default/dhcp` angegeben.

Lesen Sie auch `dhtadm` (199), `in.dhcpd` (198).

LDAP

ldapadd

`/usr/bin/ldapadd [`*optionen*`]`

Verwenden Sie diesen Befehl, um einen LDAP-Eintrag hinzuzufügen. Dieser Befehl ist eigentlich ein symbolischer Link zu `ldapmodify -a`. Deshalb haben beide Befehle genau dieselben Optionen. Weitere Einzelheiten finden Sie unter `ldapmodify`.

Lesen Sie auch `ldapclient` (201), `ldapmodify` (205).

ldap_cachemgr

`/usr/lib/ldap/ldap_cachemgr [`*optionen*`]`

Der LDAP-Cachemanager wird für LDAP-Systeme beim Booten gestartet. Normalerweise braucht er nicht manuell gestartet oder gesteuert zu werden. In der Tat funktioniert LDAP immer noch, auch wenn dieser Prozess nicht läuft. Das Ausführen des Cachemanagers erhöht jedoch die Leistung des LDAP-Dienstes sichtlich. Dieser Dienst wird eventuell in zukünftigen Versionen dieses Betriebssystems nicht mehr enthalten sein.

Option	Erklärung
`-g`	Gibt die aktuelle Konfiguration an der Standardausgabe aus. LDAP-Cacheinformationen werden auch angezeigt.
`-l` *log*	Definiert die Protokolldatei für den Cachemanager. Standardwert ist `/var/ldap/cachemgr.log`.
`-r` *verzögerung*	Definiert die Verzögerungszeit zwischen Cacheaktualisierungen. Standardwert ist 600 Sekunden.

Lesen Sie auch `ldapclient` (201).

ldapclient

`/usr/sbin/bin/ldapclient [`*optionen*`]` *serveraddr*

Dieser Befehl initialisiert Rechner als LDAP-Clients und/oder zeigt den LDAP-Client-Cache an. Um alle LDAP-Einstellungen richtig zur Verfügung zu stellen, ist es am einfachsten, mit Hilfe der Option `-p` einen Profilnamen anzugeben, der auf einem anderen Server gespeichert ist. Die

LDAP-Server-Adresse wird als Rechner spezifiziert, dazu wird eine IP-Adresse mit einer optionalen Portnummer definiert (z.B. `192.168.12.1:389`). Ist keine Portnummer angegeben, wird `389` verwendet.

Option	Erklärung
`-a` *authtype*	Spezifiziert den Authentifizierungstyp, der verwendet werden soll. Gültige Authentifizierungstypen beinhalten `none`, `simple` und `cram_md5`.
`-b` *baseDN*	Spezifiziert den grundlegenden, kennzeichnenden Servernamen.
`-B` *altDN*	Spezifiziert einen alternativen grundlegenden, kennzeichnenden Servernamen.
`-d` *name*	Spezifiziert die Standarddomain für den LDAP-Client.
`-D` *BindDN*	Spezifiziert den kennzeichnenden Bindnamen.
`-e` *ttl*	Spezifiziert die Lebenszeit (*ttl*) des Clients, wenn ein Clientprofil verwendet wird. Gültige Lebenszeiten werden wie folgt geschrieben: `0` (kein Verfallszeitpunkt), `1d` (ein Tag), `3h` (3 Stunden), `10m` (10 Minuten), `45s` (45 Sekunden) und so weiter.
`-i`	Initialisiert als LDAP-Client.
`-l`	Zeigt den LDAP-Client-Cache in einem lesbaren Format an. Standardmäßig wird diese Information an der Standardausgabe angezeigt.
`-m`	Verändert Konfigurationsdateien.
`-o` *timeout*	Definiert den LDAP-Timeout. Standardwert ist 3 Minuten.
`-O`	Verbindet nur mit Servern in der bevorzugten Liste.
`-p` *vorzugsliste*	Definiert die bevorzugten LDAP-Server in einer durch Kommas begrenzten Liste von IP-Adressen. Verwenden Sie `-p ""`, um die bevorzugte Liste zu löschen.
`-P` *profile*	Konfiguriert LDAP automatisch unter Verwendung eines bereits existierenden Profils.
`-r` *ref*	Definiert den Typ der Suchreferenz. Gültige Argumente sind `followref` und `noref`. Standardwert ist `followref`.
`-u`	Wenn `ldapclient` verwendet wurde, um den Client zu initialisieren, macht diese Option die Initialisierung rückgängig.
`-v`	Ausführlicher Modus.
`-w` *passwd*	Setzt das Client-Passwort, wenn ein anderes Authentifizierungsschema benutzt wird als `none` (keines) (wie zum Beispiel `simple` oder `cram_md5`).

Lesen Sie auch `ldap_cachemgr` (201).

ldapdelete

```
/usr/bin/ldapdelete [optionen][namen]
```

Löscht einen LDAP-Eintrag. Kennzeichnende Namen können an der Befehlszeile angegeben werden, um ihre Einträge zu löschen.

Option	Erklärung
`-n`	Nur Vorschau. Gibt eine Vorschau der Änderungen aus, aber Datensätze werden nicht wirklich gelöscht.
`-v`	Ausführlicher Modus.
`-c`	Führt den Vorgang aus. Fehler werden ignoriert, Datensätze werden gelöscht.
`-d` *level*	Debug-Modus. Mögliche Werte sind `1` (Verfolgung), `2` (Pakete), `4` (Argumente), `32` (Filter) und `128` (Zugangskontrolle). Modi können aufaddiert werden. Um Pakete und Argumente anzuzeigen, würde der Wert `6` (wie `2+4`) lauten.
`-f` *datei*	Liest Löschinformationen aus einer Datei. Gewöhnlich wird die Information an der Standardeingabe eingegeben.
`-w` *passwd*	Spezifiziert das Passwort, wenn die CRAM-MD5-Authentifizierung verwendet wird.
`-h` *rechner*	Definiert einen alternativen LDAP-Serverrechner.
`-M` *authtype*	Definiert die Authentifizierungsmethode. Kann auf CRAM-MD5 gesetzt werden.
`-p` *portnum*	Definiert die LDAP-Portnummer, die verwendet werden soll. Standardwert ist 389.

Lesen Sie auch `ldapadd` (201), `ldapmodify` (205), `ldapsearch` (205).

ldap_gen_profile

```
/usr/sbin/ldap_gen_profile -P profilename [optionen]
```

Erzeugt ein LDAP-Clientprofil. Dieses Profil kann dazu verwendet werden, andere Clients mit `ldapclient` automatisch zu konfigurieren. Dieser Befehl ist bezüglich der Optionen ähnlich wie `ldapclient`. Es ist jedoch `-P profilename` erforderlich.

Option	Erklärung
`-a` *authtype*	Spezifiziert den Authentifizierungstyp, der verwendet werden soll. Gültige Authentifizierungstypen beinhalten `none`, `simple` und `cram_md5`.
`-b` *baseDN*	Spezifiziert den grundlegenden, kennzeichnenden Servernamen.
`-B` *altDN*	Spezifiziert einen alternativen grundlegenden, kennzeichnenden Servernamen.
`-d` *name*	Spezifiziert die Standarddomain für den LDAP-Client.
`-D` *BindDN*	Spezifiziert den kennzeichnenden Bindnamen.

Option	Erklärung
`-e` *ttl*	Spezifiziert die Lebenszeit (*ttl*) des Clients, wenn ein Clientprofil verwendet wird. Gültige Lebenszeiten werden wie folgt geschrieben: `0` (kein Verfallszeitpunkt), `1d` (ein Tag), `3h` (3 Stunden), `10m` (10 Minuten), `45s` (45 Sekunden) und so weiter.
`-i`	Initialisiert als LDAP-Client.
`-l`	Gibt das LDAP-Client-Cache in einem lesbaren Format aus. Standardmäßig wird diese Information an der Standardausgabe angezeigt.
`-o` *timeout*	Definiert das LDAP-Timeout. Standardwert ist 3 Minuten.
`-O`	Verbindet nur mit Servern auf der bevorzugten Liste.
`-p` *vorzugsliste*	Definiert die bevorzugten LDAP-Server in einer durch Kommas begrenzten Liste von IP-Adressen. Verwenden Sie `-p ""`, um die bevorzugte Liste zu löschen.
`-r` *ref*	Definiert den Typ der Suchreferenz. Gültige Argumente sind `followref` und `noref`. Standardwert ist `followref`.
`-u`	Wenn `ldapclient` verwendet wurde, um den Client zu initialisieren, macht diese Option die Initialisierung rückgängig.
`-w` *passwd*	Setzt das Client-Passwort, wenn ein anderes Authentifizierungsschema benutzt wird als `none` (keines) (wie zum Beispiel `simple` oder `cram_md5`).

Lesen Sie auch `ldap_cachemgr` (201).

ldaplist

`/usr/bin/ldaplist [`*optionen*`] [`*datenbank*`]`

Dieser Befehl sucht nach Namensinformationen des LDAP-Dienstes und gibt sie an der Standardausgabe aus. Er bezieht sich auf das in RFC 2307 umrissene Protokoll.

Option	Erklärung
`-d`	Listet für die Datenbank, die in der Befehlszeile spezifiziert wird, alle Attribute anstelle von Einträgen auf.
`-h`	Gibt Datenbankzuordnungen aus.
`-l`	Gibt Attribute aus, die dem angegebenen Suchkriterium entsprechen.
`-v`	Liefert eine ausführliche Ausgabe. Diese Option zeigt die verwendeten LDAP-Suchkriterien, denen die Zeichen +++ vorangestellt sind.

Beispiel	Erklärung
`ldaplist passwd mulligan`	Findet den Anwender `mulligan` in der Passwortdatenbank.

ldapmodify

`/usr/bin/ldapmodify [optionen]`

Dieser Befehl wird verwendet, um LDAP-Einträge auf einem LDAP-Server zu ändern. Der Befehl `ldapadd` ist ein Hard Link zu diesem Befehl und führt genau dasselbe wie `ldapmodify -a` aus.

Option	Erklärung
`-a`	Fügt einen Eintrag zum LDAP-Server hinzu. Entspricht der Ausführung von `ldapadd`.
`-b`	Verwendet das Binärformat. Wenn diese Option verwendet wird, werden alle Werte, die mit / beginnen, als Pfadname einer Datei interpretiert, die den Attributnamen enthält.
`-c`	Kontinuierliche Ausführung. Beendet nicht, wenn ein Fehler entdeckt wird. Fehler werden ausgegeben, aber die Änderungen werden trotzdem durchgeführt.
`-n`	Nur Vorschau. Diese Option zeigt eine Vorschau der Änderungen, um nach Fehlern zu suchen, aber sie führt keine Änderungen durch.
`-v`	Ausführlicher Modus.
`-F`	Zwingt der Anwendung alle Änderungen auf.
`-d`	Debug-Modus. Mögliche Werte sind `1` (Verfolgung), `2` (Pakete), `4` (Argumente), `32` (Filter) und `128` (Zugangskontrolle). Modi können aufaddiert werden. Um Pakete und Argumente anzuzeigen, lautet der Wert `6` (wie 2+4).
`-f` *datei*	Verwendet anstelle der Standardeingabe die Änderung, die in einer angegebenen Datei spezifiziert ist.
`-w` *passwd*	Spezifiziert das Passwort, wenn die CRAM-MD5-Authentifizierung verwendet wird.
`-h` *rechner*	Definiert einen alternativen LDAP-Serverrechner.
`-M` *authtype*	Definiert die Authentifizierungsmethode. Kann auf CRAM-MD5 gesetzt werden.
`-p` *portnum*	Definiert die LDAP-Portnummer, die verwendet werden soll. Standardwert ist 389.
`-l` *num*	Definiert die Anzahl der gleichzeitigen Verbindungen, die `ldapmodify` verwendet, um die notwendigen Änderungen vorzunehmen.

Lesen Sie auch `ldapclient` (201), `ldap_gen_profile` (203).

ldapsearch

`/usr/sbin/ldapsearch [optionen] filter [attribute]`

Führt mit Hilfe der spezifizierten Filter eine Suche auf einem LDAP-Server durch. Passende Einträge werden an der Standardausgabe ausgegeben.

Option	Erklärung
`-n`	Nur Vorschau. Gibt an, welche Suchvorgänge durchgeführt werden sollten, führt sie aber nicht tatsächlich durch.
`-u`	Anwenderfreundliches, kennzeichnendes Namensformat.
`-v`	Ausführlicher Modus.
`-t`	Verwendet temporäre Dateien zur Speicherung gefundener Werte.
`-A`	Überprüft das Vorhandensein bestimmter Attribute, aber sucht die Werte nicht.
`-B`	Zeigt alle Werte an, sogar Werte, die keine ASCII-Zeichen enthalten.
`-L`	Alternatives Anzeigeformat. Erzwingt die Anzeige aller Werte, sogar von Werten, die keine ASCII-Zeichen enthalten.
`-R`	Folgt keinen Verweisangaben.
`-F` *delim*	Definiert das Trennzeichen, das die Felder voneinander trennt.
`-S` *attribute*	Sortiert Einträge nach dem spezifizierten Attribut.
`-d` *level*	Debug-Modus. Mögliche Werte sind `1` (Verfolgung), `2` (Pakete), `4` (Argumente), `32` (Filter) und `128` (Zugangskontrolle). Modi können aufaddiert werden. Um Pakete und Argumente anzuzeigen, lautet der Wert `6` (wie 2+4).
`-w` *passwd*	Spezifiziert ein Passwort, wenn die CRAM-MD5-Authentifizierung verwendet wird.
`-h` *rechner*	Setzt einen alternativen LDAP-Serverrechner.
`-M` *authtype*	Definiert die Authentifizierungsmethode. Kann auf CRAM-MD5 gesetzt werden.
`-p` *portnum*	Definiert die LDAP-Portnummer, die verwendet werden soll. Standardwert ist 389.
`-b` *base*	Definiert die Suchbasis.
`-s` *scope*	Definiert den Suchbereich. Gültige Bereiche sind `base`, `one` und `sub`.
`-l` *timeout*	Definiert das Such-Timeout in Sekunden.
`-z` *limit*	Definiert die maximale Anzahl der Einträge, die ausgegeben werden sollen.

Lesen Sie auch `ldapadd` (201), `ldapdelete` (203), `ldapmodify` (205).

Network File System (NFS)

Anzeigen von NFS-Informationen

`/usr/bin/nfsstat [optionen]`

Statistische Informationen über das NFS-System können mit diesem Befehl ausgegeben werden. Die Anwendung nimmt die Informationen direkt aus dem Kernel des lokalen Rechners. Wird sie mit der Option `-z` vom Anwender root verwendet, können die Informationen mit diesem Befehl auch zurückgesetzt werden. Standardmäßig (ohne Optionen) funktioniert `nfsstat` wie `nfsstat -cnrs`.

Option	Erklärung
`-c`	Client-Information. NFS- und RPC-Informationen des Clients werden zusammengefasst und ausgegeben.
`-m`	Zeigt zusätzliche Informationen für jedes gemountete Dateisystem, einschließlich der folgenden: • Mount Flags • Lese-/Schreibgröße • Gesendeter Zähler • Umlaufzeit • Serveradresse • Servername • Timer
`-n`	Informationen über den NFS-Client und den -Server. Sowohl Client- als auch Server-Informationen werden zusammengefasst und ausgegeben.
`-r`	Zeigt nur RPC-Informationen an.
`-s`	Zeigt nur Server-Informationen an.
`-z`	Nullstatus. Setzt alle Statistiken auf null zurück und startet erneut. Diese Option kann nur vom Anwender root durchgeführt werden.

Anzeigefelder

Feld	Erklärung
`badcalls`	Anzahl der zurückgewiesenen Aufrufe.
`badlen`	Anzahl der Aufrufe, die zu kurz waren.
`badverfs`	Anzahl der ungültigen Zeitstempel.
`badxids`	Anzahl der Antworten ohne Anfragen.
`calls`	Anzahl der erhaltenen Aufrufe (NFS oder RPC, abhängig von der Option).
`cantconn`	Anzahl der vergeblichen Versuche, eine Verbindung zum Server aufzubauen.
`clgets`	Anzahl der empfangenen Client-Handles.

Feld	Erklärung
`cltoomany`	Gibt an, wie oft der Cache wegen zu vieler Zugriffe überlastet war (wie oft er keine ungenutzten Einträge hatte).
`dupchecks`	Anzahl der mehrfachen Aufrufe von Cache-Untersuchungen.
`dupreqs`	Anzahl der doppelten RPC-Aufrufe.
`interrupts`	Anzahl der empfangenen Unterbrechungen.
`newcreds`	Anzahl der Erneuerung der Authentifizierung.
`nomem`	Gibt an, wie oft ein Aufruf missglückt ist, weil nicht genügend Speicher vorhanden war.
`nullrecv`	Gibt an, wie oft ein nicht gesendeter Aufruf als empfangen gemeldet wurde.
`retrans`	Gibt an, wie oft ein Aufruf erneut gesendet wurde.
`timeouts`	Anzahl der Aufrufe mit Timeout.
`timers`	Anzahl der widersprüchlichen Timeout-Werte.
`xdrcall`	Anzahl der Aufrufe mit falschen XDR-Kopfzeilen

Beispiel

Verwenden Sie folgendes Programm und folgende Optionen, um nur Server-NFS-Informationen auszugeben:

```
nfsstat -ns
```

Tabelle der gemounteten Dateisysteme

```
/etc/mnttab
```

Die Tabelle der gemounteten Dateisysteme (genannt die `mount-tab`-Datei) `/etc/mnttab` beinhaltet Informationen zu allen gemounteten Dateisystemen. Der Befehl `mount` fügt Einträge zu dieser Datei hinzu (wenn die Option `-m` nicht verwendet wird). Der Befehl `umount` entfernt Einträge aus dieser Datei. Die Datei hat das folgende Format:

spezial mountpoint fstyp optionen zeit

Die Resourcenamen der mit NFS gemounteten Dateisysteme haben das Format *host:resource* und im Feld *fstyp* den Eintrag `nfs`.

Feld	Erklärung
spezial	Name der Ressource
mountpoint	Mountpoint der Ressource
fstyp	Dateisystemtyp
optionen	Mountoptionen
zeit	Zeitpunkt des Mountens

Beispiel

Im folgenden Beispiel sehen Sie den Inhalt einer Datei /etc/mnttab. Sowohl die UFS- als auch die NFS-Dateisysteme werden angezeigt. In diesem Beispiel wurden NFS-Dateisysteme auf host11 und host22 gemountet.

```
/dev/dsk/c0t3d0s0     /                 ufs    rw,suid,dev=800018                     905203176
/dev/dsk/c0t2d0s6     /usr              ufs    rw,suid,dev=800016                     905203176
/proc                 /proc             proc   rw,suid,dev=2700000                    905203176
fd                    /dev/fd           fd     rw,suid,dev=2780000                    905203176
/dev/dsk/c0t3d0s3     /var              ufs    rw,suid,dev=80001b                     905203176
/dev/dsk/c0t2d0s5     /tmp              ufs    suid,rw,dev=800015                     905203178
/dev/dsk/c0t2d0s7     /var/tmp          ufs    suid,rw,dev=800017                     905203179
/dev/dsk/c1t2d0s1     /var/spool/news   ufs    suid,rw,dev=800089                     905203179
/dev/dsk/c1t1d0s6     /home             ufs    suid,rw,dev=800086                     905203178
/dev/dsk/c1t1d0s7     /home/ouser       ufs    suid,rw,quota,dev=800006               905203179
/dev/dsk/c0t0d0s7     /home/host22      ufs    suid,rw,dev=800007                     905203179
-hosts                /net              autofs ignore,indirect,nosuid,dev=2880001     905203222
-xfn                  /xfn              autofs ignore,indirect,dev=2880002            905203222
host11:vold(pid209)   /vol              nfs    ignore,noquota,dev=2840001             905203244
host22:/usr/local     /usr/local        nfs    soft,dev=2840002                       905203257
host22:/opt           /opt              nfs    soft,dev=2840003                       905203257
host22:/usr/share/man /usr/share/man    nfs    soft,dev=2840004                       905203257
host22:/usr/X11R6.1   /usr/X11R6.1      nfs    soft,dev=2840005                       905203257
```

Mounten und Unmounten von NFS-Dateisystemen

Die Befehle mount und umount werden verwendet, um Dateisysteme jeweils zu mounten und zu unmounten. Ein Dateisystem zu mounten bedeutet, dass es in einen bestehenden Baum eingehängt wird, so dass es dort verwendet werden kann. Eine Tabelle der gemounteten Dateisysteme wird in der Datei mnttab (ausgesprochen mount-tab) in /etc/mnttab abgelegt.

Optionen, die von allen Dateisystemtypen verwendet werden

Option	Erklärung
-a	Mountet (wenn möglich parallel) alle Dateisysteme, die in /etc/vfstab als »mount at boot« spezifiziert sind. Wenn der Befehl umount verwendet wird, werden alle Dateisysteme, die in /etc/mnttab aufgeführt sind ungemountet.
-a *mountpoints*	Wenn der Befehl umount verwendet wird, werden nur die aufgeführten Mountpoints ungemountet.
-F *typ*	Spezifiziert den Typ des zu mountenden Dateisystems.
-m	Mountet ein Dateisystem, ohne einen Eintrag in /etc/mnttab vorzunehmen.
-o	Definiert für das Dateisystem spezifische Mountoptionen. Die Optionen müssen durch Kommas begrenzt werden.
-O	Überlagerung. Das Dateisystem wird über einen im Moment gemounteten Mountpoint gemountet. Das überlagerte Dateisystem kann nach diesem Vorgang nicht mehr verwendet werden.

Option	Erklärung
-p	Gibt die Dateisysteme in /etc/vfstab aus. Keine andere Option kann mit dieser Option verwendet werden.
-r	Mountet das Dateisystem nur als read-only (nur lesbar).
-v	Gibt das Dateisystem in /etc/vfstab aus und zeigt alle Informationen an (ausführliche Ausgabe). Keine andere Option kann mit dieser Option verwendet werden.
-V	Gibt die Befehlszeile aus, aber führt keine Befehle aus.

Optionen, die von NFS-Dateisystemen verwendet werden

Option	Erklärung
acdirmax=*n*	Cacht Attribute nicht länger als *n* Sekunden nach dem Update.
acdirmin=*n*	Zwischenspeicherung von Attributen mindestens *n* Sekunden nach dem Update des Verzeichnisses.
acregmax=*n*	Zwischenspeicherung von Attributen nicht länger als *n* Sekunden nach der Dateiänderung.
acregmin=*n*	Zwischenspeicherung von Attributen mindestens *n* Sekunden nach der Dateiänderung.
actimeo=*n*	Definiert sowohl die Mindest- als auch die Maximalzeiten für Dateien und Verzeichnisse. Die Zeiten werden durch *n* in Sekunden spezifiziert.
bg	Wenn der erste Mountversuch nicht erfolgreich ist, wird im Hintergrund gemountet.
fg	Es wird im Vordergrund gemountet.
grpid	Setzt die Gruppenbesitzrechte von neu erstellten Verzeichnissen auf die des übergeordneten Verzeichnisses.
hard	Wiederholt die Mount-Versuche, auch wenn der Server beim ersten Mal nicht antwortet.
intr	Lässt Keyboard-Interrupts zu, um Prozesse anzuhalten, die sich aufgrund von NFS aufgehängt haben.
kerberos	Erfordert Kerberos-Authentifizierung.
noac	Keine Zwischenspeicherung von Daten oder Attributen.
nointr	Lässt keine Keyboard-Interrupts zu, um Prozesse anzuhalten, die sich aufgrund von NFS aufgehängt haben. Die Standardeinstellung erlaubt Interrupts.
noquota	Deaktiviert Quoten.
nosuid	Ausführung von setuid-Programmen ist nicht zugelassen.
port=n	Definiert die Portnummer des NFS-Servers.
posix	Verwendet POSIX.1-Semantik.
proto=*netid*	Definiert den Protokolltransport durch die Netzwerk-ID aus /etc/netconfig.

Option	Erklärung
quota	Aktiviert Quoten.
remount	Mountet Dateisysteme erneut mit Zugriffsrecht rw (read-write) statt ro (read-only).
retrans=*n*	Definiert die Anzahl der nochmaligen Übertragungen.
retry=*n*	Anzahl von Wiederholungen nach einem misslungenen Versuch.
ro	Erlaubt read-only-Zugriff (nur lesend).
rsize=*n*	Definiert die Puffergröße mit *n* Byte. Standardeinstellung sind 32.768 Byte.
rw	Erlaubt Read-write-Zugriff (lesend und schreibend).
secure	NFS benötigt die Verwendung der DES-Authentifizierung.
soft	Gibt eine Fehlermeldung aus, wenn der Server nicht antwortet.
suid	Erlaubt die Ausführung von setuid-Programmen.
timeo=*n*	Definiert den Timeout durch *n* in Zehntelsekunden. Standardwert ist 11.
vers=*n*	Definiert die NFS-Versionsnummer.
wsize=*n*	Definiert die Schreibpuffergröße mit *n* Byte.

Beispiele

Mounten eines Dateisystems auf dem Remote-Rechner nservl und auf dem lokalen Rechner unter /usr/foo:

```
mount nservl:/usr/export/foo /usr/foo
```

Mounten desselben Dateisystems, aber als read-only:

```
mount -ro nservl:/usr/export/foo /usr/foo
```

Manuelles Mounten des Remote-ufs-Dateisystems /data vom Rechner tokyo unter das Verzeichnis /data auf dem lokalen System:

```
mkdir -p /data
mount -F nfs tokyo:/data /data
```

Wenn das Dateisystem jedes Mal beim Neuladen des Systems automatisch gemountet werden soll, fügen Sie die folgende Zeile in der Datei /etc/vfstab ein:

```
tokyo:/data - /data nfs - yes -
```

Geben Sie dann Folgendes ein:

```
mkdir -p /data
mountall
```

Manuelles Mounten des Remote-hsfs-Dateisystems /cdrom, mit nur Lese-Zugriff (read-only), vom Rechner tokyo unter das Verzeichnis /net/tokyo/cdrom auf dem lokalen System:

```
mkdir -p /net/tokyo/cdrom
mount -F nfs -r tokyo:/cdrom /net/tokyo/cdrom
```

Wenn das Dateisystem jedes Mal beim Neuladen des Systems automatisch gemountet werden soll, fügen Sie die folgende Zeile in der Datei /etc/vfstab ein:

```
tokyo:/cdrom - /net/tokyo/cdrom nfs - yes ro
```

Geben Sie dann Folgendes ein:

```
mkdir -p /net/tokyo/cdrom
mountall
```

Verwenden Sie den Automounter, um das Remote-Dateisystem /usr/man von einem der Rechner tokyo, boston oder rio automatisch auf das Verzeichnis /usr/man auf dem lokalen System zu mounten. Diese Einstellung wird jedes Mal verwendet, wenn ein Versuch unternommen wird, auf das Verzeichnis /usr/man zuzugreifen.
Fügen Sie die folgende Zeile in der Datei /etc/auto_master ein:

```
/- auto_direct
```

Fügen Sie die folgende Zeile in der Datei /etc/auto_direct ein:

```
/usr/man tokyo,boston,rio:/usr/man
```

Geben Sie dann Folgendes ein:

```
mkdir -p /usr/man
automount
```

NFS-Ressourcen freigeben/exportieren

/usr/bin/share [*optionen*] [*pfadname*]

Der Befehl share wird verwendet, um NFS-Dateisysteme auf andere Computer zu exportieren. Wenn kein Pfadname spezifiziert wird, um zu exportieren, zeigt der Befehl alle Dateisysteme an, die gegenwärtig exportiert sind.

Option	Erklärung
-F *typ*	Spezifiziert den Dateisystemtyp. Wird diese Option nicht verwendet, wird der erste Typ, der in ./etc/dfs/fstypes angegeben ist, verwendet.
-o *optionen*	Spezifiziert die Dateisystem-spezifischen Optionen, die verwendet werden können. Die Optionen sollten in einer durch Kommas begrenzten Liste angegeben werden.
-d *erklärung*	Fügt eine Beschreibung zu einer freigegebenen Ressource hinzu.

Optionen zum Freigeben von NFS-Dateisysteme

Option	Erklärung
aclok	Wenn diese Option spezifiziert wird, hat jeder Anwender, der diese freigegebene Ressource verwendet, die Rechte der am wenigsten eingeschränkten Anwender. Dies verringert allerdings die Sicherheit immens. Beim Verwenden dieser Option ist unbedingt Vorsicht geboten.
anon=*uid*	Definiert die effektive UID von nicht authentifizierten Benutzern auf die durch *uid* spezifizierte. Wird *uid* auf -1 gesetzt, wird allen nicht authentifizierten Benutzern der Zugang verweigert. Standardmäßig wird die effektive *uid* mit der des Anwenders »nobody« gleichgesetzt.

Option	Erklärung
`kerberos`	Nur Kerberos wird als gültige Methode der Authentifizierung akzeptiert. Nicht authentifizierte Anwender werden wie in der Option `anon` behandelt.
`nosub`	Es können keine Unterverzeichnisse in freigegebenen Ressourcen gemountet werden. Diese Option erhöht die Sicherheit der freigegebenen Dateisysteme.
`nosuid`	Wird diese Option verwendet, dann ist es den Anwendern nicht erlaubt, Dateien mit den Rechten `setuid` oder `setgid` zu erstellen.
`ro`	Nur Lesezugriff (read-only).
`ro=`*`rechner:rechner2:rechner3...`*	Definiert den read-only-Zugriff für spezifizierte Clients. Die Rechner werden in einer durch Doppelpunkt begrenzten Liste nach dem Istgleich-Zeichen (=) aufgeführt.
`root=`*`rechner:rechner2:rechner 3...`*	root-Zugriff kann nur von aufgeführten Rechnernamen aus durchgeführt werden. Die Rechner werden in einer durch Doppelpunkt begrenzten Liste nach dem Istgleich-Zeichen (=) aufgeführt.
`rw`	Lese- und Schreibzugriff (read-write).
`rw=`*`rechner:rechner2:rechner3...`*	Definiert den Lese- und Schreibzugriff (read-write) für die aufgeführten Rechner. Die Rechner werden in einer durch Doppelpunkt begrenzten Liste nach dem Istgleich-Zeichen (=) aufgeführt.
`secure`	Sicherheitsmodus. Alle Clients müssen die DES-Authentifizierung verwenden. Nicht authentifizierte Anwender werden wie in der Option `anon` behandelt.

Datei	Erklärung
`/etc/dfs/dfstab`	Die Befehle werden ausgeführt, wenn das System hochgefahren wird.
`/etc/dfs/fstypes`	Gibt sowohl den Standarddateisystemtyp (NFS) als auch andere Dateisystemtypen an.
`/etc/dfs/sharetab`	Tabelle aller freigegebenen Ressourcen.

Die Freigabe einer NFS-Ressource wieder aufheben

```
/usr/bin/unshare [optionen] [pfadname]
/usr/bin/unshareall
```

Entfernt eine freigegebene Ressource aus `/etc/sharetab`, so dass diese nicht länger als NFS-Dateisystem exportiert wird. Um eine Liste aller freigegebenen Dateisysteme zu erhalten, verwenden Sie den Befehl `share` ohne Optionen. Der Befehl `unshareall` hebt die Freigaben aller gegenwärtig freigegebenen Dateisysteme wieder auf.

Option	Erklärung
-F *typ*	Spezifiziert einen Dateisystemtyp. In der Standardeinstellung wird NFS verwendet. Andere gültige Typen sind in der Datei ./etc/dfs/fstypes aufgeführt.
-o	Spezifiziert andere Dateisystem-spezifische Optionen.

E-Mail

sendmail

/usr/lib/sendmail [*optionen*] [*adresse*]

Der Daemon sendmail leitet E-Mails sowohl auf dem lokalen Rechner als auch ins Internet weiter. In den meisten Fällen wird sendmail nicht manuell verwendet. Es wird statt dessen von anderen Programmen aufgerufen. sendmail kann jedoch von der Befehlszeile aus verwendet werden, um E-Mails zu versenden. Wenn keine Optionen spezifiziert sind, liest der Daemon so lange Daten aus der Standardeingabe, bis ein EOF oder eine Zeile mit einem einzelnen Punkt erreicht wird. Ist die angegebene Adresse ein einzelner Anwendername, wird angenommen, dass es ein Anwender des lokalen Systems ist. Wenn die Adresse im Format anwender@rechner.com eingegeben wird, wird angenommen, dass es sich um eine Internet-E-Mail-Adresse handelt, und entsprechend weitergeleitet. Nicht zustellbare Post wird an den Versender zurückgeschickt (bekannt als »bouncing a message«). Mehr Informationen finden Sie unter www.sendmail.org.

Option	Erklärung
-B *typ*	Body-Typ: 7BIT oder 8BITMIIME.
-ba	ARPANET-Modus. Alle Zeilen der Eingabe müssen mit der Return-Taste ausgeführt werden. Sowohl das Feld From: als auch das Feld Sender: werden nach dem Absender durchsucht.
-bd	Läuft als Daemon.
-bi	Initialisiert die Aliasdatenbank.
-bm	Standardmethode der E-Mail-Zustellung.
-bp	Gibt eine Übersicht der E-Mails aus.
-bt	Testmodus. Abarbeitungsschritte für Adressen werden angezeigt.
-bv	Befördert keine Mitteilungen, sondern prüft sie nur.
-C *datei*	Spezifiziert eine andere Konfigurationsdatei als die definierte.
-d *n*	Definiert den Debug-Level auf *n*.
-F *vollständigername*	Definiert den vollständigen Namen des Absenders.
-f *name*	Definiert das Feld From: der E-Mail. Nur Anwender, denen vertraut wird, können diese Option verwenden.
-h *n*	Definiert den Sprungzähler (hop counter) auf *n* Hops. Die E-Mail wird nach *n* Hops zurückgesendet.
-M *id*	Versendet die Nachricht mit E-Mail-Identifikation wie *id*.

Option	Erklärung
-n	Keine Aliase.
-o *a wert*	Verarbeitungsoption. *a* ist die Option und *wert* ist der Wert. Eine Liste von üblichen Optionen finden Sie im nächsten Abschnitt »sendmail-Konfiguration«.
-p *protokoll*	Definiert das Sendeprotokoll für E-Mails.
-q	Verarbeitet die E-Mails der Reihe nach. Wird eine Zeit angegeben, wird die Mailreihe regulär verarbeitet. Die Zeit wird als eine Zahl mit der Einheit angegeben. Gültige Einheiten sind die folgenden: s: Sekunden m: Minuten h: Stunden d: Tage w: Wochen
-R *zeichenfolge*	Versucht, jede Mail in der Warteschlange zu senden, deren Empfänger der spezifizierten Zeichenfolge entspricht.
-t	Durchsucht Nachrichten bezüglich der Felder To:, Cc: und Bcc:, um Empfänger zu bestimmen.
-v	Ausführliche Angabe. Zusätzliche Informationen, einschließlich Alias-Endungen, werden angegeben.
-X *logdatei*	Protokolliert jedes Mal, wenn sendmail verwendet wurde, in der definierten Protokolldatei.

sendmail-Konfiguration

/usr/lib/sendmail.cf

Der Daemon sendmail kann durch das Editieren der Datei sendmail.cf konfiguriert werden. Eine ausführliche Referenz für die Administration von sendmail würde den Rahmen dieses Buches sprengen. Einige grundsätzliche Optionen für die Konfiguration sind nachfolgend aufgeführt. Einzelne Optionen können auch auf der Befehlszeile von sendmail durch die Verwendung der Option -o spezifiziert werden.

Grundsätzliche Optionen für die Konfiguration

Option	Erklärung
7	Erzwingt eine Umwandlung der Eingabe in den 7-Bit-Modus, damit sie auch mit alten Systemen kompatibel ist.
A *datei*	Spezifiziert eine Aliasdatei.
a *n*	Wartet *n* Minuten auf einen @:@-Eintrag in der E-Mail-Aliasdatenbank, bevor sendmail gestartet wird.
B *c*	Definiert das Black Substitution-Zeichen mit *c*.
b *n/m/ w*	Versendet nur E-Mails, wenn mindestens *n* Blöcke im Dateisystem, in dem die E-Mail-Warteschlange steht, frei sind. Die maximale Größe einer E-Mail kann durch das Hinzufügen von */m* definiert werden, wobei *w* die Größe ist.

Option	Erklärung
`C` *n*	Prüft große E-Mail-Warteschlangen nach *n* Adressen ab. Der Standardwert ist 10.
`D`	Aktualisiert die Aliasdatenbank.
`d` *modus*	Zustellmodus: `i`: Interaktiv `b`: Hintergrund `q`: Warten und nicht senden
`E` */datei*	Beginnt alle gesendeten Fehlermeldungen mit dem Inhalt der Datei, die eine Mitteilung enthält.
`e` *modus*	Handhabt Fehler in folgenden Modi: `p`: Gibt Fehlermeldungen aus. `q`: Ruhig, keine Fehlermeldungen. `m`: Teilt Fehler per E-Mail mit. `w`: Verwendet den Befehl `write`, um Fehlermeldungen zu senden. `e`: Teilt Fehler per E-Mail mit und erzwingt einen Returncode mit dem Wert 0.
`f`	Sichert anhand der Header (UNIX-Stil).
`F` *modus*	Dateimodus.
`g` *n*	Definiert die Gruppen-ID mit *n*.
`H` *datei*	Definiert die Hilfe-Datei für den Daemon SMTP.
`h` *n*	Definiert die maximale Hop-Zählung auf *n*.
`i`	Ignoriert Punkte.
`I`	Der Name-Server muss laufen, um E-Mails senden zu können.
`j`	Sendet Fehlermeldungen im Format MIME.
`J` *pfad*	Suchpfad zum Weiterleiten von E-Mails (`.forward`). Definiert mit *anwender/*`.forward`.
`k` *n*	Definiert die maximale Anzahl der Verbindungen mit *n*.
`K` *zeit*	Maximale Zeit, die eine zwischengespeicherte und inaktive Verbindung bestehen kann.
`l`	Verwendet `Errors-To:`-Kopfzeilen.
`L` *n*	Definiert den Protokolllevel. Standardwert ist 9.
`M` *m val*	Weist dem Makro (*m*) einen Wert (*val*) zu.
`n`	Wenn die Aliasdatenbank aktualisiert wird, wird auch die RHS der Adressen gültig.
`o`	Behandelt Kopfzeilen, als wenn sie im alten Format wären.
`O` *opt*	SMTP-Serveroptionen werden als Schlüssel=Wert-Paare angegeben: `Port=`*n*: Definiert die Portnummer. `Addr=`*n*: Definiert die Adressmaske. `Family=`*n*: Definiert die Adressfamilie. `Listen=`*n*: Definiert die Größe der Warteschlange.

Option	Erklärung
p *opt,opt,...*	Privacy-Optionen: public: Keine Privatsphäre. needmailhelo: Erfordert ein HELO oder EHLO. needexpnhelo: Erfordert ein HELO oder EHLO vor einem EXPN-Befehl. noexpn: Erlaubt keine EXPN-Befehle. needvrfyhelo: Erfordert ein HELO oder EHLO vor einem VRFY-Befehl. novrfy: Erlaubt keine VRFY-Befehle. restrictmailq: Beschränkt den Zugang zum Befehl mailq. restrictqrun: Beschränkt den Zugang zur Option -q für Befehlszeilen von sendmail. authwarnings: Verwendet X-Authentifizierung. warning: Kopfzeilen.
P *pmaster*	Definiert einen Postmaster, an den Kopien von Fehlermeldungen gesendet werden.
Q *dir*	Spezifiziert ein anderes Verzeichnis für die Warteschlange.
q *n*	Definiert den Multiplier der Map-Funktion mit *n*, um zu entscheiden, wann die Jobs aufgereiht oder ausgeführt werden. Standardwert ist 600000.
s	Besonders sicher. Die Datei mit der Warteschlange wird immer sofort angelegt.
S *datei*	Statistiken müssen in der spezifizierten Datei mitprotokolliert werden.
T *rt/wt*	Definiert den Timeout, nach dem eine E-Mail zurückgeschickt (*rt*) und nach dem eine Warnung gesendet wird (*wt*). Standardwert für das Zurücksenden ist fünf Tage.
t *TZ*	Definiert die Zeitzone mit *TZ*.
u *n*	Definiert die UID-Nummer des Standardmailers (uid) mit *n*.
v	Ausführliche Ausgabe. Zusätzliche Einzelheiten über alle Schritte der E-Mail-Zustellung werden angezeigt.
V *fbh*	Definiert einen Fall-back-Host. Dieser Rechner wird verwendet, wenn kein anderer Rechner zum Versenden der E-Mails aktiv ist.
x *load*	Wenn die durchschnittliche Auslastung des Systems größer ist als *load*, werden die Nachrichten in die Warteschlange gestellt und nicht gesendet.
X *load*	Wenn die durchschnittliche Auslastung des Systems größer ist als *load*, werden keine SMTP-Verbindungen mehr zugelassen.
Y	Spart Speicherplatz, indem jede Nachricht in der Warteschlange mit einem separaten Prozess gesendet wird.
y *n*	Verringert die Priorität der Jobs mit vielen Empfängern. Standardwert ist 30000.

smapd

`smapd [option]`

`smapd` wird gestartet, wenn das System gestartet wird. Es läuft als Daemon, durchsucht das Spoolerverzeichnis von `smap` in bestimmten Abständen und veranlasst `sendmail`, die E-Mails zuzustellen, die es im Spool-Verzeichnis findet.

Option	Erklärung
`-d`	Definiert, dass das Programm `smapd` Statusmitteilungen ausgibt, während es die E-Mails im Spool-Verzeichnis abarbeitet.

`smapd` liest die Konfigurationseinträge aus der Datei `/usr/local/etc/netperm-table`. Konfigurationseinträge für `smapd` haben das folgende Format:

`smapd: option`

option beinhaltet die folgenden Möglichkeiten:

Option	Erklärung
`userid` *name*	Spezifiziert den Anwendernamen oder die UID, unter welchen `smapd` laufen soll.
`groupid` *name*	Spezifiziert den Gruppennamen oder die GID, unter welchen `smapd` laufen soll.
`directory` *pfad*	Spezifiziert den Pfad, auf dem `smapd` den Befehl `chroot(2)` durchführen soll, bevor das Auslieferungsprogramm für E-Mails aufgerufen wird.
`baddir` *pfad*	Spezifiziert das Verzeichnis, in das `smapd` E-Mails stellt, die nicht transportiert werden können.
`wakeup` *sekunden*	Spezifiziert die Zahl der Sekunden, die `smapd` zwischen dem Durchsuchen des Spool-Verzeichnisses pausiert.
`executable` *prog*	Spezifiziert den Programmnamen, den das Programm `smapd` verwendet, um eine Kopie von sich selbst zu erstellen.
`sendmail` *prog*	Spezifiziert den Programmnamen, den `smapd` aufruft, um die E-Mails, die aus dem Spool-Verzeichnis eingelesen wurden, zuzustellen.
`maxchildren` *n*	Spezifiziert die Höchstzahl der Prozesse, die `smapd` gleichzeitig erzeugt, um E-Mails, die aus dem Spool-Verzeichnis eingelesen wurden, zuzustellen.

Beispiel

Die Einträge der Datei `/usr/local/etc/netperm-table`

```
smapd: userid noaccess
smapd: groupid noaccess
smapd: directory /var/spool/smap
smapd: baddir /var/spool/smap/undelivered
smapd: executable /usr/local/bin/smapd
smapd: sendmail /usr/lib/sendmail
smapd: maxchildren 5
```

führen dazu, dass das Programm `smapd` mit den Rechten des Anwenders und der Gruppe `noaccess` läuft. Es durchsucht das Verzeichnis `/var/spool/smap` alle 60 Sekunden (in der Standardeinstellung) nach E-Mails. Es kann höchstens fünfmal gleichzeitig laufen, wobei jedes Mal das Programm `/usr/lib/sendmail` ausgeführt wird, um E-Mails zuzustellen und um unzustellbare E-Mails im Verzeichnis `/var/spool/smap/undelivered` abzulegen.

SMTP Application Proxy (smap)

`smap [-`*`daemon port`*`]`

Auf Systemen, die nicht vor elektronischen Attacken von unberechtigen Anwendern durch einen Netzwerk-Firewall geschützt sind, ist es empfehlenswert, eine sichere Proxy-Anwendung zu verwenden. Diese verhindert, dass Remote-Systeme direkt mit dem Programm `sendmail` kommunizieren können. In solchen Fällen kann das SMPT Application Proxy (`smap`) verwendet werden. `smap` ist eine Komponente des TIS Firewall Toolkits (`fwtk`), eine Ansammlung von Programmen, die die Sicherheit von UNIX-Systemen erhöhen. Es wurde von Trusted Information Systems Inc. geschrieben und steht für nicht kommerzielle Zwecke kostenlos zur Verfügung. `smap` kann entweder als Daemon ausgeführt werden, der den spezifizierten Port nach Verbindungsanfragen »abhorcht« (standardmäßig verwendet `smap` den Standard-SMTP-Port 25), oder `smap` kann durch `inetd` bei jeder eingehenden SMTP-Verbindungsanfrage aufgerufen werden. `smap` greift auf eine Konfigurationsdatei (`/usr/local/etc/netperm-table`) zu, um das Verzeichnis zur Erstellung seines root-Verzeichnisses zu bestimmen und um die Anwender- und die Gruppen-IDs zu bestimmen, um sich selbst einzustellen, bevor die SMTP-Verbindung mit dem Remote-System akzeptiert wird. `smap` empfängt dann die E-Mails aus dem Remote-System und legt diese in einem Spool-Verzeichnis in einem eingeschränkten Bereich ab. Das Verzeichnis wird dann periodisch (standardmäßig alle 60 Sekunden) vom SMTP Proxy-Server (`smapd`) durchsucht. Dieser ruft das Programm `sendmail` auf, um jede Mitteilung weiterzuleiten oder zuzustellen. Auf diese Weise wird das Remote-System davon abgehalten, direkt mit dem Programm `sendmail` zu kommunizieren, das notwendigerweise mit root-Rechten in einer nicht eingeschränkten Umgebung ausgeführt werden muss.

Option	Erklärung
`daemon port`	Zeigt an, dass das Programm `smap` wie ein Daemon arbeitet und den spezifizierten Port nach Verbindungsanfragen »abhorcht«, anstatt durch `inetd` aufgerufen zu werden. *`port`* kann durch einen Namen oder eine Nummer spezifiziert werden.

Die Konfigurationsdatei `/usr/local/etc/netperm-table` wird von allen Komponenten des TIS Firewall-Toolkits benutzt. Konfigurationseinträge für `smap` haben das folgende Format:

`smap: `*`option`*

`option` beinhaltet die folgenden Möglichkeiten:

Option	Erklärung
`userid` *`name`*	Spezifiziert den Anwendernamen oder die UID, unter welchen `smap` mit dem Remote-System kommunizieren soll.
`groupid` *`name`*	Spezifiziert den Gruppennamen oder die GID, unter welchen `smap` mit dem Remote-System kommunizieren soll.

Option	Erklärung
`directory` *pfad*	Spezifiziert den Pfad, für den `smap` den Befehl `chroot(2)` durchführen soll, bevor es mit dem Remote-System kommuniziert.
`timeout` *sekunden*	Spezifiziert die Zahl der Sekunden, in der `smap` eine ungenutzte Verbindung zum Remote-System offen hält, bevor sie unterbrochen wird.

Beispiel

Dem Eintrag in der Datei `/etc/inetd.conf`

```
smtp stream tcp nowait root /usr/local/bin/smap smap
```

werden die Einträge von `/usr/local/etc/netperm-table` zugeordnet:

```
smap: userid noaccess
smap: groupid noaccess
smap: directory /var/spool/smap
```

Dies hat zum Ergebnis, dass das Programm `smap` mit Remote-Systemen kommuniziert, die die Zugriffsrechte des Benutzers und der Gruppe `noaccess` haben, und das Verzeichnis `/var/spool/smap` als sein root-Verzeichnis führt.

11 Dateisysteme

Prozess/Befehl	Seite	Prozess/Befehl	Seite
cpio	242	ncheck	237
dd	242	newfs	230
df	236	rem_drv	248
drvconfig	247	tar	245
ff	235	tunefs	238
fsck	233	ufsdump	238
labelit	237	ufsrestore	240
mount	232	vfstab	223
mountall	232	volcopy	241
mkfs	229		

Inhalt	Seite
Dateisystem – Übersicht und Erklärung	**223**
Die Dateisystemkonfigurationsdatei von Solaris (vfstab)	223
Aufbau des Solaris Dateisystems	223
Einrichten und Mounten neuer Dateisysteme	**229**
Einrichten eines neuen Dateisystems (mkfs)	**229**
Einrichten eines neuen Dateisystems (newfs)	**230**
Mounten und Unmounten von Dateisystemen (mount, *mountall*)	232
Überprüfen und Tunen von Dateisystemen	**233**
Überprüfen und Reparieren von Dateisystemen (fsck)	233
Ausgabe von Dateisysteminformationen und Dateinamen (ff)	235
Überprüfen von freiem Festplattenplatz (df)	236
Kennzeichnung von Dateisystemen (labelit)	237
Auflisten von Pfadnamen und Inodenummern (ncheck)	237
Tunen eines Dateisystems (tunefs)	238
Datensicherungen	**238**
Sichern eines Dateisystems (ufsdump)	238
Ein Dateisystem mit Hilfe einer Datensicherung wiederherstellen (ufsrestore)	240
Kopieren von Dateisystemen	**241**
Kopieren von Datenträgern (volcopy)	241
Kopieren und Konvertieren von Dateien (cpio,dd)	242
Erstellen und Extrahieren von Magnetband-Archiven (tar)	245

Inhalt	Seite
Gerätekonfiguration	**247**
drvconfig	247
rem_drv	248

Dateisystem – Übersicht und Erklärung

Die Dateisystemkonfigurationsdatei von Solaris (vfstab)

/etc/vfstab

Alle Dateisysteme von Solaris sind in der Datei vfstab (/etc/vfstab) beschrieben. Jede Zeile in der Datei vfstab besteht aus sieben durch Leerzeichen begrenzte Spalten. Die Spalten sind folgende:

device to mount device to fsck mount point FS type fsck pass mount at boot mount options

Feld	Erklärung
device to mount	Der Name der Ressource, die gemountet werden soll. Wenn eine Swap-Datei definiert wird, ist das Gerät, das gemountet werden soll, der Name der Swap-Datei.
device to fsck	Das Gerät (Angabe des raw device-Namen), dessen Dateisystem auf Konsistenz überprüft werden soll.
mount point	Der Standard-Mountpoint.
FS type	Der Dateisystemtyp (wie z.B. ufs, pcfs, nfs oder hsfs). Wenn die Ressource eine Swap-Datei ist, ist der FS-Typ swap.
fsck pass	Eine Nummer, die festlegt, wann und in welcher Reihenfolge fsck automatisch das Dateisystem überprüft.
mount at boot	Legt fest, ob ein Dateisystem durch mountall beim Hochfahren des Systems gemountet werden soll. Wird eine Swap-Datei definiert, sollte mount at boot auf no stehen.
mount options	Alle Mount-Optionen, die beim Mounten der Ressource verwendet werden. Siehe auch mount.

Wenn ein Feld nicht verwendet wird oder leer gelassen werden muss, dann muss ein Bindestrich (-) in diese Spalte geschrieben werden.

Aufbau des Solaris Dateisystems

Unter Solaris wird die Festplatte in Partitionen eingeteilt, auf die Dateisysteme aufgebracht werden. Durch die Unterteilung der Festplatte in Sektionen können zusammengehörende Dateien zusammengefasst werden. Das erleichtert sowohl die Freigabe von Dateien über das Netzwerk als auch die Systemverwaltung.
Die Standardinstallation von Solaris erstellt Partitionen mit den drei Dateisystemen: /, /usr und /export.

Solaris Dateisysteme

Dateiystem	Erklärung
/	Das Dateisystem root. Gewöhnlich werden Dateien im root-Dateisystem nicht über das Netzwerk freigegeben und nur auf dem lokalen Rechner gespeichert. Konfigurationsdateien des Systems, wie die in /etc, befinden sich im root-Dateisystem. Das root-Dateisystem sollte so klein wie möglich gehalten werden, wenn es ein separates Dateisystem /var gibt. Wenn /var einfach nur ein Verzeichnis unter dem root-Dateisystem ist, dann sollte / groß sein, denn dann enthält es alle variablen Systemprotokolle und andere Dateien mit variabler Größe.
/usr	Das Dateisystem /usr. Das Dateisystem /usr (gesprochen »unix system resources«) ist gewöhnlich viel größer als das root-Dateisystem und beinhaltet Dateien, die mit Hilfe von NFS über das Netzwerk freigegeben werden. Ursprünglich wurde das Dateisystem /usr verwendet, um Dateien bereitzuhalten, die in vielen Rechner-Architekturen verwendet werden können.
/export	Wenn ein Solaris-System einen großen Festplattenspeicher zur Verfügung hat und mit einem Netzwerk verbunden ist, kann es dazu verwendet werden, ganze Dateisysteme (z.B. root oder swap-Space) über das Netzwerk für Diskless Clients freizugeben.

Das Dateisystem root

Verzeichnis	Erklärung
/dev	Gerätedateien für den Kernel und die Hardware
/dev/dsk	Festplattengeräte
/dev/pts	Pseudoterminals
/dev/rdsk	Zeichenorientierte Geräte (raw devices) (wie z.B. Floppy-Laufwerke)
/dev/rmt	Magnetbandlaufwerke (wie z.B. Magnetbandsicherungen)
/dev/sad	STREAMS-Verwaltungsgeräte
/dev/term	Terminalgeräte
/etc	Konfigurationsdateien, die für jeden Rechner eindeutig sind
/etc/acct	Konfigurationsdateien für die Systemabrechnung
/etc/cron.d	cron-Konfiguration
/etc/default	Standard-Konfigurationsdateien für bestimmte Programme
/etc/dfs	Konfigurationsdateien für freigegebene Dateisysteme
/etc/fs	Dateien, die verwendet werden, bevor /usr gemountet wird
/etc/inet	Internet-Konfigurationsdateien
/etc/init.d	Scripts zum Starten und Anhalten des Systems sowie zum Wechseln des Runlevel
/etc/lib	Freigegebene Bibliotheken

Verzeichnis	Erklärung
/etc/lp	Konfigurationsdateien des Druckdienstes
/etc/mail	Konfigurationsdateien des Maildienstes
/etc/net	Konfigurationsdateien des Netzwerkdienstes
/etc/opt	Konfigurationsdateien für optionale Softwarepakete (Zusatzsoftware von Drittherstellern)
/etc/rc0.d	Scripts zum Starten und Anhalten für Runlevel 0
/etc/rc1.d	Scripts zum Starten und Anhalten für Runlevel 1
/etc/rc2.d	Scripts zum Starten und Anhalten für Runlevel 2
/etc/rc3.d	Scripts zum Starten und Anhalten für Runlevel 3
/etc/saf	Dateien für die Service Access Facility
/etc/skel	Vorlagedateien für Konten, die mit useradd neu erstellt werden
/etc/sm	Status-Überwachungsinformationen
/etc/sm.bak	Sicherungsdatei der Status-Überwachungsinformationen
/etc/tm	Zeigt Trademarkinformationen beim Systemstart an.
/etc/uucp	UUCP-Konfigurationsdateien
/home	Anwenderdateien und Homeverzeichnisse
/kernel	Plattformunabhängige Kernelmodule
/mnt	Temporärer Mountpoint für das Mounten von Dateisystemen
/opt	Optionale Softwarepakete und Applikationen von Drittherstellern
/platform	Plattformabhängige Objekte
/platform/*/kernel	Plattformabhängige Objekte für den UNIX-Kernel
/platform/*/lib	Plattformabhängige Objekte für die freigegebenen Bibliotheken
/platform/*/sbin	Plattformabhängige Objekte für Binärdateien des Systems
/proc	Prozessinformationen und Tools
/sbin	Binäre Systemdateien, die zum Systemstart und bevor /usr gemountet wird, benötigt werden
/tmp	Temporäre Dateien (alle Dateien werden beim Systemstart entfernt)
/var	Veränderliche Dateien, die Rechner-spezifisch sind, aber trotzdem eine unbestimmte Größe haben, wie z.B. Protokolldateien (/var/log/syslog oder /var/adm/log)
/var/adm	Veränderliche Verwaltungsdateien
/var/cron	cron-Protokolldateien
/var/mail	Anwender-Maildateien
/var/news	Dateien, die mit Hilfe des Befehls news dem Anwender angezeigt werden (nicht mit Usenet verwandt)
/var/nis	NIS+-Datenbanken

Verzeichnis	Erklärung
/var/opt	Veränderliche Dateien, die von optionalen Softwarepaketen und Applikationen erstellt wurden
/var/preserve	vi- und ex-Sicherungsdateien
/var/sadm	Datenbanken für das Software-Management
/var/saf	Protokoll- und Systemabrechnungsdateien für die Service Access Facility
/var/spool	Dateien, die von E-Mail-Diensten, Druckdiensten und cron verwendet werden
/var/spool/lp	Spool-Dateien des Drucksystems
/var/spool/mqueue	Dateien für E-Mail-Warteschlangen (E-Mails, die darauf warten, abgesandt zu werden)
/var/spool/pkg	Temporärer Speicherplatz für Pakete, die mit dem Programm pkgadd installiert werden
/var/spool/uucp	In der Warteschlange befindliche UUCP-Prozesse
/var/spool/uucppublic	Dateien, die durch UUCP-Jobs erstellt wurden
/var/tmp	Temporäre Dateien (werden beim Systemstart nicht gelöscht)
/var/uucp	UUCP-Protokolldateien
/var/yp	Kompatibilitätsdateien für NIS- und YP-Dienste
/var/spool/cron	Temporäre Dateien für cron und at
/var/spool/locks	Lock-Dateien

Das Dateisystem usr

Verzeichnis	Erklärung
/usr/4lib	Bibliotheken für die Binärkompatibilität (BCP)
/usr/bin	Systembefehle und Binärdateien
/usr/bin/sunview1	Bibliotheken für die Binärkompatibilität (BCP) mit ausführbaren Dateien für SunView
/usr/ccs	Systemdateien für den C-Compiler (CCS)
/usr/ccs/bin	Binärdateien für den C-Compiler
/usr/ccs/lib	Bibliotheken für den C-Compiler
/usr/demo	Demonstrationsprogramme
/usr/dt	Dateien für das Common Desktop Environment (CDE)
/usr/dt/bin	Binärdateien für CDE
/usr/dt/include	include- und header-Dateien für CDE
/usr/dt/lib	CDE-Bibliotheken
/usr/dt/man	Online-Hilfedateien (man page) für CDE

Verzeichnis	Erklärung
/usr/games	Spieledateien
/usr/include	Header-Dateien für C-Compiler
/usr/kernel	Plattformunabhängige Kernelmodule
/usr/platform	Plattformabhängige Objekte
/usr/lib	Programm-spezifische Bibliotheken und Programme, die nicht direkt vom Anwender ausgeführt werden (z.B. sendmail)
/usr/lib/acct	Binärdateien für die Systemabrechnung
/usr/lib/dict	Lexikondateien und Rechtschreib-Datenbanken
/usr/lib/class	priocntrl- und dispadmin-Dateien
/usr/lib/font	Beschreibungsdateien für troff
/usr/lib/fs	Dateisystemmodule und Programme, die nicht direkt vom Anwender ausgeführt werden
/usr/lib/iconv	iconv-Umwandlungstabellen
/usr/lib/libp	Profil-Bibliotheken
/usr/lib/locale	Datenbanken zur Lokalisierung des Systems (Sprache, Zeitzonen usw.)
/usr/lib/lp	Datenbanken für Druckdienste und Binärdateien, die nicht direkt vom Anwender ausgeführt werden
/usr/lib/mail	E-Mail-Dienstprogramme (einschließlich sendmail)
/usr/lib/netsvc	Internetdateien
/usr/lib/nfs	Dateien des Network File Systems (NFS)
/usr/lib/pics	Dateien für Position Independent Code (PIC)
/usr/lib/refer	Programme, die von refer verwendet werden
/usr/lib/sa	Dateien für System Activity Report (SAR)
/usr/lib/saf	Dateien für System Access Facility (SAF)
/usr/lib/spell	Rechtschreibdateien des Binärkompatibilitätspaketes
/usr/lib/uucp	UUCP-Daemons
/usr/local	Lokale Programme und Befehle
/usr/net/servers	Eingangspunkte für den Listen-Daemon
/usr/oasys	Paketdateien für Framed Access Command Environment (FACE)
/usr/old	Alte Programme
/usr/openwin	OpenWindows Software
/usr/sadm	Systemadministrations-Dateien
/usr/sadm/bin	Dateien für den Form and Menu Language Interpreter (FMLI)
/usr/sadm/install	Dateien für das Paketmanagement
/usr/sbin	Binärdateien für die Systemadministration.
/usr/sbin/static	Statisch gelinkte Programme zur Problemlösung
/usr/share	Plattformunabhängige, freigegebene Dateien

Verzeichnis	Erklärung
/usr/share/man	Online-Hilfe
/usr/share/lib	Plattformunabhängige Bibliotheken und Datenbanken
/usr/share/lib/keytables	Konfigurationsdateien für die Tastatur
/usr/share/lib/mailx	mailx-Hilfedateien
/usr/share/lib/nterm	Terminaltabellen für nroff
/usr/share/lib/pub	Zeichensätze
/usr/share/lib/spell	spell-Datenbanken und Dateien
/usr/share/lib/tabset	Dateien zum Setzen von Tabulatoren
/usr/share/lib/terminfo	Dateien für Terminal-Informationen für terminfo
/usr/share/lib/tmac	nroff- und troff-Makrodateien
/usr/share/lib/zoneinfo	Zeitzonen-Informationen
/usr/share/src	Freigegebener Quellcode
/usr/snadm	SNAG-Dateien
/usr/ucb	Dateien für die Kompatibilität zur Unix-Distribution der University of California Berkeley (UCB)
/usr/ucbinclude	Header-Dateien für die Kompatibilität zur Unix-Distribution der University of California Berkeley (UCB)
/usr/ucblib	Bibliothek für die Kompatibilität zur Unix-Distribution der University of California Berkeley (UCB)
/usr/vmsys	Dateien für Framed Access Command Environment (FACE)

Das Dateisystem export

Verzeichnis	Erklärung
/export	Das exportierte Dateisystem
/export/exec/*plattform*	Das Dateisystem /usr, das für den Export der durch *plattform* spezifizierten Plattform oder Architektur bereitgestellt wird
/export/exec/share	Das Verzeichnis /usr/share für den Export auf alle Systeme
/export/root/*rechnername*	Das root-Dateisystem, das auf den Rechner, der durch *rechnername* spezifiziert ist, exportiert werden soll
/export/root/swap/*rechnername*	Die Swap-Datei, die auf den Rechner, der durch *rechnername* spezifiziert ist, exportiert werden soll
/export/var/*rechnername*	Das /var-Dateisystem, das auf den Rechner, der durch *rechnername* spezifiziert ist, exportiert werden soll

Einrichten und Mounten neuer Dateisysteme

Einrichten eines neuen Dateisystems (mkfs)

`/usr/sbin/mkfs [optionen] dateisystem`

Das Programm `mkfs` erzeugt neue Dateisysteme. Alle Typen von Dateisystemen können mit `mkfs` erstellt werden. Wie gewöhnlich werden auf der Befehlszeile Optionen spezifiziert, die für alle Arten von Dateisystemen verwendet werden. Dateisystem-spezifische Optionen werden mit Hilfe der Option `-o` spezifiziert.

Das »Front-End« verwenden

Das Programm `newfs` wurde Solaris hinzugefügt, um die Erstellung neuer Dateisysteme zu vereinfachen. Es arbeitet als Front-End für das Programm `mkfs`. Es wird dringend empfohlen, dass das Programm `newfs` immer zur Erstellung neuer Dateisysteme verwendet wird.

Lesen Sie auch »Einrichten eines neuen Dateisystems (newfs)« (230).

Optionen für alle Dateisysteme

Option	Erklärung
`-F`	Dateisystemtyp. Diese Option kann verwendet werden, um den Typ des Dateisystems zu spezifizieren. Wird diese Option weggelassen, werden die Dateien `/etc/vfstab` und `/etc/default/fs` überprüft, um einen Dateisystemtyp zu bestimmen.
`-m`	Zeigt die Befehlszeile an, die verwendet wurde, um das spezifizierte Dateisystem zu erstellen. Keine Änderungen werden am Dateisystem vorgenommen.
`-o`	Verwendet Dateisystem-spezifische Optionen. (Siehe folgende Tabelle.)
`-V`	Ausführliche Ausgabe. Zeigt die Befehlszeile an, aber führt keine Befehle aus.

Optionen für neue UFS-Dateisysteme

Die Optionen, die verwendet werden, um ein neues UFS-Dateisysteme zu erstellen, werden durch Schlüsselwörter spezifiziert, die durch einen spezifizierten Wert definiert sind. In jedem Fall ist *n* ein Integerwert.

Option	Erklärung
`apc=`*n*	Reservierter Speicherplatz für den Ersatz von beschädigten Blöcken auf SCSI-Geräten. Der Standardwert ist `0`.
`bsize=`*n*	Logische Blockgröße von entweder `4096` (4Kbyte) oder `8192` (8Kbyte). Der Standardwert ist `8192`.
`cgsize=`*n*	Anzahl der Zylinder je Zylindergruppe. Der Standardwert ist `16`.

Option	Erklärung
`fragsize=`*n*	Die kleinste Fragmentgröße einer Datei. Der Standardwert muss `2b` sein, wobei *b* eine Zahl zwischen `512` und der lokalen Blockgröße sein muss. Der Standardwert ist `1024`.
`free=`*n*	Die Mindestmenge an freiem Speicherplatz, um das Dateisystem warten zu können. Der Standardwert ist `60`.
`gap=`*n*	Rotationsverzögerung, angegeben in Millisekunden. Der Standardwert hängt vom Laufwerkstyp ab.
`maxcontig=`*n*	Die maximale Anzahl der Blöcke, die zusammengefasst werden können, bevor eine Rotationsverzögerung eingefügt wird. Der Standardwert hängt vom Dateisystem ab: 4K-Systeme: `14` 8K-Systeme: `7` Diese Option kann später mit `tunefs` verändert werden.
`N`	Erzeugt kein Dateisystem, sondern zeigt nur die Parameter an, die verwendet werden würden.
`nbpi=`*n*	Anzahl der Blöcke pro Inode. Der Standardwert ist `2048`.
`nrpos=`*n*	Rotationspositionen je Zylinder. Der Standardwert ist `8`.
`nsect=`*n*	Anzahl der Sektoren je Spur. Der Standardwert ist `32`.
`ntrack=`*n*	Anzahl der Spuren pro Zylinder. Der Standardwert ist `16`.
`opt=typ`	Optimierungstyp. Der Typ kann einer der folgenden sein: `s`: Optimiert den Speicherplatz. `t`: Optimiert die Geschwindigkeit (Zeit).
`rps=`*n*	Plattengeschwindigkeit angegeben in Umdrehungen pro Sekunde. Der Standardwert ist `60`.

Einrichten eines neuen Dateisystems (newfs)

`newfs [`*`optionen`*`]` *`raw-device`*

In früheren Versionen von SunOS wurden neue Dateisysteme mit dem Befehl `mkfs` erstellt. Der Befehl `newfs` wurde als Front-End-Befehl zu `mkfs` hinzugefügt, um die Erstellung von UFS-Dateisystemen zu erleichtern. Der Befehl `newfs` bestimmt automatisch die notwendigen Parameter und gibt diese an `mkfs` zur Erstellung des neuen Dateisystems weiter.

Dieser Befehl kann nur vom root-Anwender verwendet werden, um neue Dateisysteme zu erstellen, außer das neue Dateisystem befindet sich auf einer entfernbaren Diskette. Wenn das neue Dateisystem auf eine Diskette aufgebracht werden soll, kann jeder `newfs` verwenden. Die folgenden Optionen können mit dem Befehl `newfs` verwendet werden:

Option	Erklärung
`-a` *abpc*	Alternative Zylinderblöcke. Diese Option findet nur bei SCSI-Geräten Anwendung, die für das Bereinigen von beschädigten Blöcken reserviert sind. Der Standardwert ist `0`.
`-b` *blockgröße*	Blockgröße. Spezifiziert die logische Blockgröße des Dateisystems in Byte. Es muss entweder `4096` oder `8192` sein. Der Standardwert ist `8192`.

Option	Erklärung
`-c` *cpg*	Zylinder pro Zylindergruppe. Dieser Wert muss im Bereich von `1` bis `32` liegen. Der Standardwert ist `16`.
`-C` *max*	Die maximale Anzahl der Blöcke, die zusammengefasst werden können, bevor eine Rotationsverzögerung eingefügt wird. Der Standardwert hängt vom Dateisystem ab: 4K-Systeme: `14` 8K-Systeme: `7` Diese Option kann später mit `tunefs` verändert werden.
`-d` *verzögerung*	Rotationsverzögerung. Definiert den Rotationsabstand zwischen Blöcken in einer Datei und gibt ihn in Millisekunden an. Dieser Wert kann später mit `tunefs` verändert werden. Der Standardwert hängt vom Laufwerkstyp ab.
`-f` *größe*	Fragmentgröße. Die kleinste Fragmentgröße in einer Datei. Der Standardwert muss `2n` sein, wobei *n* eine Zahl zwischen `512` und der logische Blockgröße sein muss.
`-i` *bpi*	Byte pro Inode. Die Zahl bestimmt die Gesamtanzahl der Inodes des Dateisystems. Um weniger Inodes zuzulassen, verwenden Sie eine große Zahl, für mehr Inodes muss eine kleine Zahl verwendet werden. Der Standardwert ist `2048`.
`-m` *freepct*	Minimaler freier Speicherplatz. Definiert die Menge des freien Speicherplatzes (ausgedrückt als Prozentsatz des gesamten Speicherplatzes), der auf der Festplatte freigehalten werden soll. Nur der root-Anwender kann auf die Festplatte schreiben, wenn dabei der Grenzwert überschritten wird. Der Standardwert ist 10 %.
`-N`	Zeigt alle Parameter an, die verwendet werden würden, wenn ein neues Dateisystem erstellt werden würde. Es wird aber kein Dateisystem erstellt oder die Festplatte auf irgendeine Weise verändert.
`-n` *rotpos*	Rotationspositionen. Spezifiziert die Anzahl der Einheiten in einer Zylindergruppe. Standardwert ist `8`.
`-o` *optimieren*	Optimierung. Kann eine der zwei folgenden sein: `space`: Minimiert die Zeit, die verbraucht wird, um Blöcke zu lokalisieren. `time`: Minimiert die Platzfragmentierung auf der Festplatte. Wenn der minimale freie Speicherplatz, der frei bleiben soll, (wie durch `-m` angegeben) kleiner als 10 % ist, wird die Speicherplatzoptimierung verwendet.
`-r` *rpm*	Laufwerksgeschwindigkeit. Spezifiziert den Wert des Laufwerks in Umdrehungen pro Minute. Standardwert ist `3600`.
`-s` *sektoren*	Laufwerkssektoren. Spezifiziert die Größe des Dateisystems in Sektoren. Standardmäßig wird das gesamte Dateisystem verwendet.
`-t` *tpc*	Spuren pro Zylinder. Spezifiziert die Anzahl der Spuren pro Zylinder auf dem Laufwerk. Der Standardwert hängt vom Laufwerk ab.
`-v`	Ausführliche Ausgabe. alle Aktionen und Informationen werden angezeigt.

Beispiel	Erklärung
`newfs -v /dev/rdsk/c0t0d0s6`	Erstellt ein neues Dateisystem unter Verwendung aller Standardwerte und zeigt alle Aktionen ausführlich an.
`newfs -Nv /dev/rdsk/c0t0d0s8`	Zeigt Informationen über das zeichenorientierte Gerät (raw device), aber erstellt kein Dateisystem.

Mounten und Unmounten von Dateisystemen (mount, mountall)

`/usr/sbin/mount` [*optionen*] *dateisystem mountpoint*
`/usr/sbin/umount` [*optionen*] *mountpoint*

Die Befehle `mount` und `umount` werden verwendet, um Dateisysteme zu mounten oder zu unmounten. Wenn ein Dateisystem gemountet wird, wird es in einen bestehenden Dateibaum eingehängt, so dass es verwendet werden kann. Eine Tabelle der gemounteten Dateisysteme wird in der Datei `mnttab` (ausgesprochen mount-tab) in `/etc/mnttab` gespeichert.

Optionen für alle Dateisystemtypen

Option	Erklärung
`-a`	Mountet, wenn möglich, gleichzeitig alle Dateisysteme, die als »mount at boot« in `/etc/vfstab` spezifiziert sind. Wenn der Befehl `umount` verwendet wird, werden alle Dateisysteme, die in `/etc/mnttab` aufgeführt sind, ungemountet.
`-a` *mountpoints*	Wenn der Befehl `umount` verwendet wird, werden nur die mit dieser Option aufgelisteteten Mountpoints ungemountet.
`-F` *typ*	Spezifiziert den Typ des zu mountenden Dateisystems.
`-m`	Mountet ein Dateisystem, ohne einen Eintrag in `/etc/mnttab` hinzuzufügen.
`-o`	Spezifiziert die Dateisystem-spezifischen Mountoptionen. Optionen müssen durch Kommas getrennt sein.
`-O`	Überlagerung. Das Dateisystem wird auf einen im Moment bereits gemounteten Mountpoint gemountet. Das darunter liegende Dateisystem kann nach dieser Operation nicht mehr verwendet werden.
`-p`	Gibt das Dateisystem in `/etc/vfstab` aus. Keine andere Option kann gemeinsam mit dieser Option verwendet werden.
`-r`	Mountet das Dateisystem als nur lesbar (read-only).
`-v`	Gibt das Dateisystem in `/etc/vfstab` aus und zeigt alle Informationen ausführlich an. Keine andere Option kann mit dieser Option verwendet werden.
`-V`	Zeigt die Befehlszeile an, führt aber keine Befehle aus.

Optionen für das Mounten von UFS-Dateisystemen

Option	Erklärung
`f`	Vorgetäuschter Eintrag. Fügt einen Eintrag zu `/etc/mnttab` hinzu, aber mountet das Dateisystem nicht wirklich.
`intr`	Lässt Tastatur-Interrupts zu, um Prozesse, die auf gesperrte Dateisysteme warten, zu beenden.
`m`	Mountet das Dateisystem, aber fügt keinen Eintrag zu `/etc/mnttab` hinzu.
`nointr`	Lässt keine Tastatur-Interrupts zu, um Prozesse, die auf gesperrte Dateisysteme warten, zu beenden.
`nosuid`	Verbietet `suid`-Ausführungen von Programmen.
`onerror=`*`aktion`*	Spezifiziert die Aktion, die nach einer Fehlermeldung getätigt werden muss. Die Aktion kann eine der folgenden vier Optionen sein: `panic`: Erzwingt das Herunterfahren des Systems. `lock`: Sperrt das Dateisystem. `umount`: Erzwingt das Unmounten des Dateisystems. `repair`: Führt einen automatischen `fsck` durch. Die Standardoption ist `panic`.
`qouta`	Aktiviert Quoten für das spezifizierte Dateisystem.
`remount`	Mountet ein im Moment gemountetes Dateisystem erneut. Wird verwendet, um den Zugriff von Dateisystemen von nur lesbar (read-only) auf Lesen und Schreiben (read-write) zu ändern.
`ro`	Mountet Dateisysteme als nur lesbar (read-only).
`rq`	Mountet Dateisysteme als les- und beschreibbar (read-write) und aktiviert die Quoten.
`rw`	Mountet Dateisysteme als les- und beschreibbar (read-write).
`toosoon=`*`zeit`*	Spezifiziert bei inkonsistenten Dateisystemen die Mindestzeit, die einen erzwungenen Abbruch oder eine Reparatur signalisiert. Die Zeit wird spezifiziert durch folgende Einheiten: Sekunden (`s`), Minuten (`m`), Stunden (`h`), Tage (`d`), Woche (`w`) oder Jahre (`y`). Beispiel: `15h` bedeutet 15 Stunden.

Überprüfen und Tunen von Dateisystemen

Überprüfen und Reparieren von Dateisystemen (fsck)

Der Befehl `fsck` ist ein interaktives Tool, um Dateisysteme auf Inkonsistenzen zu überprüfen und zu reparieren. In der Standardeinstellung wird der Anwender um Bestätigung gebeten, bevor Korrekturen durchgeführt werden. Nur der root-Anwender kann Festplattenprobleme mit `fsck` lösen.

Möglicher Datenverlust

Der Befehl `fsck` kann viele gängige Festplattenprobleme lösen. Beachten Sie jedoch, dass Korrekturen zum Datenverlust im Dateisystem führen können. Die Menge der verlorenen Daten hängt davon ab, wie groß das Problem ist, und wird am Ende der `fsck-Ausführung` mitgeteilt.
Um potenziellen Problemen vorzubeugen, unmounten Sie die Dateisysteme, wann immer es möglich ist, bevor Sie `fsck` ausführen. Ist dies nicht möglich, starten Sie umgehend neu, nachdem `fsck` ausgeführt wurde.

Optionen für alle Dateisysteme

Option	Erklärung
`-F` *typ*	Spezifiziert den Typ des Dateisystems.
`-m`	Führt im Dateisystem eine Überprüfung auf Inkonsistenzen aus, aber repariert nichts. Diese Option kann als Schnellprüfung verwendet werden, um zu sehen, ob das Dateisystem bereit ist, gemountet zu werden.
`-N`	Beantwortet alle Fragen, ob das Problem bereinigt werden soll, mit `no`.
`-o`	Verwendet Dateisystem-spezifische Optionen. Die Optionen müssen in einer durch Kommas begrenzten Liste angegeben werden.
`-V`	Zeigt Befehlszeilen an, aber führt keine Befehle aus.
`-Y`	Beantwortet alle Fragen, ob das Problem bereinigt werden soll, mit `yes`.

Optionen für UFS-Dateisysteme

Option	Erklärung
`b=n`	Verwendet Block *n* als den Superblock des Dateisystems. Superblocks können mit dem Befehl `newfs` mit der Option `-Vn` gefunden werden.
`c`	Konvertiert Tabellenformate. Alte statische Formattabellen werden in neue dynamische Tabellen konvertiert und umgekehrt.
`f`	Erzwingt Dateisystemüberprüfungen.
`p`	»Schweigender« Modus. Überprüft und repariert ein Dateisystem ohne Eingreifen des Anwenders.
`w`	Führt `fsck` nur auf beschreibbaren Dateisystemen durch.

Exit Codes

Exit Code	Erklärung
0	Keine Fehler oder Probleme im Dateisystem.
1	Falsche Verwendung von `fsck`.
32	Das Dateisystem ist ungemountet und benötigt eine Überprüfung.
33	Das Dateisystem ist gemountet.
34	Kann das Gerät nicht überprüfen.

Exit Code	Erklärung
36	Im Dateisystem wurden Fehler gefunden, die nicht repariert werden können.
37	Während der Ausführung ist ein Signal eingetroffen.
39	Im Dateisystem wurden Fehler gefunden, die nicht repariert werden können – unnormaler Programmabbruch.
40	Keine Fehler oder Probleme im Dateisystem.

Ausgabe von Dateisysteminformationen und Dateinamen (ff)

Der Befehl `ff` kann verwendet werden, um Pfadnamen und Inodenummern für alle Dateien eines angegebenen Dateisystems auszugeben. Der Befehl ist ähnlich wie `ncheck`.

Optionen für alle Dateisysteme

Option	Erklärung
-a *n*	Zeigt die Dateien nur dann an, wenn auf diese innerhalb von *n* Tagen zugegriffen wurde.
-c *n*	Zeigt die Dateien nur dann an, wenn sich ihr Status innerhalb der letzten *n* Tage verändert hat.
-F *typ*	Spezifiziert den Typ des Dateisystems.
-I	Gibt Inodenummern mit dazugehörigen Pfadnamen aus.
-i *liste*	Zeigt nur Dateien mit den Inodes an, die in *liste* angegeben sind. Die Liste muss eine durch Kommas begrenzte Liste von Inodenummern sein.
-l	Erstellt eine weitere Liste für Dateien mit mehreren Links.
-m *n*	Zeigt die Dateien nur dann an, wenn diese innerhalb der letzten *n* Tage geschrieben oder erzeugt wurden.
-n *dateiname*	Zeigt die Dateien nur dann an, wenn diese seit dem Datum der mit *dateiname* angegebenen Datei verändert wurden.
-o	Spezifiziert Dateisystem-spezifische Optionen.
-p *prefix*	Stellt *prefix* vor jeden aufgeführten Pfadnamen.
-s	Gibt die Dateigröße in Byte an.
-u	Gibt den Eigentümer der Datei an.
-V	Gibt die Befehlszeile aus, aber führt keine Aktionen durch.

Optionen nur für UFS-Dateisysteme

Option	Erklärung
a	Gibt . und .. ebenso aus wie andere Dateien.
m	Zeigt Dateizugriffsrechte an.
s	Zeigt nur `setuid` und spezielle Dateien an.

Überprüfen von freiem Festplattenplatz (df)

Der Befehl `df` kann verwendet werden, um freien Speicherplatz eines Dateisystems zu überprüfen. Exportierte und mit dem Befehl `remount` erneut gemountete Dateisysteme (wie `/export` oder manchmal `./home`) können unter Umständen zweimal aufgeführt werden.

Option	Erklärung
`-a`	Zeigt den Festplattenplatz für alle Dateisysteme an.
`-b`	Zeigt nur den freien Speicherplatz in Kilobyte an.
`-e`	Zeigt nur die Anzahl der freien Dateien im Dateisystem an.
`-F` *typ*	Spezifiziert den Typ des Dateisystems. Wird nur mit ungemounteten Dateisystemen verwendet.
`-g`	Zeigt alle Informationen (gesamte `statvfs`-Struktur) über gemountete Dateisysteme an.
`-k`	Zeigt alle Informationen in Kilobyte an, einschließlich der Speicherplätze und des freien Speicherplatzes.
`-l`	Zeigt nur die lokalen Dateisysteme an. NFS-Dateisysteme werden nicht angezeigt.
`-n`	Gibt nur den Typ des Dateisystems aus.
`-o` *optionen*	Spezifiziert Dateisystem-spezifische Optionen in einer durch Komma begrenzten Liste.
`-P`	Zeigt alle Informationen in Einheiten von 512 Byte.
`-t`	Zeigt Summen der Festplattenstatistiken an.
`-v`	Gibt die Befehlszeile aus, aber führt keine Befehle aus.

Beispiel für die Ausgabe von df

```
/           (/dev/dsk/c0t0d0s0 ):  655122 blocks   461301 files
/proc       (/proc             ):       0 blocks     1959 files
/dev/fd     (fd                ):       0 blocks        0 files
/opt        (/dev/dsk/c0t1d0s0 ):  351948 blocks   366443 files
/export     (/dev/dsk/c1t0d0s6 ): 6318772 blocks   502588 files
/stuff      (/dev/dsk/c0t1d0s6 ): 5439788 blocks   397744 files
/spare1     (/dev/dsk/c0t0d0s7 ): 1984568 blocks   499453 files
/spare2     (/dev/dsk/c0t2d0s5 ): 7803320 blocks   470011 files
/music      (/dev/dsk/c0t2d0s6 ): 2957202 blocks   469375 files
/tmp        (swap              ):  866776 blocks   Â16166 files
/oldroot    (/dev/dsk/c0t2d0s0 ):  522688 blocks   340701 files
/home/marym (/export/home/marym): 6318772 blocks   502588 files
```

Beispiel für die Ausgabe von df -k

```
Filesystem          kbytes    used   avail capacity  Mounted on
/dev/dsk/c0t3d0s0   100935   27083   63762    30%    /
/dev/dsk/c0t2d0s6   384243  255164   90659    74%    /usr
/proc                    0       0       0     0%    /proc
fd                       0       0       0     0%    /dev/fd
/dev/dsk/c0t3d0s3   167631  129800   21071    87%    /var
```

```
/dev/dsk/c0t2d0s5       96048   11225   75223   13%   /tmp
/dev/dsk/c0t2d0s7      131718    1334  117214    2%   /var/tmp
/dev/dsk/c1t2d0s1     3939430 1348153 2197337   39%   /var/spool/news
/dev/dsk/c1t1d0s6      306418  142389  133389   52%   /home
/dev/dsk/c1t1d0s7      306418  261545   14233   95%   /home/staff
/dev/dsk/c0t0d0s6      306418  198473   77305   72%   /home/student
/dev/dsk/c0t0d0s7      306418  117572  158206   43%   /home/math
host2:/usr/local       631824  463824  104816   82%   /usr/local
host2:/opt             192416  154176   19000   90%   /opt
host2:/usr/share/man   631824  463824  104816   82%   /usr/share/man
host2:/usr/X11R6.1     631824  463824  104816   82%   /usr/X11R6.1
```

Kennzeichnung von Dateisystemen (labelit)

Der Befehl `labelit` wird verwendet, um Dateisysteme zu kennzeichnen und Labels für das aktuelle Dateisystem auszugeben. Das Dateisystem muss ungemountet werden, bevor es ein Label erhält. Festplattenlabels werden von Programmen wie `volcopy` verwendet.

Option	Erklärung
`-F` *typ*	Spezifiziert den Typ des Dateisystems.
`-V`	Zeigt die Befehlszeile an, aber führt keine Befehle aus.

Auflisten von Pfadnamen und Inodenummern (ncheck)

Der Befehl `ncheck` erstellt eine Liste von Pfadnamen mit den entsprechenden Inodenummern für ein blockorientiertes Gerät (block special device). Ein blockorientiertes Gerät kann an der Befehlszeile spezifiziert werden; sonst wird `ncheck` für alle Geräte ausgeführt, die in `/etc/vfstab` als special angegeben sind. Einige Optionen können für alle Typen von Dateisystemen verwendet werden, wobei andere Optionen Dateisystem-spezifisch sind.

Optionen für alle Dateisysteme

Option	Erklärung
`-a`	Zeigt auch `.` und `..` bei der Auflistung der Dateinamen an.
`-F`	Spezifiziert den Typ des Dateisystems, für das `ncheck` durchgeführt werden soll.
`-i` *liste*	Zeigt nur die Dateien an, die der Liste von Inodenummern zugeordnet werden. Die Liste muss durch Kommas begrenzt sein.
`-o`	Spezifiziert Dateisystem-spezifische Optionen in einer durch Kommas begrenzten Liste.
`-s`	Zeigt nur `setuid` und spezielle Dateinamen an. Diese Option kann verwendet werden, um die Sicherheit des Systems zu überprüfen.
`-V`	Zeigt die Befehlszeile an, aber führt keine Befehle aus.

Optionen für die Verwendung mit UFS-Dateisystemen

Option	Erklärung
`m`	Informationen über den Ausgabemodus für Dateien.

Tunen eines Dateisystems (tunefs)

Wenn ein Dateisystem ungemountet wurde, kann `tunefs` verwendet werden, um die Leistung sowie die Parameter der Festplatte zu tunen. Das Dateisystem muss in `/etc/vfstab` sein, um getuned werden zu können.

Option	Erklärung
`-a` *max*	Definiert die maximale Anzahl von Blöcken, die ununterbrochen beschrieben werden, bevor eine Rotationsverzögerung eingefügt wird.
`-d` *verzögerung*	Definiert die Rotationsverzögerung (in Millisekunden), die zwischen Blöcken eingefügt wird.
`-e` *bpg*	Definiert die maximale Anzahl der Blöcke pro Zylindergruppe.
`-m` *frei*	Definiert den minimalen freien Speicherplatz, der im Dateisystem freigehalten werden soll.
`-o` *typ*	Definiert den Typ der Dateisystemoptimierung: `space`: Speicherplatzoptimierung `time`: Geschwindigkeitsoptimierung (Reduzierung der Zugriffszeit)

Beispiel	Erklärung
`tunefs -o time /home`	Optimiert die Geschwindigkeit für das Dateisystem `/home`.

Datensicherungen

Sichern eines Dateisystems (ufsdump)

Der Befehl `ufsdump` wird verwendet, um Dateisysteme zu sichern. Es können entweder bestimmte Dateien oder vollständige Dateisysteme auf das Sicherungsgerät (z.B. ein Magnetband) kopiert werden. In der Standardeinstellung wird auf das Gerät `/dev/rmt/0` gesichert.

Dateisysteme müssen inaktiv sein, wenn gesichert wird.

Es ist sehr wichtig, dass das Dateisystem, das gesichert werden soll, nicht aktiv ist (dass weder darin gelesen noch geschrieben wird). Es sollte entweder ungemountet sein oder im Single-User-Modus laufen, wenn `ufsdump` ausgeführt wird. Der Versuch, ein aktives Dateisystem zu sichern, führt dazu, dass Daten verfälscht werden, und macht es unter Umständen unmöglich, Dateien aus der Sicherung wiederherzustellen.

Option	Erklärung
a	Archivdatei. Erstellt ein Inhaltsverzeichnis der Archivdatei, die von `ufsrestore` verwendet wird, um zu überprüfen, ob eine Datei gesichert wurde.
b *faktor*	Blockungsfaktor. Spezifiziert den Blockungsfaktor, der für die Bandgeräte verwendet wird. Der Standardwert der Schreibdichte ist 20 Blocks für Bänder von 6.250 Byte pro Inch oder weniger. Die Blocks sind 512 Byte groß.
c	Verwendet die Standardwerte für die Sicherung mit Kassettenmagnetbändern anstelle von Datenbändern.
D	Sicherung auf Festplatte.
d *bpi*	Schreibdichte eines Geräts. Definiert die Schreibdichte mit `bpi` (bytes per inch).
sicherungslevel	Sicherungslevel (dump level). Der Sicherungslevel ist ein Integerwert von `0 bis 9`, der verwendet wird, um zu entscheiden, welche Dateien während einer inkrementellen Sicherung gesichert werden sollen. Der Sicherungslevel `0` sichert alle Dateien im Dateisystem. Wird ein Sicherungslevel angegeben, der nicht `0` ist, werden alle Dateien gesichert, die verändert wurden, seit die letzte Sicherung mit einem niedrigeren Sicherungslevel als dem aktuellen Level durchgeführt wurde. Ein Sicherungslevel 2 sichert z.B. alle Dateien, die seit einer letzten Sicherung mit Level `1` oder `0` verändert wurden.
datei	Sicherungsdatei. Der Backup wird in der spezifizierten Datei und nicht auf `/dev/rmt/0` gesichert.
l	Automatisches Wechseln von Bändern. Am Ende eines Bandes wird das Laufwerk offline gesetzt und wartet zwei Minuten, bis es wieder online geht. Während dieser Zeit kann ein automatisches Wechseln durchgeführt werden.
n	Benachrichtigung. Alle Anwender in der Gruppe `sys` werden benachrichtigt, wenn bei der Sicherung ein Problem auftaucht.
o	Offline. Das Magnetbandgerät wird offline gesetzt, nachdem die Sicherung durchgeführt wurde oder wenn das Ende des Bandes erreicht ist.
S	Führt keine Sicherung durch. Gibt nur den voraussichtlichen Platzbedarf an, der benötigt wird, um eine Sicherung durchzuführen.
s *größe*	Spezifiziert die Größe des Sicherungsmediums (Magnetband). Diese Option ist nicht erforderlich. Werte werden in Fuß angegeben und sollten etwas kleiner als die tatsächliche Bandlänge sein.
t *spuren*	Spezifiziert die Anzahl der Spuren in einem Magnetbandlaufwerk. Diese Option ist in der Regel nicht erforderlich. Standardwert ist `9`.
u	Fügt einen Eintrag (Name des Dateisystems, Datum, Sicherungslevel) zur Datei `/etc/dumpdates` hinzu.
v	Vergleich. Vergleicht das gesicherte Dateisystem mit der Sicherungskopie.

Option	Erklärung
`w`	Warnung. Gibt Dateisysteme aus, die länger als einen Tag nicht gesichert wurden.
`W`	Verstärkte Warnung. Gibt alle Dateisysteme in `/etc/dumpdates` aus und hebt alle Dateisysteme hervor, die länger als einen Tag nicht gesichert wurden.

Ein Dateisystem mit Hilfe einer Datensicherung wiederherstellen (ufsrestore)

Der Befehl `ufsrestore` wird verwendet, um Dateisysteme aus einer Datensicherung wiederherzustellen.

Sicherungsmodus

Modus	Funktionsbuchstabe	Erklärung
Extrahieren (Extract)	`x`	Extrahiert die spezifizierten Dateien vom Medium zurück ins Dateisystem.
Interaktiv (Interactive)	`i`	Der Befehl `ufsrestore` wird im interaktiven Modus durchgeführt, wobei der Anwender zu Eingaben aufgefordert wird, nachdem die Informationen aus dem Sicherungsmedium eingelesen wurden. In diesem Modus können Befehle verwendet werden. Sie werden im Folgenden angegeben.
Rekursiv (Recursive)	`r`	Rekursives Wiedereinspielen eines gesamten Dateisystems unterhalb des aktuellen Verzeichnisses.
Fortsetzen (Resume)	`R`	Das Wiederherstellen der Daten von einem bestimmten Datenträger wird fortgesetzt, nachdem es unterbrochen wurde.
Inhaltsverzeichnis (Table-of-Contents)	`t`	Gibt ein Inhaltsverzeichnis des Sicherungsmediums aus und zeigt alle Dateien an.

Modifizierer

Modifizierer	Erklärung
`a` *`datei`*	Verwendet das Inhaltsverzeichnis der spezifizierten Datei und nicht das des Sicherungsmediums.
`b` *`factor`*	Blockungsfaktor. Spezifiziert den Blockungsfaktor, der für die Magnetbandsicherung verwendet wird. Die Blocks sind 512 Byte groß.
`c`	Konvertiert Medien im alten Format in das neue Format `ufs`.
`d`	Debug-Modus. Gibt Debug-Informationen aus.
`f` *`datei`*	Verwendet die Datei, die durch *`datei`* spezifiziert ist und nicht `/dev/rmt/0` als die Quelle, von der zurückgelesen wird.
`h`	Stellt das aktuelle Verzeichnis mit Hilfe der Sicherung wieder her anstatt mit Hilfe der Dateien, auf die es verweist.

Modifizierer	Erklärung
`m`	Stellt die Daten anhand der Inodenummern und nicht anhand des Dateinamens wieder her.
`s` *n*	Extrahiert die Daten vom Sicherungsmedium und beginnt mit der *n*-ten Datei.
`v`	Ausführliche Ausgabe. Zeigt zusätzliche Informationen an, wenn eine Datensicherung wiederhergestellt wird.
`y`	Zwingt `ufsrestore` dazu, fortzufahren, auch wenn Fehler auftreten.

Befehle

Befehl	Erklärung
`add` *datei*	Fügt die spezifizierte Datei zu der Liste von Dateien hinzu, die vom Sicherungsmedium extrahiert werden sollen.
`cd` *verzeichnis*	Wechselt zum spezifizierten Verzeichnis in der Sicherungsdatei.
`delete` *datei*	Löscht die spezifizierte Datei (oder das Verzeichnis) aus der Liste von Dateien, die vom Sicherungsmedium extrahiert werden sollen.
`extract`	Extrahiert alle Dateien aus der Liste, die wiederhergestellt werden sollen. Die Liste wird mit Hilfe der Befehle `add` und `delete` erstellt.
`help`	Gibt eine Zusammenfassung der Befehle aus.
`ls`	Listet in der Sicherungsdatei Dateien und Verzeichnisse des aktuellen Arbeitsverzeichnisses auf.
`pwd`	Gibt das aktuelle Arbeitsverzeichnis aus.
`quit`	Beendet unverzüglich.
`setmodes`	Fragt interaktiv, ob die zu setzenden Zugriffsrechte unverändert bleiben sollen oder nicht.
`verbose`	Aktiviert den ausführlichen Modus. Ist dieser Befehl aktiviert, werden Inodenummern angezeigt, wenn der Befehl `ls` verwendet wird.
`what`	Gibt die Kopfzeile des Sicherungsmediums aus.

Kopieren von Dateisystemen

Kopieren von Datenträgern (volcopy)

Der Befehl `volcopy` kann vom root-Anwender verwendet werden, um von einem gekennzeichneten Dateisystem eine Kopie zu erstellen. Dieser Befehl arbeitet mit `ufs`-Dateisystemen, aber er funktioniert unter Umständen nicht mit anderen Dateisytemtypen. Wenn die Option `-a` nicht auf der Befehlszeile spezifiziert wird, wird `volcopy` 10 Sekunden warten, bevor es die Kopie erstellt.

Verwenden Sie dd, um Magnetbandlaufwerke zu kopieren.

Verwenden Sie das Programm volcopy, um zwischen Festplatten zu kopieren. Um einen Datenträger auf ein Magnetband zu kopieren, benutzen Sie das Programm dd.

Option	Erklärung
-a	Fordert den Anwender zur Bestätigung auf, bevor eine Kopie erstellt wird.
-F *typ*	Spezifiziert den Typ des Dateisystems.
-o *optionen*	Spezifiziert Dateisystem-spezifische Optionen in einer durch Kommas begrenzten Liste.
-V	Zeigt die Befehlszeile an, aber führt keine Aktionen aus.

Kopieren und Konvertieren von Dateien (cpio, dd)

Es gibt zwei Hauptprogramme, um Dateien oder komplette Dateisysteme zu kopieren oder zu konvertieren. Das Programm cpio wird verwendet, um Dateiarchive zu kopieren. Das Programm dd wird verwendet, um Dateien zu kopieren und zu konvertieren (insbesondere auf Magnetbänder). Das Programm cpio behält die Dateimodi und -zugriffsrechte bei.

cpio-Modi

cpio-Modus	Modus-Buchstabe	Erklärung
Archiv erzeugen (Copy In)	-i	Liest von der Standardeingabe, erzeugt die extrahierten Dateien und Verzeichnisse und behält die Dateimodi und die Zugriffsrechte bei. Ist der Anwender root, dann werden der Besitzer und die Gruppen der Datei auch beibehalten.
Archiv ausgeben (Copy Out)	-o	Liest von der Standardeingabe, um eine Liste von Dateien oder Pfaden, die kopiert werden sollen, zu erstellen. Diese Information wird gemeinsam mit Pfad- und Statusinformationen an die Standardausgabe gesandt.
Übergeben (Pass)	-p	Liest eine Liste von Pfadnamen und kopiert die dazugehörenden Dateien und Verzeichnisse an die spezifizierte Stelle.

Option	Erklärung
-a	Setzt die Zugriffszeit für kopierte Dateien zurück.
-A	Fügt Dateien zu einer Archivdatei hinzu.
-B	Gibt einen Blockungsfaktor von 5.120 Byte pro Aufzeichnung für die Ein- und Ausgabe an.
-c	Behält Informationen über Kopfzeilen beim Lesen oder Schreiben im ASCII-Format bei.
-C *größe*	Gibt die Größe des Zwischenspeichers für die Ein- und Ausgabe in *größe* an. Die Standardgröße für den Zwischenspeicher ist 512 Byte.

Option	Erklärung
-d	Verzeichnisse werden nur dann angelegt, wenn sie benötigt werden.
-E *datei*	Liest Dateinamen, die aus der spezifizierten Datei kopiert werden sollen.
-H *header*	Definiert das Headerformat mit *header*. Gültige Headerformate sind bar, crc, odc, tar und ustar.
-I *datei*	Behandelt die spezifizierte Datei als eine Eingabedatei und liest Dateinamen aus der Datei. Die Datei kann auch ein spezielles Gerät sein.
-k	Lässt defekte Datei-Header aus und fährt fort.
-l	Kopiert die symbolischen Links anstatt der Dateien.
-L	Folgt den symbolischen Links und kopiert auch die Originaldateien.
-m	Verändert keine Änderungszeiten von Dateien.
-M *msg*	Definiert die Nachricht, die ausgegeben wird, wenn es Zeit ist, das Medium zu wechseln und wenn die Option -O oder -I verwendet wird.
-O *datei*	Schreibt die Ausgabe von cpio in die angegebene Datei. Die Datei kann auch ein spezielles Gerät sein.
-P	Behält Access Controll Lists bei (ACLs).
-r	Der Anwender wird aufgefordert, jede Datei umzubenennen, wenn sie gelesen wird.
-R *uid*	Ändert die *uid* jeder Datei interaktiv. Nur der root-Anwender kann diese Option ausführen.
-t	Gibt ein Inhaltsverzeichnis aus.
-u	Unbedingte Kopie. In der Standardeinstellung (ohne -u) ersetzen ältere Dateien keine neueren Dateien mit demselben Namen.
-v	Ausführliche Ausgabe. Gibt Informationen aus.
-V	Besonders ausführliche Ausgabe. Gibt nur Dateien aus, die kopiert wurden.

cpio-Beispiel

Beispiel	Erklärung
Find . -print | cpio -dump{output}	Kopiert einen Verzeichnisbaum in einen anderen.

dd

Eine Alternative zur Verwendung von cpio ist dd, um Dateien zu kopieren und zu konvertieren. Dieses Programm ist besonders beim Kopieren auf Magnetbänder nützlich. Die Blockgrößen der Eingabe- sowie der Ausgabe-Datenströme können konvertiert werden.

Operand	Erklärung
bs=*n*	Definiert die Blöckgröße der Ein- und Ausgabe mit demselben Wert.
cbs=*n*	Definiert die Konvertierungsblockgröße. Wird nur verwendet mit ASCII- und EBCDIC-Konvertierungen.

Operand	Erklärung
`conv=`*`konvertierung`*	Konvertiert die Eingabe und verwendet dabei ein spezifiziertes Konvertierungsformat. Konvertierungen finden Sie in der nächsten Tabelle.
`count=`*`n`*	Kopiert *n* Eingabeblocks.
`files=`*`n`*	Kopiert *n* Dateien, bevor beendet wird.
`ibs=`*`n`*	Definiert die Blockgröße der Eingabe.
`if=`*`datei`*	Verwendet *datei* als den Eingabepfad. Der Standardwert ist die Standardeingabe.
`iseek=`*`n`*	Sucht *n* Blöcke der Eingabedatei, anstatt sie zu überspringen, bevor kopiert und konvertiert wird (schneller als das Überspringen von Dateien).
`obs=`*`n`*	Definiert die Blockgröße der Ausgabe.
`of=`*`datei`*	Verwendet *datei* als den Ausgabepfad. Der Standardwert ist die Standardausgabe.
`oseek=`*`n`*	Sucht *n* Blocks ab Beginn der Ausgabedatei, anstatt diese zu überspringen, bevor kopiert wird.
`skip=`*`n`*	Überspringt *n* Blocks, bevor kopiert und konvertiert wird.

Konvertierung

Option	Erklärung
`ascii`	Konvertiert von EBCDIC nach ASCII.
`block`	Behandelt Zeilenvorschübe als das Ende des Datensatzes, anstatt dies von der Blocklänge abhängig zu machen.
`ebcdic`	Konvertiert von ASCII nach EBCDIC.
`ibm`	Konvertiert von ASCII nach IBM-EBCDIC.
`lcase`	Konvertiert von Groß- in Kleinschreibung.
`noerror`	Stoppt nicht, wenn ein Fehler auftaucht.
`notrunc`	Schneidet die Ausgabedatei nicht ab.
`swab`	Wenn die Anzahl der Byte im Eingabedatensatz ungerade ist, wird das letzte Byte ignoriert.
`sync`	Eingabeblocks werden durch das Anhängen von Nullen auf die Größe von `ibs=puffer` gesetzt.
`ucase`	Konvertiert von Klein- in Großschreibung.
`unblock`	Konvertiert eine fest vorgegebene Länge in eine variable Länge. Entfernt nachfolgende Leerzeichen und fügt abschließende Zeilenvorschübe hinzu.

Beispiel	Erklärung
`dd if=/dev/rmt/0 of=outfile conv=ebcdic`	Konvertiert ein ASCII-Magnetband in eine EBCDIC-Datei.
`dd if=/dev/rmt/0 of=/dev/rmt/.1`	Kopiert ein Magnetband auf ein anderes.

Lesen Sie auch `tar` (245).

Erstellen und Extrahieren von Magnetband-Archiven (tar)

`/usr/bin/tar [`*optionen*`] [`*funktion*`][`*modifizierer*`] [`*tardatei*`] [`*datei*`]`

Es ist gängige Praxis, Dateien als Magnetbandarchiv, auch genannt `tar`-Datei, zu übertragen und zu speichern. Ursprünglich waren `tar`-Dateien nur Magnetbanddateien, doch heute kann eine `tar`-Datei eine beliebige Datei in einem beliebigen Dateisystem sein. Die meisten Quellcodes werden als komprimierte `tar`-Dateien zur Verfügung gestellt. `tar`-Dateien haben gewöhnlich die Endung `.tar`. Der Befehl `tar` wird verwendet, um `tar`-Dateien zu erzeugen, ihren Inhalt aufzulisten und zu extrahieren.

Option	Erklärung
`-C` *verzeichnis datei*	Verwendet den Befehl `cd`, um in das durch `dir` spezifizierte Verzeichnis, zu springen. Dann wird eine `tar`-Datei erstellt, die durch *datei* spezifiziert wird.
`-I` *datei*	Verwendet eine Datei, die eine Liste von Dateinamen enthält, und führt den Befehl `tar` bei jedem Dateinamen aus. Lassen Sie keine nachfolgenden Leerzeichen am Ende einer Zeile und keine leeren Zeilen am Ende der Datei stehen.

Funktionsbuchstabe	Erklärung
`c`	Erstellt ein neues `tar`-Datei-Archiv.
`r`	Ersetzt. Schreibt die neuen Dateien an das Ende der existierenden, spezifizierten Datei.
`t`	Inhaltsverzeichnis. Gibt eine Auflistung aller Datei- und Pfadnamen für die `tar`-Datei aus.
`u`	Aktualisiert. Die spezifizierten Dateien, die an die `tar`-Datei angehängt werden sollen, werden nur dann an das Ende der Datei angehängt, wenn sie nicht schon in der `tar`-Datei sind. Dieser Prozess ist sehr langsam.
`x`	Extrahiert. Die Dateien, die im Magnetbandarchiv gespeichert sind, werden extrahiert. Die `tar`-Datei kann Verzeichnisnamen enthalten. Alle Verzeichnisnamen, die im System nicht schon existieren und in der `tar`-Datei spezifiziert sind, werden erstellt. Es wird empfohlen, das Inhaltsverzeichnis auszugeben, bevor Dateien extrahiert werden, damit überprüft werden kann, wohin sie extrahiert werden sollen.

Inkompatibilitäten von Solaris 1.x und 2.x bei der Verwendung von `tar`

Es sollte zur Kenntnis genommen werden, dass die Aktualisierungsfunktion (u) von dem System abhängt, auf dem die `tar`-Datei erstellt wurde. Wenn die `tar`-Datei auf einem Solaris 1.x-System erstellt wurde, kann sie nur auf einem Solaris 1.x-System aktualisiert werden. Wenn die `tar`-Datei auf einem Solaris 2.x-System erstellt wurde, kann sie nur auf einem Solaris 2.x-System aktualisiert werden.

Funktionsmodifizierer	Erklärung
`b`	Blockungsfaktor. Spezifiziert den Blockungsfaktor (in Blocks von 512 Byte) zum Schreiben auf blockorientierten Magnetträgern (raw magnetic devices).
`B`	Block. Liest mehrere Male, wenn von der Standardeingabe oder über das Ethernet gelesen wird.
`e`	Fehler. Beendet sofort, wenn ein Fehler auftaucht.
`f`	Dateiname. Spezifiziert den Dateinamen anstelle des Gerätenamens. Dies wird verwendet, wenn eine neue `tar`-Datei erstellt wird.
`F`	Schließt alle Verzeichnisse mit dem Namen `SCCS` und `RCS` aus.
`FF`	Schließt alle Verzeichnisse mit dem Namen `SCCS` und `RCS` und alle Dateien, die mit `.o` enden, aus.
`h`	Behandelt symbolische Links wie Dateien und folgt diesen.
`i`	Ignoriert Prüfsummenfehler.
`l`	Fehler beim Lesen eines Links. Gibt Fehlermeldungen für den Fall aus, dass symbolischen Links nicht gefolgt werden kann.
`m`	Verändert. Wenn dies mit der Funktion `extract` verwendet wird, wird das Änderungsdatum der `tar`-Datei mit dem Datum der letzten Extraktion gleich gesetzt.
`nummer`	Spezifiziert die Gerätenummer für das Magnetbandlaufwerk. Der Wert muss eine Zahl zwischen `0` und `7` sein. Die Standardgerätenummer ist in `/etc/default/tar` gespeichert.
`o`	Weist den Besitz der extrahierten Dateien dem Anwender zu, der `tar` ausführt.
`p`	Behält die Modi und Berechtigungen der Dateien im Archiv `tar` bei, wenn die Dateien extrahiert werden.
`P`	Fügt keinen nachfolgenden Schrägstrich einem Verzeichnisnamen hinzu.
`v`	Ausführliche Ausgabe. Gibt bei der Ausführung zusätzliche Informationen aus, insbesondere bei der Ausgabe von Inhaltsverzeichnissen.

Funktionsmodifizierer	Erklärung
w	Bestätigt die Anforderungsfunktion. Der Anwender muss mit einem einfachen y bestätigen und fortfahren.
X	Ausschluss. Spezifiziert eine Textdatei, die eine Reihe von Dateien beinhaltet, die nicht in einer neuen tar-Datei gesichert oder aus einer existierenden tar-Datei extrahiert werden sollen. Wenn die Funktion t verwendet wird, werden keine Dateinamen ausgegeben.

Beispiel	Aufgabe
tar vxf source.tar	Extrahiert Dateien aus dem Magnetbandarchiv, genannt source.tar, und zeigt alle extrahierten Dateien an.
tar cvf source.tar ./dev	Erstellt eine tar-Datei mit dem Namen source.tar, einschließlich aller Dateien und Pfadnamen im dev-Unterverzeichnis.

Lesen Sie auch »Kopieren und Konvertieren von Dateien« (cpio, dd) (242).

Gerätekonfiguration

drvconfig

/usr/sbin/drvconfig [*optionen*]

Das Programm drvconfig wird verwendet, um das Verzeichnis /devices zu konfigurieren. Als Alternative kann das Programm devfsadmin verwendet werden, um mit Hilfe einer graphischen Benutzeroberfläche Geräte zu konfigurieren. Die Umsetzung von Gerätenamen in die vom Kernel verwendeten Major-Nummern ist in /etc/name_to_major gespeichert. Die in Klassen zusammengefassten Treiber sind in /etc/driver_classes gespeichert.

Option	Erklärung
-i *treiber*	Konfiguriert die Geräte nur für die spezifizierten Treiber.
-n	Lädt keine Treiber hoch und fügt keine Treiber hinzu. Wenn diese Option mit der Option -i verwendet wird, heißt das, dass der spezifizierte Treiber nicht geladen oder hinzugefügt wird.
-a *alias*	Fügt den spezifizierten Aliasnamen zur Liste der Aliasnamen für Treiber.
-c *nummer*	Fügt die spezifizierte Major Nummer zur vom Kernel verwendeten Gerätetabelle name_to_major hinzu.
-r *verzeichnis*	Erstellt das Geräteverzeichnis im spezifizierten root-Verzeichnis anstatt standardmäßig in /devices.

Option	Erklärung
`-b`	Fügt die Major Nummer zur vom Kernel verwendeten Tabelle `name_to_major` hinzu. Es wird nicht empfohlen, diese Option zu verwenden, wenn das Programm `drvconfig` manuell an der Befehlszeile ausgeführt wird.
`-c` *klasse*	Exportiert die angegebene Klasse der hinzugefügten Treiber. Diese Option ist nur sinnvoll, wenn sie mit `-b` verwendet wird.

Lesen Sie auch im Abschnitt »Module« (273) die Befehle `modinfo`, `modload`, außerdem `rem_drv` (248).

rem_drv

/usr/sbin/rem_drv

Deaktiviert einen gegenwärtig installierten Treiber. Der Treiber wird dann (wenn möglich) aus dem Speicher entfernt. Der Eintrag in `/devices` wird gelöscht und die Treiberkonfigurationsdateien des Systems werden aktualisiert. Nachdem das Programm `rem_drv` ausgeführt wurde, wird der nächste Neustart automatisch ein Rekonfigurationsneustart sein (`boot -r`).

Option	Erklärung
`-b` *verzeichnis*	Entfernt einen Treiber für einen Diskless Client, wobei *verzeichnis* das root-Verzeichnis des Clients ist. Das Entfernen des Treibers wird nicht durchgeführt, bevor der Diskless Client nicht neu gestartet wurde.

Lesen Sie auch im Abschnitt »Module« (273) die Befehle `modinfo`, `modload`.

12 Sicherheit

Prozess	Seite
Systemüberwachung	**250**
Der Audit-Daemon	250
Audit-Warnungen	251
Überwachung des Audit-Daemons	252
Aktivierung des Basic Security Module (BSM)	253
Ausgeben von Überwachungsprotokolldateien (Audit Trail Files)	254
Starten des Überwachungssystems	254
Daemon zur Systemprotokollierung (`syslogd`)	255
Tools von Drittherstellern	256
ASET	**257**
ASET-Umgebungsdatei	257
ASET-Masters	258
ASET-Restore	258
Überblick über das Automated Security Enhancement Tool (ASET)	259
Ausgabe des ASET-Status	261
Role Based Access Control (RBAC)	**261**
`roleadd`	261
`roledel`	262
`rolemod`	262
`roles`	263
Das Netzwerk »abhorchen«	**263**
`snoop` - Das »Abhorchen« von Ethernetverbindungen unter Solaris	263
Kerberos	**265**
Überblick über Kerberos	265
Kerberos-Daemon (`kerbd`)	266
Konfiguration von Kerberos	266
Vernichten von Kerberos-Tickets	267
Kerberosdatei `realms`	267
Auflisten von Kerberos-Tickets	268
Anmelden am Kerberos Authentifizierungssystem	268
Wiederherstellen eines TGS-Tickets (Ticket-granting-Server-Ticket)	269

Systemüberwachung

Der Audit-Daemon

Der Audit-Daemon kann erst verwendet werden, nachdem mit dem Script `bsmconv` das Solaris Basic Security Module aktiviert worden ist. Nachdem das BSM aktiviert worden ist, erzeugt der Audit-Daemon Überwachungsprotokolldateien (audit trail files), die dazu verwendet werden können, die Sicherheit des Systems zu erhöhen. Der Audit-Daemon wird durch die Audit-Kontrolldatei (`/etc/security/audit/audit_control`) kontrolliert.
Der Daemon benutzt das Programm `audit_warn`, um vor potentiellen Problemen zu warnen, die unter den nachfolgenden Bedingungen auftreten.

Prüfkonditionen

Prüfkonditionen	Erklärung
`allhard`	Alle Dateisysteme sind voll oder stehen nicht zur Verfügung. Es wird nicht in Überwachungsprotokolldateien geschrieben. Warnungen werden alle 20 Sekunden ausgegeben.
`allsoft`	Alle Dateisysteme haben den minimalen freien Speicherplatz überschritten. Eine neue Audit-Datei wird dennoch erstellt.
`auditoff`	Der Audit-Daemon wurde beendet.
`ebusy`	Der Audit-Daemon wird bereits ausgeführt.
`getacdir`	Es wurde ein Problem in der Verzeichnisliste von `/etc/security/audit/audit_control` entdeckt. Der Audit-Daemon wartet, bis das Problem behoben wurde.
`hard`	Ein Dateisystem ist voll oder es kann nicht darauf geschrieben werden. Eine neue Audit-Datei wird, wenn möglich, auf einem anderen Dateisystem erzeugt.
`nostart`	Der Audit-Daemon kann nicht gestartet werden. Starten Sie das System neu und versuchen Sie es noch einmal.
`postsigterm`	Ein Problem ist während des Versuchs, den Audit-Daemon zu beenden, aufgetaucht.
`soft`	Ein Dateisystem hat den minimalen freien Speicherplatz überschritten. Eine neue Audit-Datei wird auf einem anderen Dateisystem erstellt.
`tmpfile`	Es existiert bereits eine temporäre Audit-Datei. Dies zeigt an, dass der Daemon nach der letzten Verwendung nicht ordnungsgemäß beendet wurde.

Gegenwärtige Informationen über den Audit-Daemon werden in der Datei `audit_data` im Verzeichnis `/etc/security` gespeichert. Die Datei `/etc/security/audit_data` hat das folgende Format:

pid:logpath

pid ist die Prozessidentifikationsnummer des Audit-Daemons und *logpath* ist der Pfad und der Dateiname der Protokolldatei des Audit-Daemons.

Audit-Warnungen

Audit-Warnungen werden durch das Script audit_warn verwaltet. Diese Warnungen werden vom Audit-Daemon (auditd) gesendet. So können Anwender als audit_warn in der Datei, die die Mailaliase enthält, spezifiziert werden. Diese Anwender erhalten E-Mails mit beliebigen Warnungen.

Warnung	Erklärung	Standard Reaktion
allhard *count*	Das Hardlimit aller Dateisysteme wurde so oft überschritten, wie es durch *count* angegeben wurde.	Sendet eine E-Mail an den audit_warn-Alias, wenn die Warnung zum ersten Mal protokolliert wird (count=1). Gibt jedes Mal eine Nachricht auf der Konsole aus.
allsoft	Das Softlimit aller Dateisysteme wurde überschritten.	Sendet eine E-Mail an den audit_warn-Alias und gibt eine Nachricht auf der Konsole aus.
auditoff	Der Audit-Status des Systems wurde von AUC_AUDITING aus von jemand anderem als von auditd geändert.	Sendet eine E-Mail an den audit_warn-Alias und gibt eine Nachricht auf der Konsole aus.
ebusy	Der Audit-Daemon läuft bereits.	Sendet eine E-Mail an den audit_warn-Alias und gibt eine Nachricht auf der Konsole aus.
getacdir *count*	Es gibt ein Problem mit der Verzeichnisliste in der Datei audit_control.	Sendet eine E-Mail an den audit_warn-Alias, wenn eine Warnung zum ersten Mal protokolliert wird. Gibt jedes Mal eine Nachricht auf der Konsole aus.
hard *dateisystem*	Das Hardlimit des Dateisystems wurde überschritten.	Sendet eine E-Mail an den audit_warn-Alias und gibt eine Nachricht auf der Konsole aus.
nostart	Die Überprüfung des Systems konnte nicht gestartet werden.	Sendet eine E-Mail an den audit_warn-Alias und gibt eine Nachricht auf der Konsole aus.
postsigterm	Der Audit-Daemon wurde unsauber beendet.	Sendet eine E-Mail an den audit_warn-Alias und gibt eine Nachricht auf der Konsole aus.
soft *dateisystem*	Das Softlimit von *dateisystem* wurde überschritten.	Sendet eine E-Mail an den audit_warn-Alias und gibt eine Nachricht auf der Konsole aus.
tmpfile	Die temporäre Prüfdatei existiert bereits. Dies ist ein Zeichen eines vorangegangenen Fehlers.	Sendet eine E-Mail an den audit_warn-Alias und gibt eine Nachricht auf der Konsole aus.

Überwachung des Audit-Daemons

Der Audit-Daemon (auditd) wird durch das Bearbeiten der Datei /etc/security/audit_control überwacht. Die Datei ist eine einfache Textdatei und kann manuell editiert werden. Kommentarzeilen beginnen mit einem # und werden ignoriert.

Prüfparameter	audit_control-Zeile	Erklärung
Prüfung	minfree:*prozent*	Spezifiziert den Schwellenwert für den minimalen freien Speicherplatz. Wenn der freie Speicher kleiner als diese Mindestgröße wird, wird eine audit_warn-Meldung gesendet.
Prüft Verzeichnisse mit Protokolldateien	dir:*verzeichnis*	Definiert das Verzeichnis, in die Überwachungsprotokolldateien geschrieben werden. Es können mehrere solcher Zeilen mit dir: spezifiziert werden, wobei die Reihenfolge festlegt, wie die Verzeichnisse abgearbeitet werden.
Flags	flags:*flags*	Definiert, welche Ereignisse überwacht werden sollen. Die audit_user-Datei hat gegenüber diesen Flags Vorrang.
Nicht zuweisbare Flags	naflags:*flags*	Definiert, welche Ereignisse überwacht werden sollen, die nicht mit einem speziellen Anwender in Verbindung gebracht werden können.

Der Audit-Daemon kann auch so gesteuert werden, dass er spezielle Fälle für einzelne Anwender im System protokolliert. Dazu werden Zeilen der Datei /etc/security/audit_user hinzugefügt. Das Format der Datei ist wie folgt:

```
username:flags-to-audit:flags-not-to-audit
```

Die Datei audit_user hat Vorrang vor der Datei audit_control.

Ereignis	Flag	Ausführlicher Name
Zugriff auf Objektattribute	fa	file_attr_acc
Aktionen des Administrators	ad	administrative
Alle Ereignisse	all	all
Überwachung von Anwendungen	ap	application
Ändern von Objektattributen	fm	file_attr_mod
Erstellen eines Objekts	fc	file_creation
Löschen eines Objekts	fd	file_deletion
Alle übrigen Ereignisse	ot	other
exec-Aufrufe	ex	exec
Datei schließen	cl	file_close
ioctl-Aufrufe	io	ioctl

Ereignis	Flag	Ausführlicher Name
IPC-Aufrufe	ip	ipc
Anmelden/Abmelden	lo	login_logout
Netzwerk-Ereignisse	nt	network
Nicht zuweisbare Ereignisse	na	non_attrib
Prozessoperationen	pc	process
Lesen von Daten, die zum Lesen geöffnet sind	fr	file_read
Schreiben von Daten, die zum Schreiben geöffnet sind	fw	file_write

Modifier für Ereignis-Flags

Modifier	Erklärung
-	Überwacht, ob das Ereignis fehlgeschlagen ist.
+	Überwacht nur, wenn das Ereignis erfolgreich war.

Beispiel	Aufgabe
`dir: /etc/security/argus/audit`	Spezifiziert das Verzeichnis, in dem die Überwachungsprotokolldateien gespeichert werden sollen.
`dir: /etc/security/argus.aux/audit`	Erstellt das Verzeichnis, in dem die Überwachungsprotokolldateien gespeichert werden sollen, sowie das Sicherungsverzeichnis.
`flags: -fw`	Überwacht alle fehlgeschlagenen Versuche, in Dateien zu schreiben.

Aktivierung des Basic Security Module (BSM) (BSM)

Das Basic Security Module von Solaris wird auf einem System aktiviert oder deaktiviert, indem man zwei Scripts im Verzeichnis `/etc/security` verwendet. Das BSM erhöht die Sicherheit eines Systems in vielerlei Hinsicht.

Aktionen

Aktion	Befehl
Aktiviert BSM	`/etc/security/bsmconv`
Deaktiviert BSM	`/etc/security/bsmunconv`

Die Ausführung von `bsmconv` ohne Optionen aktiviert das BSM auf dem Hostrechner sowie auf allen Diskless Clients, die vom Hostrechner aus bedient werden. Es ist wichtig, dass nach dem Aktivieren des BSM ein Neustart durchgeführt wird.

Das BSM muss aktiviert sein, um die Überwachungsfunktion von Solaris verwenden zu können. Diskless Clients können BSM durch die Ausführung von `bsmconv` unter Spezifizierung des exportierten root-Verzeichnisses auf dem Serversystem aktivieren.

Beispiel	Aufgabe
`bsmconv`	Aktiviert BSM auf dem lokalen Rechner und auf allen Diskless Clients, die von diesem Rechner unterstützt werden.
`bsmconv /export/root/host3`	Aktiviert BSM auf dem Diskless Client mit der Bezeichnung `host3`.

Ausgeben von Überwachungsprotokolldateien (Audit Trail Files)

Audit log files werden gewöhnlich *audit trail files* (Überwachungsprotokolldateien) genannt. Diese beinhalten Informationen, die vom Audit-Daemon gesammelt und in der Datei `/etc/security/audit_control` abgelegt wurden. Die Position der Überwachungsprotokolldatei wird in der Datei `audit_control` mit Hilfe der `dir:`-Zeile angegeben.
Überwachungsprotokolldateien müssen mit dem Programm `praudit` gelesen werden. Wenn kein Dateiname angegeben wird, wird angenommen, dass die Eingabe an der Standardeingabe im Format einer Überwachungsprotokolldatei vorliegt. Bis zu 100 Überwachungsprotokolldateien können auf der Befehlszeile zur Ausgabe aufgeführt werden.

Optionen	Erklärung
`-d`*`zeichen`*	Verwendet das durch *`zeichen`* spezifizierte Zeichen als Feldtrenner.
`-l`	Gibt eine Zeile pro Aufzeichnung aus.
`-r`	Gibt Aufzeichnungen im Rohformat aus; alle Zeiten, ID-Nummern und Events werden als Integerwerte angezeigt.
`-s`	Gibt Aufzeichnungen im Rohformat aus; alle Zeiten, ID-Nummern und Events werden in ein lesbares ASCII-Format konvertiert.

Beispiel	Aufgabe
`praudit -r audit001`	Gibt die Überwachungsprotokolldatei mit dem Namen `audit001` im Rohformat aus.
`praudit -s audit002`	Gibt die in das ASCII-Format konvertierte Überwachungsprotokolldatei mit dem Namen `audit002` aus.

Starten des Überwachungssystems

Das Script `audit_startup` muss ausgeführt werden, bevor der Audit-Daemon (`auditd`) gestartet wird. Das Script finden Sie in

`/etc/security/audit_startup.`

Es steht erst dann zur Verfügung, nachdem das Solaris BSM mit dem Script `bsmconv` aktiviert wurde.
Das Script `audit_startup` ist eine einfache Textdatei und kann manuell vom Systemadministrator editiert werden.

Beispiel

Verwenden Sie Folgendes, um das Audit-System zu initialisieren:

```
audit_startup
```

Daemon zur Systemprotokollierung (syslogd)

/usr/bin/syslogd [*optionen*]

Der Daemon zur Systemprotokollierung (`syslogd`) verarbeitet Systemmeldungen, indem er sie je nach Priorität an die richtigen Protokolldateien oder Anwender sendet. Die wichtigste `syslog`-Datei ist in `/var/log/syslog` zu finden. Der Daemon `syslogd` wird durch das Editieren der Datei `/etc/syslog.conf` konfiguriert.

Option	Erklärung
`-d`	Aktiviert den Debug-Modus. Verwenden Sie diesen Modus nicht in Startscripts.
`-f` *datei*	Verwendet die spezifizierte Konfigurationsdatei. Die Standard-Konfigurationsdatei ist `/etc/syslog.conf`.
`-m` *intervall*	Verwendet die spezifizierten Intervalle zwischen Mitteilungen der Meldungsgruppe `mark`.
`-p` *protokollgerät*	Verwendet die spezifizierte Protokolldatei oder das -gerät. Standardeinstellung ist `/dev/log`.
`-t`	Deaktiviert den `syslog`-Port (UDP). Wenn diese Option verwendet wird, werden Remote-Nachrichten nicht protokolliert.

Priorität	Erklärung
LOG_EMERG	Panik-Zustand
LOG_ALERT	Alarm-Zustand
LOG_CRIT	Kritischer Zustand
LOG_ERR	Fehler
LOG_WARNING	Warnmitteilungen
LOG_NOTICE	Mitteilungen, die nicht so ernst sind wie Fehlermeldungen
LOG_INFO	Informative Mitteilungen
LOG_DEBUG	Debug-Information

Einrichtung	Erklärung
LOG_KERN	Kernel-Mitteilungen
LOG_USER	Anwender-Mitteilungen
LOG_MAIL	E-Mail-Mitteilungen (Standard)
LOG_DAEMON	Daemon-/Server-Prozess-Mitteilungen
LOG_AUTH	Autorisierungsmitteilungen

Einrichtung	Erklärung
LOG_LPR	Drucker-Mitteilungen
LOG_NEWS	USENET-Mitteilungen (reserviert)
LOG_UUCP	UUCP-Mitteilungen (reserviert)
LOG_CRON	Mitteilungen des cron- und at-Dienstes
LOG_LOCAL0	Lokale Verwendung
LOG_LOCAL1	Lokale Verwendung
LOG_LOCAL2	Lokale Verwendung
LOG_LOCAL3	Lokale Verwendung
LOG_LOCAL4	Lokale Verwendung
LOG_LOCAL5	Lokale Verwendung
LOG_LOCAL6	Lokale Verwendung
LOG_LOCAL7	Lokale Verwendung

Lesen Sie auch at (67), crontab (68).

Tools von Drittherstellern

Manche Tools von anderen Herstellern gewährleisten eventuell die gleiche oder bessere Sicherheit. Einige dieser Sicherheitstools (die meisten sind Freeware), die in Betracht gezogen werden, werden im folgenden Abschnitt kurz beschrieben.

COPS

ftp://coast.cs.purdue.edu/pub/tools/unix/cops/1.04/

Das Computer Oracle and Password System (COPS) ist ein proaktives Sicherheitstool für UNIX-Systeme. Es überprüft das lokale System nach allgemeinen Sicherheitslücken und Schwachpunkten und meldet diese. Lösungsvorschläge werden angeboten oder die Probleme können auch automatisch gelöst werden.

Internet Security Scanner (ISS)

http://www.iss.net

Ähnlich COPS, ist dies ein proaktives Sicherheitstool, das versucht, das System zu »knacken«. Dieses Tool kann jedoch verwendet werden, um Remote-Systeme zu überprüfen. Bei vielen Anwendungen ist es dem freigegebenen und viel gelobten SATAN-Tool ähnlich. Neue Versionen von ISS-Sicherheitstools haben eine nette graphische Benutzeroberfläche.

TAMU Tiger

ftp://coast.cs.purdue.edu/pub/tools/unix/TAMU/

Die TAMU Tiger-Scripts von der Texas A&M Universität sind Perl-Scripts, die Sicherheitsüberprüfungen an UNIX-Systemen durchführen. Sie arbeiten bei vielen Anwendungen wie COPS. Die Scripts sind extrem einfach zu verwenden und zu konfigurieren. Tiger ist eine gute Sicherheitsüberprüfung, die regelmäßig durchgeführt werden sollte.

Tripwire

ftp://coast.cs.purdue.edu/pub/tools/unix/Tripwire/

Das Programm Tripwire erstellt digitale Signaturen für ausgesuchte und wichtige Dateien und prüft deren Signaturen mit neuen Prüfsummen. Wenn ein Unterschied erkannt wird, heißt es, dass ein Eindringling eine der Dateien verändert hat, und dann wird der Systemadministrator benachrichtigt. Dieses Programm ist für die meisten Systeme unter Umständen nicht notwendig, aber es erhöht die Sicherheit des Systems.

Automatic Security Enhancement Tool (ASET)

ASET-Umgebungsdatei

/usr/aset/asetenv

Die ASET-Umgebungsdatei (/usr/aset/asetenv) wird verwendet, um das Automatic Security Enhancement Tool manuell zu konfigurieren. Es gibt zwei Parametertypen, die in der Datei aufgeführt sind: User Configurable Parameter (vom Anwender konfigurierbare Parameter) und ASET Internal Environment Variables (ASET-interne Umgebungsvariablen). Nur die User Configurable Parameter sollten geändert werden.

Parameter

ASET-Parameter	Erklärung
CKLISTPATH_LOW CKLISTPATH_MED CKLISTPATH_HIGH	Definiert Dateien, um Prüfsummen während der Ausführung von cklist zu erstellen. Jeder Sicherheitslevel kann individuell angepasst werden.
PERIODIC_SCHEDULE	Definiert, wie oft ASET-Prüfungen durchgeführt werden.
TASK	Definiert die Aufgaben, die von ASET durchgeführt werden. Gültige Aufgaben sind die folgenden: tune: Verbietet den Zugriff auf Systemdateien. usrgrp: Führt Prüfungen an Benutzerkonten und Gruppeninformationen durch. sysconf: Führt Prüfungen an Dateien zur Systemkonfiguration durch. env: Überprüft Anwender-Umgebungsvariablen. cklist: Überprüft die Konsistenz von Prüfsummen. eeprom: Definiert Sicherheitsparameter für eeproms. firewall: Stellt das System so ein, dass es als Firewall-Rechner verwendet werden kann.
UID_ALIASES	Legt den Dateinamen für eine Datei fest, um zulässige, doppelte UIDs zu definieren.
YPCHECK	Wenn dieser Parameter auf true gesetzt ist, werden NIS-Entsprechungen auch überprüft.

Beispiel

```
CKLISTPATH_HIGH=$CKLISTPATH_MED:/usr/lib:/usr/sbin
CKLISTPATH_LOW=/etc/:/
CKLISTPATH_MED=$CKLISTPATH_LOW:/usr/bin:/usr/ucb
PERIODIC_SCHEDULE="0 0 * * *"
TASKS="env sysconf usrgrp"
UID_ALIASES=/usr/aset/masters/uid_aliases
YPCHECK=false
```

ASET-Masters

/usr/aset/masters/

Das Automatic Security Enhancement Tool (ASET) kann durch das Editieren der Dateien im Verzeichnis /usr/aset/masters konfiguriert werden. In der Standardeinstellung sind die Dateien so eingerichtet, dass sie ein ausreichendes Maß an Sicherheit bieten und nicht mehr verändert werden müssen. Der Systemadministrator kann die Dateien jedoch editieren, um ASET seinen Anforderungen entsprechend einzustellen.

Masterdateien

Masterdatei	Erklärung
cklist.low cklist.med cklist.high	cklist-Funktion. Die Prüfsummen, die durch die Funktion cklist erstellt wurden, werden in diesen Dateien gespeichert. Um die cklist-Funktion zu konfigurieren, verwenden Sie die ASET-Masterdateien.
tune.low tune.med tune.high	tune-Funktion. Diese Dateien definieren Modus, Eigentümer, Gruppe und Typ der spezifizierten Dateien. Es existieren drei Dateien, so dass jeder Sicherheitsgrad individuell angepasst werden kann. Im Feld pathname kann ein Platzhalter verwendet werden. Gültige Typen sind symlink, directory und file. Format: *pfadname modus besitzer gruppe typ*
uid_alias	usrgrp-Funktion. Definiert UIDs, die für Konten dupliziert werden können. Gewöhnlich sind doppelte UIDs von ASET nicht erlaubt. Diese Datei kann sich über diese Sicherheitsüberprüfung für spezifizierte UIDs hinwegsetzen. Format: *uid=anwendername1=anwendername2=anwendername3=...*

ASET-Restore

/usr/aset/aset.restore [*optionen*]

Das Programm aset.restore kann alle Sicherheitssteigerungen rückgängig machen, die vom Automatic Security Enhancement Tool (ASET) vorgenommen wurden. Alle Dateien, Dateizugriffsrechte und andere Objekte werden in denselben Status zurückversetzt, in dem sie sich befanden, bevor ASET zum ersten Mal ausgeführt wurde. Dies ist sehr hilfreich, wenn ASET beim Versuch, die Sicherheit zu erhöhen, die Funktionalität von Teilen des Systems beeinträchtigt hat.

Option	Erklärung
-d *verzeichnis*	Spezifiziert das ASET-Arbeitsverzeichnis. In der Standardeinstellung ist das Arbeitsverzeichnis mit /usr/aset definiert.

Überblick über das Automatic Security Enhancement Tool (ASET)

aset [*optionen*]

Solaris wird mit einem integrierten Tool, genannt Automatic Security Enhancement Tool (ASET), ausgeliefert. ASET ist eine Sicherheitseinrichtung, die verwendet werden kann, um die allgemeine Sicherheit des Systems zu erhöhen. Es löst nicht alle Sicherheitsprobleme, kann aber gängigen Problemen vorbeugen, die mit der Systemadministration von Solaris-Systemen auftauchen.

ASET beschränkt den Zugriff auf alle wichtigen Systemdateien und Verzeichnisse. Der Umfang der Sicherheit hängt von dem gewählten Sicherheitsgrad ab, der beim Starten von ASET gewählt wird. Spezielle Definitionen darüber, welche Aufgaben beim jeweiligen Sicherheitsgrad erledigt werden sollen, werden in den Master-Dateien `asetenv` und `aset` gespeichert. Meldungen, die von ASET erzeugt werden, werden im Verzeichnis `/usr/aset/reports` gespeichert.

ASET-Sicherheitsgrade

Grad	Erklärung
`low`	Es werden keine Systemänderungen durchgeführt. Sicherheitsüberprüfungen am System werden durchgeführt und Schwachstellen gemeldet.
`med`	Es werden einige Systemänderungen durchgeführt, um den Zugriff auf wichtige Systemdateien zu beschränken. Sicherheitsüberprüfungen am System werden durchgeführt und Schwachstellen gemeldet.
`high`	Es werden viele Systemänderungen durchgeführt, um den Zugriff auf wichtige Systemdateien und Verzeichnisse zu beschränken. Einige Anwendungen und Dienste können sich aufgrund erhöhter Sicherheit in der Funktionalität verändern. Sicherheitsüberprüfungen am System werden durchgeführt und Schwachstellen gemeldet.

Option	Erklärung
`-d` *verzeichnis*	Definiert das Arbeitsverzeichnis für das ASET-System. Dies muss das Verzeichnis sein, in das ASET installiert wurde. Der Standardwert für das Arbeitsverzeichnis ist `/usr/aset`.
`-l` *level*	Spezifiziert den Sicherheitslevel, in dem ASET ausgeführt wird. Gültige Level sind `low`, `med` und `high`.
`-n` *anwender@rechner*	Sendet die Ausgabe der ASET-Ausführung an den angegebenen Anwender. Die Ausgabe ist eine Zusammenfassung.
`-p`	Führt ASET regelmäßig über den `cron`-Dienst aus. Die Zeitperiode wird durch die Umgebungsvariable der `PERIODIC_SCHEDULE` in der Datei `/usr/aset/asetenv` spezifiziert.
`-u` *anwenderliste*	Prüft die Umgebungen der Anwender, die in der Datei, die durch *anwenderliste* spezifiziert ist, aufgelistet sind. In der Standardeinstellung wird nur der root-Account überprüft.

ASET Aufgaben

Aufgabe	Erklärung
cklist	Eine Prüfsumme für die spezifizierten Systemdateien wird bei der ersten Ausführung dieser Aufgabe erzeugt. Spätere Ausführungen vergleichen die vorherige Prüfsumme mit der neu erzeugten Prüfsumme der Datei. Jede Unstimmigkeit (der Beweis, dass die Datei verändert wurde) wird gemeldet. Dies kann durch die Änderung der Parameter in der Umgebungsdatei CKLISTPATH von ASET angepasst werden.
eeprom	Definiert die Sicherheitsparameter von neueren eeprom-Versionen.
env	Prüft die Umgebungsvariablen, die in den Dateien .rc des root-Anwenders (und aller anderen Anwender, die mit der Option -u spezifiziert wurden) definiert sind. Übliche Probleme, wie z.B. ein Punkt in der Umgebungsvariablen PATH und UMASK-Probleme, werden gemeldet.
firewall	Stellt das System so ein, dass es als Firewall-Rechner (AKA-Bastion) verwendet werden kann. IP-Weiterleitung sowie andere Aufgaben sind deaktiviert, um das System sicherer zu machen.
sysconf	Prüft Dateien für die Systemkonfiguration nach gängigen Sicherheitsproblemen. Die folgenden Dateien werden überprüft: /etc/hosts.eqiv /etc/inetd.conf /etc/aliases /etc/default/login /etc/vfstab /etc/dfs/dfstab /etc/ftpusers /var/adm/utmp /var/adm/utmpx /.rhosts
tune	Erhöht die Sicherheit durch die Einstellung restriktiverer Dateiberechtigungen an Systemdateien. Die Menge und die Art der Änderungen von Dateiberechtigungen können durch das Editieren der ASET-Masterdatei angepasst werden.
usrgrp	Benutzerkonten und Gruppen werden nach üblichen Problemen geprüft. Diese Funktion ist den Befehlen grpck und pwck ähnlich.

Lesen Sie auch ASET-Umgebungsdatei (257), ASET-Masters (258).

Ausgabe des ASET-Status

/usr/aset/util/taskstat [*optionen*]

Das Programm taskstat kann verwendet werden, um den Status des Automatic Security Enhancement Tools (ASET) zu überprüfen, während es im Hintergrund ausgeführt wird. Die Ausgabe von taskstat zeigt eine Liste aller ausgeführten Sicherheitsaufgaben an. Dabei wird angezeigt, welche Aufgaben bereits erledigt sind und welche immer noch ausgeführt werden. Wenn alle Aufgaben ausgeführt wurden, wird der Report in der Datei /usr/aset/reports gespeichert.

Option	Erklärung
-d *verzeichnis*	Definiert das Arbeitsverzeichnis für ASET.

Role Based Access Control (RBAC)

Die Role Based Access Control (RBAC) ist ein neues Sicherheitsmerkmal von Solaris 8. RBAC erlaubt es Administratoren, »Rollen« für Anwender zu definieren. Eine Rolle kann spezifische Privilegien für Anwendungen, einschließlich von setUID, haben. Berechtigungen werden in der Datei /etc/auth_attr gespeichert. Berechtigungen werden mit Hilfe der Dateien user_attr, prof_attr und policy.conf geprüft. Die wichtigsten Befehle, mit denen das RBAC-System verwaltet wird, sind roleadd, roledel, rolemod und roles.

roleadd

/usr/bin/roleadd [*optionen*] [*rolle*]

Fügt dem System eine neue Rolle hinzu. Die Dateien /etc/passwd, /etc/shadow und /etc/user_attr werden verändert. Optionsargumente sind auf max. 512 Zeichen begrenzt.

Option	Erklärung
-b *basisverzeichnis*	Definiert das Basisverzeichnis, das das System verwendet, wenn die Option -d nicht angegeben ist.
-c *kommentar*	Definiert eine kurze Textbeschreibung der Rolle in /etc/passwd.
-d *homeverzeichnis*	Definiert das Homeverzeichnis der neuen Rolle.
-D	Wenn diese Option mit keiner anderen Option verwendet wird, werden die Standardeinstellungen für Gruppe, Basisverzeichnis, Vorlagenverzeichnis, Shell, Inaktivitätszeitraum und Verfallsdatum angezeigt. Wenn diese Option mit einer -g-, -b- oder -f-Option verwendet wird, werden die Standardwerte der entsprechenden Optionen geändert.
-e *verfall*	Definiert das Ablaufdatum für die Rolle.
-f *tage*	Definiert die Anzahl der Tage, die eine Rolle inaktiv sein kann, bevor sie ungültig wird.
-g *gruppe*	Definiert die Primärgruppe für eine Rolle.
-G *gruppe*	Definiert eine zusätzliche Gruppe für eine Rolle.

Option	Erklärung
-k *skelettverz*	Verwendet die Vorlageinformationen im spezifizierten Verzeichnis, wenn eine neue Rolle erstellt wird.
-m	Erstellt ein neues Homeverzeichnis für die Rolle, wenn noch keines existiert.
-o	Lässt doppelte UIDs zu.
-s *shell*	Definiert die Anmeldeshell der Rolle.
-u *uid*	Definiert die UID der Rolle.

Lesen Sie auch `roledel` (262), `rolemod` (262), `roles` (263).

roledel

`/usr/bin/roledel [optionen] [rolle]`

Dieser Befehl wird verwendet, um Rollen aus dem RBAC-System zu entfernen.

Option	Erklärung
-r	Entfernt das Homeverzeichnis der Rolle, einschließlich der Rolle. Alle Dateien im Verzeichnis werden unwiderruflich gelöscht.

Lesen Sie auch `roleadd` (261), `rolemod` (262), `roles` (263).

rolemod

`/usr/bin/rolemod [optionen] [rolle]`

Der Befehl `rolemod` wird verwendet, um eine Rolle im RBAC-System zu verändern. Alle Optionsargumente müssen weniger als 512 Zeichen haben.

Option	Erklärung
-A *auth*	Verwendet die spezifizierte Berechtigung. Mehrfache Berechtigungen können in einer durch Kommas begrenzten Liste spezifiziert werden.
-c *kommentar*	Definiert einen Kommentar, der in der Datei `/etc/password` mit dem Eintrag des Anwenders gespeichert wird.
-d *homeverzeichnis*	Definiert das Homeverzeichnis der Rolle.
-e *verfall*	Definiert das Ablaufdatum für die Rolle unter Verwendung irgendeines Formats in `/etc/datemsk`.
-f *tage*	Definiert die maximale Anzahl der Tage, die eine Rolle inaktiv sein kann. Nachdem dieser Zeitraum überschritten wurde, ist eine Anmeldung unmöglich.
-g *gruppe*	Definiert die Mitgliedschaft in der Primärgruppe für die Rolle. Die Gruppe kann mit der Gruppen-ID oder mit dem Gruppennamen spezifiziert werden.

Option	Erklärung
`-l` *login*	Ändert den Anmeldenamen der Rolle auf den spezifizierten.
`-m`	Verschiebt das aktuelle Homeverzeichnis der Rolle zum Verzeichnis, das durch die Option `-d` spezifiziert wurde.
`-o`	Erlaubt doppelte UIDs.
`-p` *profil*	Ersetzt alle existierenden Profileinstellungen mit dem spezifizierten Profil.
`-s` *shell*	Definiert die Shell für die Rolle. Die Shell muss durch ihren vollständigen Pfad spezifiziert werden.
`-uid`	Ändert die UID der Rolle auf die spezifizierte.

Lesen Sie auch `roleadd` (261), `roledel` (262), `roles` (263).

roles

`/usr/bin/roles [`*anwendername*`]`

Das Programm `roles` zeigt die gewährten Rollen der angegebenen Anwender an. Mehrere Anwender können gleichzeitig geprüft werden, indem mehrere Anwendernamen (durch Leerzeichen getrennt) auf der Befehlszeile angegeben werden. Wenn kein Anwendername spezifiziert ist, wird die Rolle des Anwenders angezeigt, der den Befehl ausführt. Die gesamte Ausgabe wird an die Standardausgabe gesendet. Gültige Rollen sind in der Datei `/etc/user_attr` gespeichert.

Lesen Sie auch `roleadd` (261), `roledel` (262), `rolemod` (262).

Das Netzwerk »abhorchen«

snoop

Oft werden Programme zum »Abhorchen« des Netzwerks als Tool, das das System »knackt«, oder als Tool zur Fehlersuche verwendet. Es ist jedoch vorteilhaft, die dabei ablaufenden Vorgänge zu verstehen, um die Systemsicherheit fest im Griff zu haben. Das Programm `snoop` wird mit Solaris ausgeliefert und bietet eine gute Möglichkeit, etwas über das »Abhorchen« des Netzwerks zu lernen.

Netzwerkpakete können mit dem Solarisprogramm `snoop` abgefangen und angezeigt werden. Die Pakete können gefiltert werden und somit ist es möglich, nur Pakete von Interesse abzufangen. Es stehen mehrere Formate zur Verfügung, in denen die abgefangenen Pakete angezeigt werden können. Viele der Optionen gelten auch für bereits abgefangene Pakete, die in Dateien gespeichert wurden.

Option	Erklärung
`-a`	Konvertiert Pakete für die Audio-Ausgabe mit Hilfe von `/dev/audio`. Diese Option ist nicht sehr nützlich in einem ausgelasteten Netzwerk.
`-C`	Gibt den Filter Expression Code aus.
`-c` *n*	Fängt *n* Pakete ab und beendet.

Option	Erklärung
`-D`	Gibt eine Zusammenfassung der Anzahl der abgesetzten Pakete aus.
`-d` *gerät*	Fängt Pakete vom durch *gerät* spezifizierten Gerät ab. Der Standardwert ist `/dev/le0`.
`-i` *datei*	Liest Pakete aus der Datei, die durch *datei* spezifiziert ist.
`-N`	Erstellt eine Umwandlungsdatei für IP/DNS-Namen, die alle IP-Adressen und damit verbundene Namen aufführt. Muss mit der Option `-i` verwendet werden.
`-n` *datei*	Verwendet die Datei, die durch *datei* spezifiziert ist, um IP-Adressen in Namen umzuwandeln. Die Datei muss das folgende Format haben: *ip-addr rechnername*
`-o` *datei*	Schreibt die abgefangenen Pakete in *datei*.
`-P`	Einseitiger Modus (non-promiscuous). Zeigt nur Pakete (einschließlich Broadcast- und Multicast-Pakete) an, die an den Rechner adressiert sind.
`-p` *liste*	Zeigt die Pakete, die in der durch Kommas begrenzten Liste *liste* spezifiziert sind.
`-S`	Zeigt die Ethernet-Frame-Größe an.
`-s` *snaplength*	Fängt nur einen Teil der Pakete ab. Pakete werden auf die spezifizierte *snaplength* gekürzt.
`-t` *stempel*	Mit einem Zeitstempel versehene Pakete in einem der drei folgenden Modi. Der Stempel wird durch *stempel* spezifiziert, der einer der folgenden ist: `r`: Relativ – Basierend auf der Zeit des ersten Paketes. `a`: Absolut – Zeit laut Betriebssystem. `d`: Delta – Zeit zwischen Paketen.
`-v`	Ausführliche Ausgabe. Verwendet mehr Details beim Anzeigen der Pakete, einschließlich komplette Paket-Kopfzeilen.
`-V`	Ausführliche Zusammenfassung. Zeigt mehr Details an als im normalen Modus, aber weniger Details als im ausführlichen Modus.
`-x` *offset*	Gibt Inhalte der Pakete im hexadezimalen und ASCII-Format aus, unter Verwendung von *offset* als Startwert (Offset). Ein Startwert von `0` gibt das gesamte Paket aus.

Filterausdrücke

Ausdruck	Erklärung
`apple`	Zeigt alle Apple Ethertalk-Pakete an.
`broadcast`	Zeigt alle Broadcast-Pakete an.
`decnet`	Zeigt alle DECNET-Pakete an.

Ausdruck	Erklärung
ether	Löst Rechner- in Ethernetadressen auf.
etheraddr	Zeigt alle Pakete an, die etheraddr als Ursprungs- oder Bestimmungs-Ethernetadresse (wie z. B. wie aa:0:54:53:65:23) haben. Eine Null (0) muss vor die Ethernetadresse gestellt werden.
ethertype *n*	Zeigt Pakete an, deren Ethernettyp-Feldnummer *n* ist.
from	Kann an host, net, ipaddr, etheraddr, port oder rpc angehängt werden, um zu spezifizieren, dass die Pakete von diesem Ausdruck (Quelle) kommen.
gateway *rechner*	Zeigt alle Pakete an, die den spezifizierten *rechner* als Gateway benutzen.
greater *länge*	Zeigt alle Pakete an, die länger als *länge* sind.
host *rechnername*	Zeigt alle Pakete an, die *rechnername* als Ursprungsadresse haben.
ipaddr	Zeigt alle Pakete an, die *ipaddr* als Ursprung oder Ziel haben.
less *länge*	Zeigt alle Pakete an, die kürzer als *länge* sind.
multicast	Zeigt alle Multicast-Pakete an.
net *netz*	Zeigt nur Pakete an, die von oder zu einem spezifizierten Netzwerk gesendet werden.
nofrag	Zeigt nur unfragmentierte Pakete an.
pakettyp	Zeigt nur Pakete eines spezifizierten Typs an. Dies kann einer der drei folgenden Typen sein: ip, arp oder rarp.
port *port*	Zeigt nur Pakete an, die von oder zu einem spezifizierten Port gesendet werden.
protokoll	Zeigt nur Pakete eines spezifizierten Protokolltyps an: udp, tcp oder icmp.
rpc *programm*	Zeigt nur Pakete an, die von oder zu einem spezifizierten RPC-Programm gesendet werden.
to	Kann zu host, net, ipaddr, etheraddr, port oder rpc hinzugefügt werden, um zu spezifizieren, wohin ein Paket gesendet werden muss (Ausdruck=Ziel).

Kerberos

Überblick über Kerberos

Das Authentifizierungs- und Autorisierungssystem Kerberos kann verwendet werden, um die Sicherheit eines Computernetzwerks zu erhöhen. Wenn sich der Anwender in das System einwählt, kann er sich mit dem Daemon Kerberos authentifizieren und dann die Servicefunktionen von Kerberos (wie NFS) verwenden. Ein grundlegender Vorteil von Kerberos ist es, dass nach der Authentifizierung .rhosts für Dienste wie rlogin oder rsh nicht mehr benötigt wird. Die

Anwender müssen erst ordnungsgemäß mit dem Kerberossystem registriert werden, bevor sie es richtig benutzen können. Der Systemadministrator muss diese Registrierung vornehmen. Wenn die Anwender registriert sind, wählen sie sich mit dem Befehl `kinit` in das Kerberossystem ein.

Kerberos Namensteile

Teil	Erklärung
`Principal name`	Der Anwendername des Anwenders oder der Dienstname.
`Instance`	Für Anwender ist es `NULL`. Für Dienste ist es der Name des Rechners, auf dem dieser Dienst läuft.
`Realm`	Der Dienst, der die Authentifizierung für den Principal zur Verfügung stellt.

Bei der Authentifizierung erhält der Anwender des Dienstes ein Kerberos-Ticket, ein verschlüsseltes Protokoll, das für die Authentifizierung verwendet werden kann. Diese Tickets werden nach einer vorbestimmten Zeit ungültig. Nachdem diese verfallen sind, können durch die erneute Ausführung des Befehls `kinit` neue Tickets ausgestellt werden.

Kerberos-Daemon (kerbd)

Der Daemon Kerberos ist der Prozess, der das gesamte Kerberossystem kontrolliert, indem er Tickets für die Kernel Remote Procedure Calls erstellt und akzeptiert. Der Daemon arbeitet zwischen den Kernel RPC-Aufrufen und dem Schlüsselverteilungszentrum (key distribution center, kurz: KDC). Der Daemon startet automatisch im normalen Multiuser-Runlevel.

Option	Erklärung
`-d`	Debug. Zusätzliche Ausgabe betreffend Ticketerzeugung und -verfall wird zur Verfügung gestellt.
`-g`	Initialisiert die Gruppenliste nicht. Nur die Gruppe in der Passwortdatei (`/etc/passwd`) wird für jede Verwendung in adressierten Referenzen benutzt.

Konfiguration von Kerberos

`/etc/krb.conf`

Das Kerberossystem kann durch das Editieren der Kerberos-Konfigurationsdatei (`/etc/krb.conf`) konfiguriert werden. Die Datei speichert Informationen über Bereiche von Kerberos und Schlüsselverteilungszentren (KDC). Der Daemon Kerberos (`kerbd`) muss jedes Mal, wenn die Konfigurationsdatei geändert wurde, neu gestartet werden.

```
local-realm-name
realm-name realm-KDC-host
realm-name realm-KDC-host
realm-name realm-KDC-host
```

Verwaltungsdatenbanken können durch das Anfügen von `admin server` an das Ende der `realm`-Zeilen in der Datei spezifiziert werden.

Vernichten von Kerberos-Tickets

`/usr/bin/kdestroy [optionen]`

Das Programm `kdestroy` wird verwendet, um aktive Kerberos-Authentifizierungstickets von Anwendern zu zerstören. Dies wird durch das Überschreiben der Ticketdatei mit Nullen und dem anschließenden Löschen der Datei durchgeführt. Es werden außerdem alle Referenzen für Kerberos, die im Kernel gespeichert sind, entfernt. Sollte es aus irgendeinem Grund nicht möglich sein, das Ticket eines Anwenders zu zerstören, wird bei gleichzeitigem Ertönen eines Signaltons eine Warnmeldung ausgegeben. Es wird nur die aktuelle Ticketdatei zerstört. Andere Ticketdateien werden nicht entfernt. Es wird daher empfohlen, alle Tickets in einer Datei aufzubewahren.

Option	Erklärung
`-f`	Unterdrückt Statusmeldungen.
`-n`	Zerstört Tickets, aber entfernt deren Referenzen nicht aus dem Kernel.
`-q`	Still. Führt keinen Warnton aus, wenn `kdestroy` scheitert, ein Ticket zu zerstören.

Automatisches Zerstören von Tickets

Wenn der Befehl `/usr/bin/kdestroy` zur Anwenderdatei `.logout` hinzugefügt wird, werden alle Tickets automatisch zerstört, wenn der Anwender sich aus dem System auswählt. Dies macht das Kerberossystem für den Benutzer etwas sicherer. Da jedoch alle Referenzen, die im Kernel gespeichert waren, entfernt wurden, ist es möglich, dass vom Anwender gestartete NFS-Zugriffe fehlschlagen, nachdem er sich abgemeldet hat.

Kerberosdatei realms

Das Kerberossystem muss Rechnernamen in den entsprechenden Realm-Namen (Bereichsnamen) für jeden Dienst, der vom Rechner zur Verfügung gestellt wird, übersetzen. Dies erfolgt unter Verwendung der Datei `/etc/krb.realms`. Domainnamen müssen mit einem Punkt beginnen, wie das folgende Beispiel zeigt:

```
.cs.university.edu
```

Dateiformat

```
rechnername kerberos-realm
domainname kerberos-realm
```

Die folgende Tabelle führt die Dateiformate und die Bedingungen auf, auf die man stoßen kann.

Bedingung	Ergebnis
rechnername stimmt mit Feld *rechnername* überein	Kerberos-Realm des passenden Feldes wird verwendet.

Bedingung	Ergebnis
rechnername stimmt mit keinem Feld *rechnername* überein, aber `domainname` passt zu einem Feld `domainname`.	Kerberos-Realm des passenden Domain-Namensfeldes wird verwendet.
rechnername passt zu keinem Feld *rechnername* und `domainname` passt zu keinem Feld `domainname`.	Der Domainname des Rechners (kursiv) wird als Realm-Feld verwendet.

Auflisten von Kerberos-Tickets

Es ist möglich, mit Hilfe des Programms `klist` alle Tickets in einer Ticketdatei des Anwenders aufzuführen. Die Hauptidentität und Hauptname aller Tickets sowie das Ausstellungs- und Ablaufdatum aller Tickets werden angezeigt. Die Umgebungsvariable `KRBTKFILE` wird konsultiert, um die Ticketdatei zu finden. Wird die Variable nicht definiert, wird das Verzeichnis `/tmp` nach einer Ticketdatei für den Anwender durchsucht.

Option	Erklärung
`-file` *datei*	Verwendet die Datei, die durch *datei* spezifiziert ist, als Ticketdatei des Anwenders.
`-s`	Still. Gibt nur die Principal-Namen der Anwendertickets aus.
`-srvtab`	Behandelt die Ticketdatei wie eine Service-Key-Datei.
`-t`	Sucht nach einem Ticket, das ein noch nicht abgelaufenes Ticket (TGS-Ticket) gewährt. Der Exit-Status gibt das Resultat an: `1`: Ticket existiert. `0`: Es existiert kein Ticket.

Anmelden am Kerberos Authentifizierungssystem

`kinit [`*optionen*`] [`*anwendername*`]`

Initialisieren und Anmelden an das Kerberos Authentifizierungssystem. Bevor sich ein Anwender anmeldet, muss er sich zuerst vom Kerberossystem registrieren lassen. Bei der Ausführung von `kinit` wird der Anwender zur Eingabe seines Anwendernamens und eines Passwortes aufgefordert, wenn der Anwendername nicht an der Befehlszeile angegeben wird. Wenn der Anwender sich anmeldet, wird für ihn ein TGS-Ticket in `/tmp` erstellt. Der Standort dieses Tickets kann verändert werden, indem ein anderer Pfad/Dateiname in der Umgebungsvariablen von `KRBTKFILE` eingegeben wird. Das Ticket wird nach 8 Stunden ungültig.
Um Tickets jederzeit nach dem Anmelden zu vernichten, verwenden Sie den Befehl `kdestroy`. Lesen Sie für mehr Informationen den Abschnitt »Vernichten von Kerberos-Tickets« weiter oben.

Option	Erklärung
`-i`	Fordert den Anwender zur Eingabe einer Kerberos-Instanz auf.

Option	Erklärung
`-l`	Fordert den Anwender zur Eingabe der Lebenszeit eines Tickets auf. Zeiten werden in Minuten angegeben, sind zwischen 5 und 1.275 Minuten gültig und werden auf das nächste Vielfache von 5 aufgerundet. Die Standard-Lebenszeit ist 8 Stunden.
`-r`	Fordert den Anwender zur Eingabe eines Kerberosbereichs auf, um sich an einem Remote-Server zu authentifizieren.
`-v`	Ausführliche Ausgabe. Zeigt Statusmitteilungen an.

Wiederherstellen eines TGS-Tickets (Ticket-granting-Server-Ticket)

`/usr/bin/ksrvtgt` *`name instanz [realm]`*

Das Programm `ksrvtgt` fragt ein TGS-Ticket ab und speichert es im Ticket-Cache. Dies passiert in den drei folgenden Schritten:

1. Ein Ticket mit einer Lebenszeit von fünf Minuten wird für den Auftraggeber (Principal) abgeholt.
2. Die Antwort wird mit der Datei `/etc/srvtab` entschlüsselt.
3. Das Ticket wird im Standard-Ticketspeicher gespeichert.

13 Systemkonfiguration und Tuning

Inhalt	Seite
Systemidentifikation	272
Ändern des Rechnernamens (host name)	272
Editieren der »Meldung des Tages« (MOTD)	272
Zurücksetzen der Systemkonfiguration (sys-unconfig)	273
Module	273
Allgemeine Konfiguration	274
Hinzufügen eines Gerätes	274
Hinzufügen von Swap Space	274
Überwachung der Bus-Leistung (busstat)	275
Ändern des Konsolterminaltyps	275
Ändern der Anmeldeshell von root	276
Deaktivieren des Automounting von /home	276
Kernel-Tuning	277
Kernel Parameter	277

Systemidentifikation

Ändern des Rechnernamens (hostname

Es ist möglich, den Rechnernamen des Systems zu ändern), indem Sie das Programm sys-unconfig (lesen Sie »Zurücksetzen der Systemkonfiguration« auf Seite (273) verwenden. Das Programm sys-unconfig rekonfiguriert jedoch nicht nur den Rechnernamen, sondern fast alle Systemparameter. Es ist deshalb in manchen Fällen vorteilhaft, den Rechnernamen manuell zu ändern. Dies kann mit dem folgenden Script durchgeführt werden:

```
#/bin/sh
# Change the system hostname
# Usage:  newname <newhostname>
#
# Backup files and substitute new name in place
# of the old name
OLDNAME='uname -n'
echo "Changing hostname from $OLDNAME to $1"
for FILE in /etc/hosts         \
            /etc/nodename      \
            /etc/hostname.*1   \
            /etc/net/tic*/hosts ;
do
        cp $FILE $FILE.bak;
        echo "$FILE backed up as $FILE.bak"
        sed 's/$OLDNAME/$1/g' $FILE.bak > $FILE;
done
echo "Rebooting..."
/usr/sbin/reboot
```

Editieren der »Meldung des Tages« (MOTD)

Die »Nachricht des Tages« oder MOTD (message of the day) ist eine Systemnachricht, die jedem Anwender beim Anmelden angezeigt wird. Die Nachricht wird nur angezeigt, wenn sich der Anwender erfolgreich im System angemeldet hat (durch Angabe des korrekten Anwendernamens und des Passwortes).

Wenn Anwender das MOTD nicht angezeigt haben wollen, wenn sie sich anmelden, können sie eine leere .hushlogin-Datei in ihrem Verzeichnis erstellen.

Die Nachricht wird in einer einfachen Textdatei mit dem Namen /etc/motd gespeichert, die vom root-Anwender jederzeit editiert werden kann. Dies kann mit einem beliebigen Texteditor (z.B. vi, pico usw.) durchgeführt werden. Es ist kein Neustart erforderlich. Im Folgenden sehen Sie ein Beispiel für eine MOTD:

```
-----------------------------------------------------
Sun Microsystems Inc.   SunOS 5.5   Generic November 1995
-----------------------------------------------------
DISK QUOTAS
System will be shutdown for maintenance on 10/12/98 from
8AM until 11 AM.

Send questions to John Doe <doej@somehost.com>
-----------------------------------------------------
```

Zurücksetzen der Systemkonfiguration (sys-unconfig)

1. Sichern Sie alle Dateien, die geändert werden sollen:
   - `cp /etc/hostname /etc/hostname.old`
   - `mkdir /etc/net.backup`
   - `cp /etc/net/* /etc/net.backup`
   - `cp /etc/nodename /etc/nodename.old`
   - `cp /etc/shadow /etc/shadow.old`
   - `chmod 600 /etc/shadow`
   - `cp /etc/TIMEZONE /etc/TIMEZONE.old`
   - `cp /etc/hostname.hme0 /etc/hostname.hme0.old`
   - `cp /etc/hostname.le0 /etc/hostname.le0.old`
   - `cp /etc/hosts /etc/hosts.old`
2. Setzen Sie die Systemkonfiguration zurück:
   - `/usr/sbin/sys-unconfig`
3. Starten Sie das System erneut, nachdem angehalten wurde.
4. Beantworten Sie die Konfigurationsfragen, wenn Sie dazu aufgefordert werden.
5. Warten Sie, bis das System neu gestartet wurde.

Obwohl es vielleicht möglich wäre, den Rechnernamen eines Systems zu ändern, indem man die erforderlichen Dateien manuell editiert, ist es empfehlenswert, statt dessen das Programm `sys-unconfig` zu benutzen. Nach der Ausführung des Programms `sys-unconfig` wird das System angehalten. Beim nächsten Starten wird der Administrator nach den Konfigurationsinformationen gefragt. Das Programm editiert bei der Ausführung die folgenden Dateien:

Datei	Ergebnis
`/etc/hostname`	Entfernt den Rechnernamen.
`/etc/inet/hosts`	Kopiert die aktuelle Datei `hosts` nach `/etc/inet/hosts.saved` und ersetzt diese durch die Standarddatei `hosts`.
`/etc/inet/netmasks`	Löscht die Datei.
`/etc/net/*/hosts`	Entfernt alle Einträge für den lokalen Rechner.
`/etc/nodename`	Entfernt den Rechnernamen.
`/etc/shadow`	Entfernt das root-Passwort.
`/etc/TIMEZONE`	Setzt die Zeitzone auf `PST8PDT` zurück.

Zusammen mit den aufgeführten Dateien werden alle NIS/NIS+-Dienste deaktiviert. Wenn dies erfolgt ist, ist das System genauso wie ein »neu gekauftes« System konfiguriert.

Dieser Vorgang kann nicht bei Diskless oder Dataless Clients verwendet werden. Wenn der Rechnername eines Diskless oder Dataless Clients geändert werden muss, editieren Sie die oben angegebenen Dateien manuell. Diese Tätigkeit sollte an einer Konsole ausgeführt werden und nicht von einem Remote-Arbeitsplatz aus, mit dem man über das Internet verbunden ist.

Module

In früheren Versionen des SunOS-Betriebssystems musste der Kernel erneut aufgebaut werden, um bestimmte Sektionen oder Module in den Speicher zu laden oder aus dem Speicher zu entfernen. Ab Solaris 2.x werden die Module, je nachdem wie sie benötigt werden, dynamisch geladen oder aus dem Speicher entfernt. Es gibt daher keine Notwendigkeit, den Kernel erneut aufzubauen, und in den meisten Fällen ist es auch nicht notwendig, Module überhaupt manuell zu konfigurieren oder zu laden. Trotzdem gibt es vielleicht einige Fälle, in denen ein Modul manuell aus dem Speicher entfernt werden muss, um Probleme zu lösen. Ein Beispiel hiervon kann unter Umständen auftreten, wenn das Produkt SunPC von Sun Microsystems verwendet wird.

Wenn aus irgendwelchen Gründen ein Modul manuell manipuliert werden muss, werden die folgenden Befehle angewendet:

Befehl	Erklärung
`mod_info`	Fragt ein Modul ab.
`mod_install`	Installiert ein Modul.
`mod_remove`	Entfernt ein Modul.
`modinfo`	Zeigt Informationen über aktuell geladene Module an.
`modlinkage`	Linkstruktur des Moduls.
`modload`	Lädt ein Kernel-Modul.

Module können dazu gezwungen werden, dass sie nach dem Hochfahren des Systems geladen werden, indem eine `forceload`-Zeile zur Datei `/etc/system` hinzugefügt wird. Die allgemeine Form einer `forceload`-Zeile ist wie folgt:

`forceload:` *`modulname`*

Lesen Sie auch »Kernel-Parameter« (277) für mehr Informationen zum Editieren von `/etc/system`.

Allgemeine Konfiguration

Hinzufügen eines Gerätes

Solaris entdeckt die meisten Hardwarekomponenten automatisch. Wenn SCSI-Geräte hinzugefügt werden, muss das System neu gestartet werden. Um dies zu tun, fahren Sie das System mit Hilfe des Befehls `init` in den Runlevel 0 herunter und booten Sie dann mit dem Befehl `boot -r` neu. Stellen Sie sicher, dass alle Peripheriegeräte eingeschaltet sind, bevor Sie das System neu starten. Wenn von einem anderen Gerät als dem Standard-Bootgerät gestartet wird, kann dieses folgendermaßen spezifiziert werden:

```
boot gerät -r
```

Als Alternative erstellen Sie eine leere Datei mit dem Namen `/reconfigure` im root-Verzeichnis und führen Sie dann einen Neustart durch. Dies erfüllt dieselbe Aufgabe. Der Vorteil dabei ist, dass der Neustart unbeaufsichtigt durchgeführt werden kann und dass das System von selbst wieder sauber hochgefahren wird.

Hinzufügen von Swap Space

Es ist möglich, einem bereits konfigurierten System Swap Space hinzuzufügen. Um dies zu tun, verwenden Sie die folgenden drei Schritte:

Erstellen Sie eine neue Swapdatei, in der *`größe`* die neue Größe der Swap-Datei in Megabyte (Mbyte) ausdrückt. Ein Beispiel für eine Größenangabe ist *10m*, das bedeutet, die neu angelegte Swapdatei ist 10 Mbyte groß.

Es wird empfohlen, dass diese die doppelte Größe des neuen physikalischen RAM hat. der Name der Datei wird als *swap.datei* spezifiziert:

```
mkfile größem /swap.datei
```

Definieren Sie die neue Datei als Swap-Datei:

```
swap -a /swap.datei
```

Erstellen Sie eine Datei mit dem Namen `/etc/rc2.d/S99swap` mit dem folgenden Inhalt:

```
swap -a /swap.datei
```


Überwachung der Bus-Leistung (busstat)

```
/usr/bin/busstat [optionen]
```

Zeigt Informationen zur Bus-Auslastung an. Die Geräte müssen die Funktion des Zählers der Bus-Leistung (bus-related performance counters) unterstützen, um richtig zu funktionieren. Um eine Liste der Geräte zu erhalten, die diese Funktion unterstützen, verwenden Sie die Option `-l`.

Option	Erklärung
`-a`	Zeigt die absoluten Zählerwerte an und nicht die Deltawerte.
`-e` *geräte-instanz*	Zeigt eine Liste aller vom Gerät unterstützten Ereignisse. Dem Gerätenamen muss eine Instanznummer folgen. Wenn keine Instanz spezifiziert ist, wird die erste Instanz verwendet.
`-h`	Zeigt die Auslastung an.
`-l`	Zeigt Geräte an, die die Funktion des Zählers der Bus-Leistung (bus-related performance counters) unterstützen.
`-n`	Unterdrückt Titelausgabe.
`-r` *geräte-instanz*	Zeigt alle PIC-Werte des angegebenen Gerätes an.
`-w` *geräte-instanz* `[,pic0=`*event*`] [,picn=`*event*`]`	Führt die spezifizierten Geräte auf, um die angegebenen Ereignisse zu zählen. Nur der root-Anwender sollte diese Option verwenden. Verwenden Sie die Option `-e`, um eine Liste mit den Namen aller gültigen Ereignisse des genannten Geräts zu erhalten.

Ändern des Konsolterminaltyps

Die Datei `inittab` wird jedesmal, wenn das System gebootet wird, gelesen. Die Befehlszeile, die die Einstellung der Konsole überwacht, beginnt mit `co:` und ist der folgenden ähnlich:

```
co:234:respawn:/usr/lib/saf/ttymon -g -h -p "'uname -n`
console login: " -T sun -d /dev/console -l console -m
ldterm,ttcompat
```

Die Option `-T` von `/usr/lib/saf/ttymon` kontrolliert den Terminaltyp der Konsole und setzt die Umgebungsvariable `TERM`. Um den Terminaltyp der Konsole zu ändern, ändern Sie einfach die Parameter der Option `-T`.

Ändern der Anmeldeshell von root

Die Anmeldeshell von root ist eigentlich /sbin/sh. Wenn man beim Ändern der Shell nicht vorsichtig ist, kann ein Fehler unterlaufen, der sehr große Probleme verursacht. Das kann zum Beispiel auftreten, wenn als Shell der Befehl /usr/bin/tcsh zugewiesen wird. In einigen Fällen kann /usr nicht gemountet werden, wodurch das Benutzerkonto von root keine Shell hat, die es verwenden kann. Bestätigen Sie deshalb immer, dass die root-Shell statisch gelinkt wird und sich im Verzeichnis /sbin befindet.

Die root-Shell kann mit dem folgenden Befehl geändert werden:

```
passwd -e shell root
```

Es wird aber nochmals empfohlen, die root-Shell nicht zu ändern. Eine andere Möglichkeit wäre, ein zweites Benutzerkonto mit der UID 0 und mit einer anderen Shell zu erstellen. Dies erhöht allerdings ebenfalls das Sicherheitsrisiko.

Ein geringeres Risiko, um sich als root mit einer anderen Shell anzumelden, gehen Sie ein, wenn Sie eine Anweisung zur Datei .profile hinzufügen, die die gewünschte Shell aufruft. Dies kann durch das Hinzufügen der folgenden Zeilen in die Datei .profile erfolgen:

```
if [ -x /usr/bin/csh -a -r /.cshrc -a -n 'tty` ] ; then
            /usr/bin/csh;
            exit;
      fi
```

Deaktivieren des Automounting von /home

Editieren Sie die Datei /etc/auto_master, indem Sie die Zeile /home mit einem # an der ersten Stelle der Zeile auskommentieren.

Starten Sie den Automounter erneut:

```
/usr/sbin/automount
```

Solaris 2.x wird mit aktiviertem Automounting für die Verwendung mit NFS geliefert. In der Standardeinstellung verwendet automount das Verzeichnis /home als Homeverzeichnis. Dies verursacht den am häufigsten vorkommenden Fehler, mit dem neue Solaris-Anwender konfrontiert werden. Wird Automounting auf /home aktiviert, kann kein Anwender-Homeverzeichnis zum Verzeichnis hinzugefügt werden. Um dies zu lösen, wird das Verzeichnis /home aus der Automounter-Überwachung entfernt.

Automounter-Bezeichnungen unter SunOS 4.x und SunOS 5.x

In Solaris 1.x (einschließlich der SunOS 4.x-Serie) wurden die Automounter-Dateien auto.* und nicht auto_* genannt. Dies sollte beachtet werden, wenn man Systeme von Solaris 1.x auf Solaris 2.x migriert. Wenn nach einem Upgrade Automounting- oder NIS-Probleme auftauchen, prüfen Sie die Dateinamen, um sicher zu gehen, dass sie richtig auf die neue Namenskonvention geändert wurden. Die erste Datei, die Sie überprüfen sollten, ist auto_home, um sicherzugehen, dass sie nicht mehr auto.home genannt wird.

Kernel-Tuning

Kernel-Parameter

Editieren Sie die Datei /etc/system, um die gewünschten Änderungen zu erhalten.
Erstellen Sie die leere Rekonfigurationsdatei:

```
touch /reconfigure
```

Starten Sie das System neu:

```
/usr/sbin/shutdown -i5
```

Die Kernel-Parameter liegen in /etc/system. Diese Datei wird nur einmal beim Booten des Systems gelesen. Sie ist eine einfache Textdatei, die manuell editiert werden kann. Es gibt nur wenige Gründe, warum die Datei /etc/system verändert werden sollte. Einige Datenbank- oder Java-Tools erfordern jedoch die Änderung der Systemdatei.
Der Befehl set kann verwendet werden, um Parameter zu ändern. Diese set-Befehle erfolgen in der folgenden Form:

```
set parameter = value
```

Veränderbare Parameter sind in der folgenden Tabelle aufgeführt.

Parameter	Erklärung
hires-tick	Definieren Sie diesen Parameter mit 1, um eine höhere Auflösung der Systemuhr zu erhalten. Damit stellen Sie die Hz-Frequenz auf 1000 ein.
hz	Spezifiziert die Frequenz der Uhr manuell und nicht mit Hilfe des hires_tick-Parameters. Der Wert dieses Parameters muss ein Integerwert sein.
maxuprc	Maximale Anzahl von Anwenderprozessen.
maxusers	Maximale Anzahl von Anwendern.
nfssrv: nfs_portmon	Sicherheit des NFS-Fileservers. Definieren Sie 1 für erhöhte Sicherheit.
ngroups_max	Spezifiziert die maximale Anzahl der Anwender pro Gruppe. Der Standardwert ist 16.
noexec_user_stack	**Nur für Solaris 2.6.** Definieren Sie diesen Parameter mit 1, um einfachen Formen der Verwendung von Speicherüberläufen (buffer overrun) vorzubeugen.
noexec_user_stack-log	**Nur für Solaris 2.6.** Definieren Sie diesen Parameter mit 1, um mögliche Versuche, das System mit Hilfe von Speicherüberläufen (buffer overruns) zu verwalten, mitzuprotokollieren.
pt_cnt	Anzahl der System-V-Pseudoterminals (ptys). Standardwert ist 48. Verwenden Sie boot -r nach der Änderung und nicht shutdown.

Parameter	Erklärung
rlim_fd_cur	Setzt das Softlimit auf die maximale Anzahl von Dateizeigern (file descriptors). Es wird nicht empfohlen, die Anzahl auf über 256 und niemals über 1024 zu spezifizieren, wenn Sie Solaris 2.5 oder frühere Versionen verwenden. Dies ist kein Problem bei der Verwendung ab Solaris 2.6.
rlim_fd_max	Setzt das Hardlimit auf die maximale Anzahl von Dateizeigern (file descriptors).
rstchown	Spezifizieren Sie diesen Parameter mit 0, dann kann jeder Anwender den Besitz seiner eigenen Dateien mit Hilfe des Befehls chown auf einen anderen Anwender übertragen. Dies wird aus Sicherheitsgründen nicht empfohlen.
sd:sd_max_throttle	Maximale Anzahl aneinandergereihter Befehle. Diese auf 10 zu reduzieren, löst unter Umständen einige SCSI/RAID-Probleme.

Das manuelle Editieren der Datei /etc/system ist nur etwas für erfahrene Anwender. Es ist möglich, das System so zu beschädigen, dass es nicht mehr bootet. Wenn dies geschehen ist, halten Sie das System an und booten Sie es folgendermaßen:

```
boot -as
```

Dies rekonfiguriert das gesamte System. Wenn Sie zur Eingabe des Namens der Systemdatei aufgefordert werden, geben Sie /dev/null ein oder den Namen der Datei, in die Sie /etc/system gesichert haben.

Teil IV
Anhänge

Anhang A – Solaris-Versionsänderungen

Solaris 2.2

- AnswerBook-Zugriff im Netzwerk
- Bibliotheksschnittstellen für Multithreading
- Neue Schnittstelle für die Installation
- OpenWindows-Verbesserungen
- Volume Management (das automatische Mounten von auswechselbaren Medien)
- XGL Runtime-Umgebung
- XIL 1.0 Imaging Runtime-Bibiliotheken

Solaris 2.3

- Asynchrones PPP
- Automatisches Mounten von Dateisystemen
- Direct Xlib 3.0 (MIT DDX)
- Verbessertes Festplattencaching
- NIS+ Installationsscripts
- PEX-Runtime-Umgebung der 3D-Grafikunterstützung
- POSIX 1003.2
- Serieller Portmanager
- X11R5-basiertes OpenWindows
- XGL-Runtime-Umgebung für API-Grafiken

Solaris 2.4

- Neu hinzugefügte Sprachen: vier europäische, vier asiatische, lateinamerikanisches Spanisch und U.S. Englisch
- Direct Xlib 3.1 (DGA Grafikschnittstelle und Unterstützung von multiplen Framebuffern)
- Kodak PhotoCD-Unterstützung
- OSF/Motif-Runtime-Umgebung
- PEX 2.2-Runtime-Umgebung für 3D-API-Grafiken
- Grafische Installationsprozedur
- Transparent Overlays-API
- Größere Auswahl der Hardwarekonfigurationen
- XGL 3.1-Runtime-Umgebung
- XIL 1.2 Imaging Runtime-Bibiliotheken

Solaris 2.5

- AdminTools und Solstice AdminSuite, um Systeme in einem Netzwerk zu verwalten
- Bessere Übereinstimmung mit XCU4- und POSIX-Standards
- Erweiterte Hardwareunterstützung
- Bessere Fehlerentdeckung des Dateisystems (UFS) und Access Control Lists (ACLs)
- Verbesserte Kompatibilität mit Solaris 1.x

- Verbesserte PPP-Sicherheit
- Name Service Cache Daemon
- NFS v.3: NFS over TCP, NFS Lock Manager, X/Open Federated Naming
- NIS+ Passwortablauf
- PEX 3.0 Runtime-Umgebung
- Proc Tools für die detaillierte Prozessverwaltung
- Telnet-Client, verbesserte Daemons rlogind/telnetd
- Erweiterungen bezüglich der Timesharing-Leistung
- XGL 3.2-Runtime-Umgebung
- XIL 1.2.1-Runtime-Umgebung

Solaris 2.5.1

- 64-bit KAIO
- Verbesserte Unterstützung für die Ultra-Workstationserie
- Unterstützung für große UIDs
- Unterstützung bis zu 3.75GB virtuellen Speicher

Solaris 2.6

- Zusätzliche Sprachen, Unicode 2.0 und TrueType-Fonts
- Auswechselbares Gerät für den Systemstart
- Dokumentation über einen Webbrowser (AnswerBook2)
- Zusätzliche Unterstützung für das Dynamic Host Configuration Protocol (DHCP)
- Mitgelieferter HotJava-Webbrowser
- Mitgelieferte Java Virtual Machine (JVM), die Solaris und Java integriert
- Unterstützung für große Dateien (1TB)
- Zusätzliche Unterstützung für das Network Time Protocol (NTP)
- Mitgeliefertes Solaris Software Development Kit (SDK)
- Variable Länge von Subnetzmasken
- Webbrowser-basiertes Installationstool für eine Erstinstallation
- WebNFS für den Dateizugriff über das Web mit Hilfe des Network Filesystem Protocol
- Jahr 2000-sicher (vorherige Versionen sind nicht vollständig Y2K-sicher)

Solaris 7

- Kostenlos für einen nicht kommerziellen Entwickler oder den Einsatz im Bildungswesen
- Unterstützung der 64-bit-Betriebssystemversion
- Mitgelieferte Unterstützung für SNMP
- Verbesserte PPP-Software
- Mitgeliefertes Dekomprimierprogramm
- Eingebauter Logging-Mechanismus für UFS
- Sendmail 8.9.1b
- Vollständig Jahr 2000-sicher
- Zentralisierte Softwareverwaltung
- Neue Befehle: `plimit`, `pkill`, `pgrep`, `traceroute`
- SACK-Unterstützung von selektiven Quittungen (RFC 2018)
- Verfügbarkeit von Spezialpaketen für die Interaktion mit ISPs und PC
- Aktualisierter Cache zur Abfrage von Verzeichnisnamen

- Fest zugeordnete Dumppartitionen für Systemabstürze
- BIND 8.1.2 einschließlich dynamischer Aktualisierungen (RFC 2136)
- Verbesserung der Priorität beim Memorypaging
- Prozesse dürfen nun einen Adressbereich größer als 4 GB belegen

Solaris 8

- Automatisierter dynamischer Rekonfigurations-/Rekonfigurations- und Koordinationsmanager
- Unterstützung von IEEE 1394
- Verbesserte Analysetools für Crashdumps
- Verbesserte Unterstützung von DHCP
- IPSec für IPv4 und IPv6
- Unterstützung von IPv6
- Lightweight Directory Access Protocol (LDAP)
- Netzwerkinstallation mit Hilfe von DHCP
- Mitgeliefertes und vorinstalliertes Perl 5.005_03
- Role-Based Access Control
- Sendmail 8.9.3
- Solaris Software-Begleit-CD (einschließlich der GNU-Utilities)
- Palm HotSync-Utilities

Anhang B – Probleme, die beim Starten auftreten können, und ihre Lösungen

Wenn Solaris zum ersten Mal auf einem neuen System installiert wird, gibt es einige übliche Probleme, auf die die meisten Anwender während der ersten Stunden oder Tage stoßen. Diese Probleme und ihre mögliche Lösung sind unten aufgeführt. Beachten Sie, dass es zu den unten angegebenen Schwierigkeiten eventuell auch andere Lösungen geben kann.

Problem	Lösung
Das System kann unter `/home` keine Homeverzeichnisse erstellen.	Kommentieren Sie die Zeile `/home` in `/etc/auto_master` aus, indem Sie ein # am Anfang der Zeile einfügen. Führen Sie das Programm `/usr/sbin/automount` aus, um die Änderungen wirksam werden zu lassen. Beachten Sie: Wenn Festplattenspeicher ein Problem ist, dann erstellen Sie einen symbolischen Link `/home`, der auf `/export/home` verweist, oder verwenden Sie dazu ein anderes Verzeichnis.
Rechnernamen werden unter Verwendung von `/etc/hosts` richtig aufgelöst, aber die Abfragen nach Rechnernamen mit Hilfe von DNS-Servern misslingen.	Editieren Sie die Zeile `hosts:` in `/etc/nsswitch.conf`, damit sie wie folgt aussieht: *`hosts: files dns`* Beachten Sie: Andere Namensdienste, wie z.B. NIS können auch spezifiziert werden. Erstellen Sie die Datei `/etc/resolv.conf` mit dem folgenden Inhalt: `domain` *`domainname`* `nameserver` *`ipaddr`* `nameserver` *`ipaddr`* *`domainname`* ist der Domainname (wie z.B. `sun.com`) und *`ipaddr`* ist die IP-Adresse des Name-Servers. Andere `nameserver`-Zeilen können hinzugefügt werden, um einen Sicherungsserver zur Verfügung zu stellen für den Fall, dass der erste Server in der Liste nicht kontaktiert werden kann.
Einige Anwender können FTP auf dem Rechner nicht anwenden, obwohl sie sich über telnet richtig anmelden konnten. Es scheint, dass der C-Compiler nicht funktioniert. Die Ausführung von cc zeigt eine Fehlermeldung ähnlich der folgenden an: `Language optional software package not installed. Unable to perform keyword searches of the online manual pages using man -k.`	Überprüfen Sie, dass die Datei `/etc/shells` die Anwendershell beinhaltet. Wenn sie nicht aufgeführt ist, editieren Sie die Datei, um sie hinzuzufügen. Sun Solaris wird nicht mit einem Compiler ausgeliefert. Der SunPro C-Compiler kann bei Sun Microsystems bestellt werden oder der kostenlose GNU Gcc-Compiler kann aus dem Internet heruntergeladen werden. Die Indexdateien, die benötigt werden, um das Suchen nach Schlüsselwörten durchzuführen, werden nicht automatisch erstellt. Um diese Dateien zu erstellen, verwenden Sie den folgenden Befehl: `catman -w -M` *`verzeichnis`* *`verzeichnis`* ist das Verzeichnis der Manual Pages – normalerweise `/usr/share/man`.

Anhang C – Linux Kompatibilität

Binärdateien von Linux können nicht auf konventionelle Weise auf einem Solaris-System ausgeführt werden. Michael Davidson hat jedoch ein Programm entwickelt, das Systemaufrufe auf einem auf x86 basierenden System abbilden kann. Tatsächlich erlaubt dies Anwendern, Binärdateien von Linux auf einem Solaris x86 System auszuführen. Dieses Programm, genannt lxrun, steht kostenlos auf der lxrun-Website http://ugcs.caltech.edu/~steven/lxrun/ zur Verfügung.
lxrun erfordert, dass der Linux Dynamic Loader (`ld.so`) auf dem System vorhanden ist, genauso wie jede freigegebene Bibliothek, die vom Programm gefordert wird.
Es wird empfohlen, alle Binärdateien von Linux in einem separaten Verzeichnis, wie z.B. `/usr/local/linux/bin`, abzulegen. Sie können dann die Umgebungsvariable `LINUX_ROOT` auf `/usr/local/linux` setzen und die Binärdateien von Linux mit dem `lxrun` *`linuxcommand`* ausführen.
Gegenwärtig gibt es zwar von `lxrun` keine Sparc-Version, aber vielleicht wird es sie in Zukunft geben. (Anmerkung der Fachlektorin: Es gibt aber inzwischen die Möglichkeit, Linux auf einer Sparc zu installieren, Stand 4/2001.)

Anhang D – GNU Public License

Diese Lizenz finden Sie im Internet unter: `http://www.fsf.org/copyleft/gpl.html`. (Anm. d. Verl.: Eine deutsche Übersetzung finden Sie unter `http://www.gnu.de`. Da es sich bei dieser allerdings nicht um eine im rechtlichen Sinne gültige Übersetzung handelt, haben wir es vorgezogen, die GPL nachfolgend im Original-Wortlaut abzudrucken.)

GNU GENERAL PUBLIC LICENSE

Version 2, June 1991
Copyright© 1989, 1991 Free Software Foundation, Inc.
59 Temple Place – Suite 330, Boston, MA 02111-1307, USA
Everyone is permitted to copy and distribute verbatim copies of this license document, but changing it is not allowed.

Preamble

The licenses for most software are designed to take away your freedom to share and change it. By contrast, the GNU General Public License is intended to guarantee your freedom to share and change free software – to make sure the software is free for all its users. This General Public License applies to most of the Free Software Foundation's software and to any other program whose authors commit to using it. (Some other Free Software Foundation software is covered by the GNU Library General Public License instead.) You can apply it to your programs, too.

When we speak of free software, we are referring to freedom, not price. Our General Public Licenses are designed to make sure that you have the freedom to distribute copies of free software (and charge for this service if you wish), that you receive source code or can get it if you want it, that you can change the software or use pieces of it in new free programs; and that you know you can do these things.

To protect your rights, we need to make restrictions that forbid anyone to deny you these rights or to ask you to surrender the rights. These restrictions translate to certain responsibilities for you if you distribute copies of the software, or if you modify it.

For example, if you distribute copies of such a program, whether gratis or for a fee, you must give the recipients all the rights that you have. You must make sure that they, too, receive or can get the source code. And you must show them these terms so they know their rights.

We protect your rights with two steps: (1) copyright the software, and (2) offer you this license which gives you legal permission to copy, distribute and/or modify the software.

Also, for each author's protection and ours, we want to make certain that everyone understands that there is no warranty for this free software. If the software is modified by someone else and passed on, we want its recipients to know that what they have is not the original, so that any problems introduced by others will not reflect on the original authors' reputations.

Finally, any free program is threatened constantly by software patents. We wish to avoid the danger that redistributors of a free program will individually obtain patent licenses, in effect making the program proprietary. To prevent this, we have made it clear that any patent must be licensed for everyone's free use or not licensed at all.

The precise terms and conditions for copying, distribution and modification follow.

Terms and Conditions for Copying, Distribution and Modification

0. This License applies to any program or other work which contains a notice placed by the copyright holder saying it may be distributed under the terms of this General Public License.

The »Program«, below, refers to any such program or work, and a »work based on the Program« means either the Program or any derivative work under copyright law: that is to say, a work containing the Program or a portion of it, either verbatim or with modifications and/or translated into another language. (Hereinafter, translation is included without limitation in the term »modification«.) Each licensee is addressed as »you«.

Activities other than copying, distribution and modification are not covered by this License; they are outside its scope. The act of running the Program is not restricted, and the output from the Program is covered only if its contents constitute a work based on the Program (independent of having been made by running the Program). Whether that is true depends on what the Program does.

1. You may copy and distribute verbatim copies of the Program's source code as you receive it, in any medium, provided that you conspicuously and appropriately publish on each copy an appropriate copyright notice and disclaimer of warranty; keep intact all the notices that refer to this License and to the absence of any warranty; and give any other recipients of the Program a copy of this License along with the Program.

You may charge a fee for the physical act of transferring a copy, and you may at your option offer warranty protection in exchange for a fee.

2. You may modify your copy or copies of the Program or any portion of it, thus forming a work based on the Program, and copy and distribute such modifications or work under the terms of Section 1 above, provided that you also meet all of these conditions:

a) You must cause the modified files to carry prominent notices stating that you changed the files and the date of any change.

b) You must cause any work that you distribute or publish, that in whole or in part contains or is derived from the Program or any part thereof, to be licensed as a whole at no charge to all third parties under the terms of this License.

c) If the modified program normally reads commands interactively when run, you must cause it, when started running for such interactive use in the most ordinary way, to print or display an announcement including an appropriate copyright notice and a notice that there is no warranty (or else, saying that you provide a warranty) and that users may redistribute the program under these conditions, and telling the user how to view a copy of this License. (Exception: if the Program itself is interactive but does not normally print such an announcement, your work based on the Program is not required to print an announcement.)

These requirements apply to the modified work as a whole. If identifiable sections of that work are not derived from the Program, and can be reasonably considered independent and separate works in themselves, then this License, and its terms, do not apply to those sections when you distribute them as separate works. But when you distribute the same sections as part of a whole which is a work based on the Program, the distribution of the whole must be on the terms of this License, whose permissions for other licensees extend to the entire whole, and thus to each and every part regardless of who wrote it.

Thus, it is not the intent of this section to claim rights or contest your rights to work written entirely by you; rather, the intent is to exercise the right to control the distribution of derivative or collective works based on the Program.

In addition, mere aggregation of another work not based on the Program with the Program (or with a work based on the Program) on a volume of a storage or distribution medium does not bring the other work under the scope of this License.

3. You may copy and distribute the Program (or a work based on it, under Section 2) in object code or executable form under the terms of Sections 1 and 2 above provided that you also do one of the following:

a) Accompany it with the complete corresponding machine-readable source code, which must be distributed under the terms of Sections 1 and 2 above on a medium customarily used for software interchange; or,

b) Accompany it with a written offer, valid for at least three years, to give any third party, for a charge no more than your cost of physically performing source distribution, a complete machine-readable copy of the corresponding source code, to be distributed under the terms of Sections 1 and 2 above on a medium customarily used for software interchange; or,

c) Accompany it with the information you received as to the offer to distribute corresponding source code. (This alternative is allowed only for noncommercial distribution and only if you received the program in object code or executable form with such an offer, in accord with Subsection b above.)

The source code for a work means the preferred form of the work for making modifications to it. For an executable work, complete source code means all the source code for all modules it contains, plus any associated interface definition files, plus the scripts used to control compilation and installation of the executable. However, as a special exception, the source code distributed need not include anything that is normally distributed (in either source or binary form) with the major components (compiler, kernel, and so on) of the operating system on which the executable runs, unless that component itself accompanies the executable.

If distribution of executable or object code is made by offering access to copy from a designated place, then offering equivalent access to copy the source code from the same place counts as distribution of the source code, even though third parties are _not compelled to copy the source along with the object code.

4. You may not copy, modify, sublicense, or distribute the Program except as expressly provided under this License. Any attempt otherwise to copy, modify, sublicense or distribute the Program is void, and will automatically terminate your rights under this License. However, parties who have received copies, or rights, from you under this License will not have their licenses terminated so long as such parties remain in full compliance.

5. You are not required to accept this License, since you have not signed it. However, nothing else grants you permission to modify or distribute the Program or its derivative works. These actions are prohibited by law if you do not accept this License. Therefore, by modifying or distributing the Program (or any work based on the Program), you indicate your acceptance of this License to do so, and all its terms and conditions for copying, distributing or modifying the Program or works based on it.

6. Each time you redistribute the Program (or any work based on the Program), the recipient automatically receives a license from the original licensor to copy, distribute or modify the Program subject to these terms and conditions. You may not impose any further restrictions on the recipients' exercise of the rights granted herein. You are not responsible for enforcing compliance by third parties to this License.

7. If, as a consequence of a court judgment or allegation of patent infringement or for any other reason (not limited to patent issues), conditions are imposed on you (whether by court order, agreement or otherwise) that contradict the conditions of this License, they do not excuse you from the conditions of this License. If you cannot distribute so as to satisfy simultaneously your obligations under this License and any other pertinent obligations, then as a consequence you may not distribute the Program at all. For example, if a patent license would not permit royalty-free redistribution of the Program by all those who receive copies directly or indirectly through you, then the only way you could satisfy both it and this License would be to refrain entirely from distribution of the Program.

If any portion of this section is held invalid or unenforceable under any particular circumstance, the balance of the section is intended to apply and the section as a whole is intended to apply in other circumstances.

It is not the purpose of this section to induce you to infringe any patents or other property right claims or to contest validity of any such claims; this section has the sole purpose of protecting the integrity of the free software distribution system, which is implemented by public license practices. Many people have made generous contributions to the wide range of software distributed through that system in reliance on consistent application of that system; it is up to the author/donor to decide if he or she is willing to distribute software through any other system and a licensee cannot impose that choice.

This section is intended to make thoroughly clear what is believed to be a consequence of the rest of this License.

8. If the distribution and/or use of the Program is restricted in certain countries either by patents or by copyrighted interfaces, the original copyright holder who places the Program under this License may add an explicit geographical distribution limitation excluding those countries, so that distribution is permitted only in or among countries not thus excluded. In such case, this License incorporates the limitation as if written in the body of this License.

9. The Free Software Foundation may publish revised and/or new versions of the General Public License from time to time. Such new versions will be similar in spirit to the present version, but may differ in detail to address new problems or concerns.

Each version is given a distinguishing version number. If the Program specifies a version number of this License which applies to it and »any later version«, you have the option of following the terms and conditions either of that version or of any later version published by the Free Software Foundation. If the Program does not specify a version number of this License, you may choose any version ever published by the Free Software Foundation.

10. If you wish to incorporate parts of the Program into other free programs whose distribution conditions are different, write to the author to ask for permission. For software which is copyrighted by the Free Software Foundation, write to the Free Software Foundation; we sometimes make exceptions for this. Our decision will be guided by the two goals of preserving the free status of all derivatives of our free software and of promoting the sharing and reuse of software generally.

NO WARRANTY

11. BECAUSE THE PROGRAM IS LICENSED FREE OF CHARGE, THERE IS NO WARRANTY FOR THE PROGRAM, TO THE EXTENT PERMITTED BY APPLICABLE LAW. EXCEPT WHEN OTHERWISE STATED IN WRITING THE COPYRIGHT HOLDERS AND/OR OTHER PARTIES PROVIDE THE PROGRAM »AS IS« WITHOUT WARRANTY OF ANY KIND, EITHER EXPRESSED OR IMPLIED, INCLUDING, BUT NOT LIMITED TO, THE IMPLIED WARRANTIES OF MERCHANTABILITY AND FITNESS FOR A PARTICULAR PURPOSE. THE ENTIRE RISK AS TO THE QUALITY AND PERFORMANCE OF THE PROGRAM IS WITH YOU. SHOULD THE PROGRAM PROVE DEFECTIVE, YOU ASSUME THE COST OF ALL NECESSARY SERVICING, REPAIR OR CORRECTION.

12. IN NO EVENT UNLESS REQUIRED BY APPLICABLE LAW OR AGREED TO IN WRITING WILL ANY COPYRIGHT HOLDER, OR ANY OTHER PARTY WHO MAY MODIFY AND/OR REDISTRIBUTE THE PROGRAM AS PERMITTED ABOVE, BE LIABLE TO YOU FOR DAMAGES, INCLUDING ANY GENERAL, SPECIAL, INCIDENTAL OR CONSEQUENTIAL DAMAGES ARISING OUT OF THE USE OR INABILITY TO USE THE PROGRAM (INCLUDING BUT NOT LIMITED TO LOSS OF DATA OR DATA BEING RENDERED INACCURATE OR LOSSES SUSTAINED BY YOU OR THIRD PARTIES OR A FAILURE OF THE PROGRAM TO OPERATE WITH ANY OTHER PROGRAMS), EVEN IF SUCH HOLDER OR OTHER PARTY HAS BEEN ADVISED OF THE POSSIBILITY OF SUCH DAMAGES.

Anhang E – Wichtige Internet-Adressen

Administration und Management

Gegenstand	Internet-Adresse
Häufig gestellte Fragen zu NVRAM/Hostid von Sun	`http://www.squirrel.com/squirrel/sun-nvram-hostid .faq.html`
Häufig gestellte Fragen zu NIS+	`http://www.eng.auburn.edu/users/rayh/solaris/NIS+_FAQ .html`
Drucken mit Solaris	`http://www.ebsinc.com/solaris/printfaq.html`
Fragen und Antworten über OpenBoot	`http://www.sunworld.com/swol-10-1995/swol-10-openboot.html`
Häufig gestellte Fragen über Solaris und PPP	`http://www.sunhelp.org/faq/sunppp.html`
Häufig gestellte Fragen über Sun Administration	`http://www.sunhelp.org/faq/sunadm.html`
Zusammengefasste Archive der Sun Manager	`http://www.latech.edu/sunman.html`
Zugriff auf SunSolve Online Public Patch	`http://access1.sun.com`
Nützliche Tools für Sun Workstations und Solaris	`http://www.squirrel.com/squirrel/sun-stuff.html`
Welche einstellbaren Kernel-Parameter für Solaris 2 gibt es?	`http://www.sunworld.com/swol-01-1996/swol-01-perf.html`
ZD Solaris – Tipp der Woche	`http://www.elementkjournals.com/zdtips/sun/zdt-f.htm`

Common Desktop Environment/OpenLook

Gegenstand	Internet-Adresse
Häufig gestellte Fragen über Colormap	`http://tarl.net/FAQ/ColormapFAQ.html`
Häufig gestellte Fragen über die Common Desktop Environment	`http://www.laxmi.net/cde.htm`

Gegenstand	Internet-Adresse
Häufig gestellte Fragen über OpenLook	http://step.polymtl.ca/~coyote/open look/index.html

Anmerkungen des Entwicklers

Gegenstand	Internet-Adresse
Technische Informationen über Access1	http://access1.sun.com/techroom.html
IPv6-Entwicklung	http://playground.sun.com/pub/solaris2-ipv6/html/
Solaris Developer Support Center	http://www.sun.com/developers
Sun Solaris ABI-Tools	http://www.sun.com/software/dev-progs/abi/

Hardware

Gegenstand	Internet-Adresse
Häufig gestellte Fragen über Frame Buffer	http://bul.eecs.umich.edu/~crowej/sunfaq/FrameBuffer.html
Wie installiere ich mein Zip-Laufwerk auf einer Solaris Workstation?	http://www.iomega.com/support/documents/2019.html
Wie installiere ich ein Iomega Jaz-Laufwerk auf einer Solaris Workstation?	http://www.iomega.com/support/documents/4019.html
Häufig gestellte Fragen über SparcBook	http://home.kabelfoon.nl/~hvdkooij/SparcBook-FAQ/sparcbook-faq.html
Häufig gestellte Fragen über Sun CD-ROM	http://saturn.tlug.org/suncdfaq/

Liste der Ressourcen

Gegenstand	Internet-Adresse
Solaris Central	http://www.solariscentral.org/
Solaris WWW Ressourcen	http://oak.ece.ul.ie/~griffini/solaris.html

Gegenstand	Internet-Adresse
Häufig gestellte Fragen über Sun, Patches und andere Informationen	http://www.stokely.com/unix.sysadm.resources/faqs.sun.html
SunHELP	http://www.sunhelp.org/
SunWHERE	http://www.sunworld.com/sunwhere.html
Sun Shack	http://lios.apana.org.au/~cdewick/sun_ark.html
The Suns at Home Page	http://www.net-kitchen.com/~sah/
Inoffizieller Guide zu Solaris	http://sun.icsnet.com

Magazine (Online und Druck)

Name	Internet-Adresse
Inside Solaris	http://www.zdjournals.com/sun/
Elementk Journals Website	http://www.elementkjournals.com/sun/
SunExpert	http://www.hillside.co.uk/articles/sunexpert.html
SunWorld	http://www.sunworld.com/

Online-Dokumentationen

Name	Internet-Adresse
RTFM	http://www.solarisguide.com/rtfm.shtml
Sun Produktdokumentation	http://docs.sun.com

Sicherheit

Gegenstand	Internet-Adresse
Computer Incident Advisory Capability (CIAC)	http://ciac.llnl.gov/
Passwd+	ftp://ftp.dartmouth.edu/pub/security/
Solaris sicher machen	http://www.securityfocus.com/focus/sun/articles/securing.htm

Gegenstand	Internet-Adresse
TAMU Tiger-Sicherheitsscripts	ftp://coast.cs.purdue.edu/pub/tools/unix/TAMU/
TCP Wrappers	http://www.porcupine.org
Häufig gestellte Fragen über die Sicherheit von Solaris	http://www.sunworld.com/common/security-faq.html

Software

Name	Internet-Adresse
Access1 Sun Software Support	http://access1.sun.com/
CERT Coordination Center	http://www.cert.org
Crack – proaktive Passwortsicherheit	ftp://coast.cs.purdue.edu/pub/tools/unix/crack/
Freeware von Sun Microsystems	http://www.sun.com/products-n-solutions/promotions.html
Solaris Porting Project (Diese Seite ist ein hervorragender Platz, um Quellcodes sowie vorkompilierte Binärdateien für die meisten Sun Freeware-Pakete zu finden.)	http://www.sunfreeware.com
Die »ready-to-go«-Solaris-Hilfsseite	http://home1.swipnet.se/%7Ew-10694/helpers.html

Solaris x86

Gegenstand	Internet-Adresse
Liste der Hardware-Kompatibilität	http://soldc.sun.com/support/drivers/hcl/
Häufig gestellte Fragen über Solaris x86	http://sun.drydog.com/faq/
Solaris x86-Software	http://www.sun.com/software/Products/x86.html

Solaris PPP/NAT

Gegenstand	Internet-Adresse
Solaris ISDN PPP	http://www.mcgeonet.com/solaris_external_isdn_ppp.html
Celestes Tutorium über Modems und Terminals von Solaris 2.x	http://www.stokely.com/unix.serial.port.resources/tutorials.html
IP-Filter (kostenlose Firewall/NAT-Software)	http://www.ipfilter.org
PPP-dial-in auf Solaris 7 und Solaris 8 konfigurieren	http://www.kempston.net/solaris/pppserver.html
High-speed-dial-up auf Solaris 7 und Solaris 8 konfigurieren	http://www.kempston.net/solaris/dialup.html
Eine Verbindung mit einem beliebigen ISP unter Solaris 7 und Solaris 8 herstellen	http://www.kempston.net/solaris/connectanyisp.html
Konfigurieren des Solaris IP-Filters/NAT	http://www.riddleware.com/solx86/nat-config.html

Anhang F – Signale

Signalwerte

Name	Wert	Standardeinstellung	Erklärung
SIGHUP	1	Beenden	Hangup, Terminalleitung unterbrochen.
SIGINT	2	Beenden	Unterbrechung (Interrupt).
SIGQUIT	3	Coredump erzeugen	Beenden. SIGINT sollte immer vor dem Senden von SIGQUIT an einen Prozess gesendet werden.
SIGILL	4	Coredump erzeugen	Unzulässiger Maschinenbefehl.
SIGTRAP	5	Coredump erzeugen	Unterbrechungspunkt des Debuggers.
SIGABRT	6	Coredump erzeugen	Abbruch.
SIGEMT	7	Coredump erzeugen	Emulatar Trap.
SIGFPE	8	Coredump erzeugen	Fließkommafehler.
SIGKILL	9	Beenden	Unbedingt abbrechen (Killed).
SIGBUS	10	Coredump erzeugen	Adressfehler (bus error).
SIGSEGV	11	Coredump erzeugen	Speicherzugriffsfehler.
SIGSYS	12	Coredump erzeugen	Fehlerhafter Systemaufruf.
SIGPIPE	13	Beenden	Ausgabe in eine Datei, aus der kein Prozess liest (unterbrochene Pipe).
SIGALRM	14	Beenden	Auslösen eines Timers.
SIGTERM	15	Beenden	Beenden. Dies ist das Standardsignal, das vom Befehl kill gesendet wird.
SIGUSR1	16	Beenden	Benutzerdefiniertes Signal 1.
SIGUSR2	17	Beenden	Benutzerdefiniertes Signal 2.
SIGCHLD	18	Ignorieren	Prozessstatuswechsel des Kindprozesses.
SIGPWR	19	Ignorieren	Neustart nach Stromausfall.
SIGWINCH	20	Ignorieren	Ändern der Fenstergröße.
SIGURG	21	Ignorieren	Wichtige Änderung des Socket-Zustands.
SIGPOLL	22	Beenden	Abfragbares Ereignis.
SIGSTOP	23	Anhalten	Prozess angehalten.
SIGTSTP	24	Anhalten	Anwender hat Prozess gestoppt.
SIGCONT	25	Ignorieren	Fortsetzen des Prozesses.
SIGTTIN	26	Anhalten	Angehaltene Terminaleingabe.

Name	Wert	Standardeinstellung	Erklärung
SIGTTOU	27	Anhalten	Angehaltene Terminalausgabe.
SIGVTALRM	28	Beenden	Virtueller Timer abgelaufen.
SIGPROF	29	Beenden	Prozessüberwachungs-Timer abgelaufen.
SIGXCPU	30	Coredump erzeugen	CPU-Zeitlimit überschritten.
SIGFSZ	31	Coredump erzeugen	Maximale Dateigröße überschritten.
SIGWAITING	32	Ignorieren	Wartesignal für Threads.
SIGLWP	33	Ignorieren	Signal für Light-Weight-Prozesse (LWP).
SIGFREEZE	34	Ignorieren	Prüfpunkt einfrieren.
SIGTHAW	35	Ignorieren	Prüfpunkt auftauen.
SIGCANCEL	36	Ignorieren	Stornierungssignal.

Häufig verwendete Signale

Aufgabe	Signal
Beendet einen Prozess und alle Prozesse, die durch ihn gestartet wurden.	`kill -9` *`pid`*
Startet einen Prozess neu.	`kill -HUP` *`pid`*
Beendet einen Prozess, der zum Anwender `smithj` gehört.	`/usr/ucb/ps -aux | grep smithj| grep -v grep | awk '{print$1}' | xargs kill -9`

Anhang G – Liste der TCP/UDP-Ports

Einige Ports stellen bestimmte Anforderungen an die Sicherheit. Ports, die als »disable« gekennzeichnet sind, sind ein grundsätzliches Sicherheitsrisiko und sollten, wenn überhaupt möglich, (mit inetd.conf) deaktiviert werden. Ports, die als »log« gekennzeichnet sind, sind mögliche Sicherheitsrisikos, aber sie können weiter verwendet werden, wenn einige Protokollfunktionen hinzugefügt werden. Der beste Weg, dies zu tun, ist es, die TCP-Wrapper, die von Wietse Venema geschrieben wurden, zu verwenden. Es ermöglicht, dass TCP-Ports über inetd protokolliert (»wrapped«) werden können. Es stellt außerdem auf Rechner und Anwender basierende Zugangskontrollen für TCP-Ports zur Verfügung. Es kann kostenlos von der folgenden URL heruntergeladen werden: ftp://coast.cs.purdue.edu/pub/tools/unix/tcp_wrappers/

TCP/UDP-Ports aufgelistet nach ihrem Dienst

Dienst	Port	Sicherheit	Dienst	Port	Sicherheit
biff	512/udp	Disable, bis verwendet	NeWS	144/tcp	Disable
chargen	19/tcp	Log	nfsd	2049/udp	
chargen	19/udp		nfsd	2049/tcp	
courier	530/tcp		nntp	119/tcp	
csnet-ns	105/tcp		ntalk	518/udp	
daytime	13/tcp	Log	ntp	123/tcp	
daytime	13/udp		ntp	123/udp	
discard	9/tcp	Log	pcserver	600/tcp	
discard	9/udp		pop-2	109/tcp	Log
domain	53/udp		pop3	110/tcp	Log
domain	53/tcp		printer	515/tcp	
dtspc	6112/tcp		rje	77/tcp	
echo	7/tcp	Log	rmonitor	560/udp	Disable
echo	7/udp		route	520/udp	
exec	512/tcp	Disable, bis notwendig	shell	514/tcp	Disable, bis notwendig
finger	79/tcp	Disable	smtp	25/tcp	Log
fs	7100/tcp		sunrpc	111/udp	
ftp	21/tcp	Log	sunrpc	111/tcp	
ftp-data	20/tcp		supdup	95/tcp	

Dienst	Port	Sicherheit	Dienst	Port	Sicherheit
hostnames	101/tcp		syslog	514/udp	
ident	113/tcp	Wrap	systat	11/tcp	
imap	143/tcp	Disable, bis verwendet	talk	517/udp	
ingreslock	1524/tcp	Disable	tcpmux	1/tcp	
iso-tsap	102/tcp		telnet	23/tcp	Ziehen Sie statt dessen die Verwendung von ssh in Betracht.
kerberos	750/udp		tftp	69/udp	Disable
kerberos	750/tcp		time	37/tcp	Log
link	87/tcp		time	37/udp	
listen	2766/tcp		ufsd	1008/tcp	
lockd	4045/udp		ufsd	1008/udp	
lockd	4045/tcp		uucp	540/tcp	Disable
login	513/tcp		uucp-path	117/tcp	Disable
monitor	561/udp		who	513/udp	Disable
name	42/udp		whois	43/tcp	Disable
netstat	15/tcp	Disable	x400	103/tcp	
new-rwho	550/udp	Disable	x400-snd	104/tcp	

TCP/UDP-Ports aufgelistet nach Ports

Dienst	Port	Dienst	Port
tcpmux	1/tcp	uucp-path	117/tcp
echo	7/tcp	nntp	119/tcp
echo	7/udp	ntp	123/tcp
discard	9/tcp	ntp	123/udp
discard	9/udp	imap	143/tcp
systat	11/tcp	NeWS	144/tcp

Dienst	Port	Dienst	Port
daytime	13/tcp	masqdialer	224/tcp
daytime	13/udp	exec	512/tcp
netstat	15/tcp	biff	512/udp
chargen	19/tcp	login	513/tcp
chargen	19/udp	who	513/udp
ftp-data	20/tcp	shell	514/tcp
ftp	21/tcp	syslog	514/udp
ssh	22/tcp	printer	515/tcp
telnet	23/tcp	talk	517/udp
smtp	25/tcp	ntalk	518/udp
time	37/tcp	route	520/udp
time	37/udp	courier	530/tcp
name	42/udp	uucp	540/tcp
whois	43/tcp	new-rwho	550/udp
domain	53/udp	rmonitor	560/udp
domain	53/tcp	monitor	561/udp
tftp	69/udp	pcserver	600/tcp
rje	77/tcp	kerberos	750/udp kdc
finger	79/tcp	kerberos	750/tcp
link	87/tcp	ufsd	1008/tcp
supdup	95/tcp	ufsd	1008/udp
hostnames	101/tcp	ingreslock	1524/tcp
iso-tsap	102/tcp	radius	1645/tcp
x400	103/tcp	radacct	1645/tcp
x400-snd	104/tcp	nfsd	2049/udp
csnet-ns	105/tcp	nfsd	2049/tcp
poppassd	106/tcp	listen	2766/tcp
pop-2	109/tcp	lockd	4045/udp
pop3	110/tcp	lockd	4045/tcp
sunrpc	111/udp	dtspc	6112/tcp

Dienst	Port	Dienst	Port
sunrpc	111/tcp	irc	6667/tcp
ident	113/tcp	fs	7100/tcp

Über den Autor

John P. Mulligan ist Begründer und Mit-Herausgeber des *SolarisGuide* (http://solaris-guide.com), dem – inoffiziellen, aber – führenden Webinformationsangebot zu Sun Microsystems Betriebssystemsumgebung Solaris. Sie finden dort technische Anleitungen, FAQs, einen News-Service und vieles andere mehr. John hat diese Site noch zu Studienzeiten aufgesetzt, um ein informelles Forum zum Thema Solaris anbieten zu können. Mittlerweile ist der *Solaris-Guide* von der Internet.com Corporation übernommen worden und hat sich zur ersten Informationsquelle für Solaris-Profis weltweit entwickelt.

John hat drei Jahre in der Abteilung für Computer Support des Lafayette College gearbeitet und sich dabei mit allen Aspekten der Systemverwaltung unter Unix befasst. Er war verantwortlich für die Migration sämtlicher dortiger Sun-Systeme von SunOS 4.x nach SunOS 5.x (auch als Solaris 2 bekannt). Während dieser Zeit hat er außerdem an einem Forschungsprojekt zur Modellierung von mikrofluiden Strömungen auf Sun Solaris-Workstations gearbeitet.

John ist auch der Autor der ersten Auflage der US-amerikanischen Vorlage dieser Übersetzung. Er lebt zur Zeit in East Berlin, Pennsylvania, und arbeitet als Umweltverfahrenstechniker. Erreichen können Sie ihn unter john@thinkhole.org.

Stichwortverzeichnis

!
.netrc-Dateien, ftp autologin 99
.rhosts-Dateien 108
/etc/inittab 154
/etc/power.conf
  Datei 144
  Konfigurationsdatei des Power-Managements 144
  Power-Management, Geräteeintragsformat 144
  Power-Management, Schlüsselwörter 145f.
  Power-Management, Systemeingabeformat 145
/etc/system, Module 274
/export-Dateisystem 224, 228
/usr-Dateisystem 224, 226ff.

A
Abfragen, in.named 179
Abhorchen des Netzwerks
  Filterausdrücke, snoop 264f.
  Optionen, snoop 263f.
  snoop 263
Action, inittab 154, 155
Ändern
  Benutzerkonten 161
  Benutzerkonten, Beispiele 163
  Benutzerkonten, Optionen 162f.
  Passwort, Benutzerpasswort 163
Aktionen
  awk, Befehle 34f.
  BSM 253
  nawk, Befehle 43ff.
Aktivieren, BSM 253
Aktivieren und Deaktivieren, Quoten, quotaon 169
Aktualisieren
  Quoten 173
  Quoten, Beispiele 173
  Quoten, Optionen 173
Aktualisierung, Quoten 172
Anfängliche Probleme, Fehlersuche 285
Anfragen
  der Client-Programme, in.rwhod 190
  Internet Domain Name Server, nslookup 88
  über die Ausführung von Remote-Programmen, rpc.rexd 190
  über rup-Befehl, rstatd 183
  zur Befehlsausführung, in.rshd 190
Anfügemodus der Ausgabeumlenkung 59
Anhalten
  halt 149
  Kernels, halt 149
Anmelden, am Kerberos-Authentifizierungssystem 268
Anmeldeshell von root, ändern 276
Anonymes FTP
  Einrichten 192f.
  wu-ftp 193
  wu-ftp, Beispiele 194
  wu-ftp, Optionen 194
Anwender
  Gruppendateien, Fehlerprüfung 164
  Hinzufügen 158
  Hinzufügen, Beispiele 160
  Hinzufügen, Optionen 158f.
  Konten, ändern 161
  Konten, löschen 161
  Konten, sperren 166
  Passwörter, Beispieländerungen 164
  Quoten, ändern 168
  Shells 180
  Wechseln 166
  zum root-Anwender wechseln 166
  zum root-Anwender wechseln, Beispiele 166
  zum root-Anwender wechseln, Optionen 166
Anwenderquoten, bearbeiten 168
Anzeigefelder, NFS, Informationen 207, 208
Anzeigen
  ASET, Optionen 261
  ASET, Status 261

Boot-Konfigurationsparameter, eeprom 147
Netzwerkinformationen, netstat 86
NFS-Informationen 207
Prozesse, ps 76
ar 122
Optionen 122, 131
Argumente
Befehlszeilen 57
Prozesse starten, at 67
rpc 100
talk 106
write 107
as 123
Optionen 123
ASET, (Automatic Security Enhancement Tool) 259
Anzeigen, Optionen 261
Aufgaben 260
Masterdateien 258
Masters 258
Optionen 259
restore-Programm 258
restore-Programm, Optionen 258
Sicherheitsgrade 259
Status, anzeigen 261
Umgebungsdatei 257
Umgebungsdatei, Beispiele 258
Umgebungsdatei, Parameter 257
aset.restore-Programm 258
ASET-Masters, Dateien 258
aspppd 195
Optionen 195
Token 195f.
asppls 196
Asterisks, Sternchen 69
at
Argumente, Prozesse starten 67
Beispiele, Prozesse starten 68
Optionen, Prozesse starten 67
Prozesse starten 67
atq
Beispiele, Prozesse starten 68
Optionen, Prozesse starten 68
Prozesse starten 68
atrm
Optionen, Prozesse starten 68
Prozesse starten 68
Audit Log Files, siehe Audit-Daemon, Überwachungsprotokolldateien
Audit-Daemon
Audit-Warnungen 251
Beispiele, überwachen 253
Beschreibung 250
Modifier für Ereignis-Flags, überwachen 253
Prüfkonditionen 250
Überwachung 252
Überwachungsprotokolldateien, ausgeben 254
Auditieren, Systeme, BSM 253
Audit-Warnungen 251
Aufgaben, Sicherheit, ASET 260
Aufheben
NFS-Ressourcen 213
NFS-Ressourcen, Optionen 214
Auflisten
Kerberos-Tickets 268
Kerberos-Tickets, Optionen 268
Aufträge
atrm, entfernen 68
beenden, kill 80
beenden, pkill 81
Prozessstatus, Optionen 72
stoppen, stop 82
Ausführen, Befehle 69
Ausgabe, Daten, finger 85
Ausgabeüberschriften
Prozessstatus, prstat 75f.
Prozessstatus, ps 77f.
Prozessstatus, ps (UCB Version) 79
Ausgabeumlenkung 59
Ausgeben
Dateisysteme, ff-Befehl 235
Dateisysteme, Optionen 235
NFS-informationen 208
Überwachungsprotokolldateien 254
UFS-Dateisysteme, Optionen 235
Auswählen, Spalten, cut (Befehl) 22
Automatisches Herunterfahren, powerd Daemon 146
Automounter 212

Automounting
Deaktivieren 276
Fehlersuche 276
Homeverzeichnisse 276
awk, Befehle 34
Aktionen 34f.
Funktionen 34f.
Optionen 34
vordefinierte Variablen 34

B

Basic Security Module, siehe BSM
Bearbeiten, Anwenderquoten 168
Beenden
Aufträge, kill 80
Aufträge, pkill 81
Befehle
ausführen 69
awk 34
awk, Aktionen 34f.
awk, Funktionen 34f.
awk, Optionen 34
awk, vordefinierte Variablen 34
boot-r 274
cpio, Beispiele 243
cpio, Konvertieren von Dateien des Dateisystems 242
cpio, Kopieren von Dateien des Dateisystems 242
cpio, Modi 242
cpio, Optionen 242f.
cut, Beispiele 22
cut, Optionen 22
Dateisysteme, wiederherstellen 241
dd, Beispiele 245
dd, Konvertierung 244
dd, Kopieren und Konvertieren von Dateien (Dateisysteme) 243
dd, Operanden 243f.
des interaktiven Modus
nslookup 89
df, Beispiele 236
df, Überprüfen des freien Speicherplatzes von Dateisystemen 236
df, Überprüfen von freiem Speicherplatz 236
df-k, Beispiele 236
echo 58
ed 27ff.
Editierbefehle 47
edquota 168
erweiterte Textbearbeitungstools, awk 34
eval 51
ex 37f., 40
ex, Modus 36
ex, Optionen 36
exec 52
export 52
ff 235
ff, Ausgabeoptionen für UFS-Datei systemen 235
ff, Ausgeben von Dateisystemen 235
fmt, Beispiele 23
fmt, Optionen 22
fold, Beispiele 23
fold, Optionen 23
Formatieren, auswählen 22
Formatieren, einfügen 26
Formatieren, einfügen (Zeilenumbruch) 23
Formatieren, fmt 22
Formatieren, iconv 23
Formatieren, nl 25
Formatieren, umformatieren 24
Formatieren, verbinden 24
fsck, Exit Codes 234
fsck, Optionen 234
fsck, Optionen für UFS-Dateisysteme 234
fsck, Überprüfen von Dateisystemen 233
ftp 96ff.
G/regexpr/ 27
grep, Beispiele 42
grep, Optionen 41f.
halt 149
iconv, Optionen 23
IFS 56
join, Optionen 24
kdestroy 267
labelit 237
labelit, Optionen zur Kennzeichnung 237

lesen 58
mail 101f.
mail (UCB-Version) 104f.
mkfs 229
mkfs, Optionen für Dateisysteme 229
mkfs, Optionen für UFS-Dateisysteme 229f.
mount 208f., 232
mount, Optionen für Dateisysteme 232
mount, Optionen für UFS-Dateisysteme 233
nawk, Aktionen 43ff.
nawk, Funktionen 43ff.
nawk, Optionen 42
nawk, vordefinierte Variablen 43
ncheck 237
ncheck, Optionen zum Auflisten 237f.
newform, Optionen 24
newfs 230
newfs, Beispiele 232
newfs, Optionen 230f.
nl, Beispiele 26
nl, Optionen 25f.
passwd 163
passwd -l 166
paste, Beispiele 26
paste, Optionen 26
PATH 57
ping 90
PROMPT 57
pwck 165
quotacheck 172
quotaoff 169
quotaon 169
reboot 151
red 27
repquota 169
rolemod 262
sed, Editierbefehle 45f.
sed, Optionen 45
set 53
setenv 54
share 212
Shells, bg 71
Shells, fg 72
siehe auch Befehle, des interaktiven Modus
siehe auch EditierEditierbefehle 45
sort, Beispiele 21
sort, Optionen 20
sortieren, sort 20
sortieren, uniq 21
source 52
su 166
talk 107
tar, Beispiele für Magnetband-Archive 247
tar, Funktionen für Magnetband-Archive 246f.
tar, Funktionen für Magnetband-Archive 245
tar, Magnetband-Archive 245
tar, Optionen für Magnetband-Archive 245
telnet 109f.
Timing, at 67
tunefs, Beispiele für Dateisysteme 238
tunefs, Optionen für Dateisysteme 238
tunefs, Tunen von Dateisystemen 238
ufsdump 238
ufsdump, Sichern von Dateisystemen 238
ufsdump, Sicherungsoptionen 239f.
ufsrestore 240
ufsrestore, Befehle 241
ufsrestore, Modifizierer 240
ufsrestore, Sicherungsmodus 240
ufsrestore, Wiederherstellen von Dateisystemen 240
uniq, Beispiele 21
uniq, Optionen 21
unmount 208f., 232
unmount, Optionen für Dateisysteme 232
unset 55
unsetenv 55
unshareall 213
useradd 158
userdel 161
usermod 161
vi 29
vi, Dateimanipulationen 30f.
vi, ersetzen 32f.
vi, Modus 30

vi, Operatoren 33f.
vi, Optionen 29f.
vi, Positionierung 31f.
vi, stornieren 30
vi, Text einfügen 32f.
vi, Text markieren 32
volcopy 241
volcopy, Kopieren von Dateisystem-Datenträgern 242
volcopy, Kopieren von Datenträgern 241
weitere Textbearbeitungstools 36, 41
weitere Textbearbeitungstools, nawk 42
weitere Textbearbeitungtoools, sed 45
Zeitzuteilung, time 70
Zeitzuteilung, timex 70
zum Manipulieren von Modulen 274
Befehle zur Programmierung
ar 122
ar, Optionen 122, 131
as 123
as, Optionen 123
dis 123
dis, Optionen 124
error 124
error, Optionen 124
help 124
ld 125
ld, Optionen 125f.
lex 126
lex, Optionen 126
make 127
make, Optionen 127f.
nm 128
nm, Buchstaben der Kurzausgabe 128
nm, Optionen 128
size 129
size, Optionen 129
stringe, Optionen 129
strings 129
strings, Beispiele 130
tsort 130
tsort, Beispiele 130
unidef 130
unidef, Optionen 130
yacc 131
yacc, Optionen 131
Befehlsmodus
ex, Befehle 36
vi, Befehl 30
Befehlszeilen-Argumente 57
Befehlszeilenoptionen, nslookup 89
Beispiele
Anfügemodus der Ausgabeumlenkung 59
Anwender, hinzufügen 160
Anwender, wechseln 166
ASET, Umgebungsdatei 258
Audit-Daemon, überwachen 253
Ausgabeumlenkung 59
Basic Security Module (BSM) 254
Befehlszeilen-Argumente 57
Benutzerkonten, ändern 163
Benutzerkonten, löschen 161
Benutzerkonten, sperren 166
Betriebssysteme, reboot 151
Booten auf dem PROM-Level, eeprom 149
csh, case/switch 61
cut, Befehl 22
Dateisysteme, einrichten 232
Dateisysteme, Magnetband-Archive 247
Dateisysteme, mounten 211f.
Dateisysteme, tunen 238
Dateisystemquoten, aktivieren 169
Dateisystemquoten, deaktivieren 169
dd-Befehl, Kopieren und Konvertieren von Dateien von Dateisystemen 245
Debug-Tools, truss 139
df, Befehl, Ausgabe 236
df, k-Befehl, Ausgabe 236
do-while, Programmschleifen (Loops) 62
echo 58
EDITOR 56
Eingabeumlenkung 59
finger 86
fmt, Befehl 23
fold, Befehl 23
grep, Befehl 42

Gruppendateien, Fehlerprüfung 164
HISTORY 56
IFS 57
Kernels, halt 150
LD LIBRARY PATH 56
ldaplist 204
netacl 192
netstat 88
NFS, Informationen anzeigen 208
nl, Befehl 26
Passwörter, ändern 164
Passwortdateien, Fehlersuche 165
paste, Befehl 26
PATH 57
ping 91
Pipe-Mechanismus 58
PROMPT 57
Prozesse anhalten, kill 81
Prozesse anhalten, pkill 82
Prozesse starten, at 68
Prozesse starten, atq 68
Prozesse starten, crontab 69
Prozesse starten, nice 70
Prozesse starten, time 70
Prozessstatus, bg 72
Prozessstatus, fg 72
Prozessstatus, pgrep 74
Prozessstatus, prstat 76
Prozessstatus, renice 80
Quoten, ändern 169
Quoten, aktualisieren 173
Quoten, prüfen 168
read 58
rpc 100
rpcinfo 92
rsh 109
shutdown 151
smap 220
smapd 218
sort, Befehl 21
strings 130
Tabelle der gemounteten Dateisysteme 209
tee 60
traceroute 95
tsort 130
Überwachungsprotokolldateien 254
uniq, Befehl 21
whois 96
wu-ftp 194
xntp 188
Benutzerkonten
ändern, Beispiele 163
ändern, Optionen 162f.
löschen, Beispiele 161
löschen, Optionen 161
sperren 166
sperren, Beispiele 166
Benutzerpasswort, ändern 163
Beschränkungen, ed, Befehle 29
Betriebssysteme
Beispiele, reboot 151
Neustart, reboot 151
Optionen, reboot 151
Bewegen, siehe auch Positionierung
bg
Beispiele, Prozessstatus 72
Prozessstatus 71
Boot Parameter Server, rpc.bootparamd, weitergeben 178
Boot Parameter Server, siehe rpc.bootparamd 178
boot r-Befehl 274
Booten, Dienste, automatisches Starten 153, 154
Booten auf dem PROM-Level
Beispiele, eeprom 149
Boot-Konfigurationsparameter, eeprom 147ff.
eeprom 147
Optionen, eeprom 147
Boot-Konfigurationsparameter
Booten auf dem PROM-Level, eeprom 147ff.
eeprom, anzeigen 147
Siehe eeprom 147
Bourne-Shell, siehe sh
BSM (Basic Security Modul)
Aktionen 253
Aktivieren 253
Beispiele 254

BSM (Basic Security Module), System-Auditing 253
Bus-Leistung
  überwachen 275
  überwachen, Optionen 275
busstat, siehe Bus-Leistung, überwachen

C
case/switch, logische Funktionen 60
Compiler
  gcc 114
  Optionen, gcc 114f., 117
Computer Oracle and Password System (siehe COPS)
COPS (Computer Oracle and Password System), Tools von Drittherstellern 256
cpio, Befehl 242
  Beispiele 243
  Dateien, konvertieren (Dateisysteme) 242
  Dateien, kopieren (Dateisysteme) 242
  Modi 242
  Optionen 242f.
cpio-Beispiele, Dateisysteme, kopieren 243
cpio-Modi, Dateisysteme, kopieren 242
crontab
  Beispiele, Prozesse starten 69
  Datum und Zeitformate, Prozesse starten 69
  Optionen, Prozesse starten 69
  Prozesse starten 68
csh (C-Shell)
  case/switch 60
  case/switch, Beispiele 61
  do-while Programmschleifen (Loops) 62
  echo 58
  EDITOR 56
  eval 51
  exec 52
  foreach, Programmschleifen (Loops) 62f.
  goto, Programmschleifen (Loops) 63
  HISTORY 56
  LD LIBRARY PATH 56
  PATH 57
  Programmschleifen (Loops) verlassen 62
  PROMPT 57
  setenv 54
  setzen 53
  source 52
  unset 55
  unsetenv 55
  wenn-dann-sonst, Statements 61
C-Shell, siehe csh
cut, Befehl
  Beispiele 22
  Formatieren 22
  Optionen 22

D
Daemonen
  Audit-Daemon 250
  Audit-Daemon, Audit-Warnungen 251
  Audit-Daemon, ausgeben 254
  Audit-Daemon, überwachen 252
  für Kernelinformationen (rstatd) 183
  für Systemprotokollierung
    syslogd 255
  in.dhcp 198
  in.dhcp, Optionen 198f.
  in.fingerd 185
  in.ftpd, Prozesse (unterstützte) 181f.
  in.rdisc, Optionen 186
  in.rdisk 186
  in.rlogind 189
  in.routed 186
  in.routed, Optionen 187
  in.rshd 190
  in.rwhod 190
  in.rwhod, Netzwerkverkehr 190
  in.talkd 191
  in.telnetd 192
  Internet-Daemon (inetd) 182
  kerbd 266
  listen 185
  listen, Optionen 185
  lockd 185
  lockd, Optionen 186
  netacl 191

netacl, Beispiele 192
netacl, Optionen 191f.
nfsd 189
nfsd, Optionen 189
nscd 183
nscd, Konfigurationsattribute 184f.
nscd, Optionen 184
rpc.rexd 190
rpd.rexd, Optionen 190
rusersd 189
rwalld 189
rwhod, Optionen 191
sendmail 214
sendmail, Optionen 214f.
smap 219
smapd 218
sprayd 187
statd 187
statd, Dateien 187
xntpd 188
xntpd, Beispiele 188
xntpd, Optionen 188
Daemonen für Kernelinformationen, siehe rstatd 183
Dateien
.rhosts 108
/etc/inittab 154
/etc/power.conf 144
ASET Masters 258
ASET-Masters 258
ASET-Umgebungsdatei 257
Dateisysteme, konvertieren 242
Dateisysteme, kopieren 242
Dateisysteme, kopieren und konvertieren 243
editieren, sed, Befehl 45
finger 85
ftp 96
hosts.equiv 108
join, Befehl, verbinden 24
Kerberos, Realms 267
Kerberos-Konfigurationsdatei 266
kopieren, rpc 100
mnttab 232
netrc, ftp autologin 99
newform, Befehl, umformatieren 24
NFS-Resourcen 213
sort, Befehl, sortieren 20
speichern, nscd 183
sperren, lockd 185
statd 187
syslog 255
sys-unconfig, editieren 273
tar 245f.
Überwachungskontrolle 254
Überwachungsprotokolldateien 254
Überwachungsprotokolldateien, Beispiele 254
Überwachungsprotokolldateien, Optionen 254
vfstab (Dateisystemkonfigurationsdatei) 223
Dateiformat, Kerberos, Realms-Datei 267
Dateimanipulationen, vi, Befehle 30, 31
Dateinamen, Dateisysteme, ausgeben 235
Dateisysteme
/export 224, 228
/usr 224, 226ff.
ausgeben, Optionen 235
Befehle, wiederherstellen 241
cpio-Beispiele, kopieren 243
cpio-Modi, kopieren 242
Dateien, konvertieren 242
Dateien, kopieren 242
Dateien, kopieren und konvertieren 243
Dateinamen, ausgeben 235
Datenträger, Optionen zum Kopieren 242
dd, Befehl, Beispiele 245
dd, Befehl, Konvertierung 244
dd, Befehl, Operanden 243f.
Einrichten, Beispiele 232
Einrichten, mkfs, Befehl 229
Einrichten, newfs, Befehl 230
Einrichten, Optionen 229ff.
Freier Speicherplatz, überprüfen 236
Informationen, ausgeben 235
Inodenummern, auflisten 237
Inodenummern, Optionen zum Auflisten 237

kennzeichnen 237
kennzeichnen, Optionen 237
Magnetband-Archive 245
Magnetband-Archive, Beispiele 247
Magnetband-Archive, Funktionen 245ff.
Magnetband-Archive, Optionen 245
Modifizierer, wiederherstellen 240
mounten 209, 232
mounten, Beispiele 211f.
mounten, Optionen 209f., 232
Optionen, kopieren 242f.
Optionen, sichern 239f.
Pfadnamen, auflisten 237
Pfadnamen, Optionen zum Auflisten 237
root-Dateisysteme 224ff.
sichern 238
Sicherungsmodus, wiederherstellen 240
siehe auch root-Dateisysteme
tunen 238
überprüfen 233
überprüfen von freiem Speicherplatz, Optionen 236
überprüfen, Exit Codes 234
überprüfen, Optionen 234
UFS-Dateisysteme 229f.
unmounten 209, 232
unmounten, Optionen 232
Dateisystemkonfigurationsdatei, siehe vfstab
Dateisystemquoten
aktivieren, Beispiele 169
aktivieren, Optionen 169
anzeigen 169
anzeigen, über das Netz 170, 172
Anzeigeoptionen 170
Beispiele 169
deaktivieren, Beispiele 169
deaktivieren, Optionen 169
Optionen 169
Dateitransfer
ftp 96
ftp, Befehle 96ff.
ftp, Optionen 96
rcp 100
rcp, Argumente 100
rcp, Beispiele 100
rcp, Optionen 100
rwho 100
Daten
Ausgabe, finger 85
Verlust 234
Datenträger, kopieren 241
Datum und Zeitformate, Prozesse starten, crontab 69
dd, Befehl, Dateisystem, Kopieren und Konvertieren von Dateien 243
dd, Programm 242
Deaktivieren
Automounting 276
in.fingerd 185
Netzwerkdienste, inetd (Internet Daemon) 182
Deaktivieren und Aktivieren, Quoten, quotaon 169
Debuggen, Flags 118, 119
Debuggen von Anwendungen (apptrace) 136
Optionen, Debug-Tools 137
Debug-Tools
apptrace 136
Beispiele, truss 139
dumpadm 137
GNU Debugger (gdb) 138
Optionen, Debuggen von Anwendungen (apptrace) 137
Optionen, dumpadm 137
Optionen, GNU-Debugger (gdb) 138
Optionen, truss 138f.
truss 138
df, Befehl
Beispiele 236
Dateisysteme, überprüfen von freiem Speicherplatz 236
freier Speicherplatz, überprüfen 236
dfk, Befehl, Beispiele 236
DHCP
Daemon, siehe in.dhcp
dhcpagent 197
dhcpagent, Optionen 197
dhcpconfig 197
dhcpconfig, Menüoptionen 197

dhcpinfo 199
dhcpinfo, Optionen 199
dhtadm 199
dhtadm, Optionen 199f.
in.dhcp 198
in.dhcp, Optionen 198f.
pntadm 200
pntadm, Optionen 200
dhcpagent 197
Optionen 197
dhcpconfig 197
Menüoptionen 197
dhcpinfo 199
Optionen 199
dhtadm 199
Optionen 199f.
Dienst, sprayd 187
Dienste, Booten, automatisches Starten 153, 154
dis 123
Optionen 124
DNS (Domain Name Service) 179
Domain Name Service siehe DNS
do-while, Programmschleifen (Loops) 62
drvconfig, Programm 247f.
dumpadm
Debug-Tools 137
Optionen, Debug-Tools 137

E

echo, Befehl 58
ed, Befehle 27ff.
Beschränkungen 29
Editoren 27
Editierbefehle 47
sed, Befehle 45f.
siehe auch Befehle
Editieren
Dateien, ed, Befehle 27
Dateien, sed, Befehl 45
Dateien, sys-unconfig 273
Kernel-Parameter 277f.
MOTD 272
Text, vi (Befehl) 29
Editieroptionen, ex, Befehle 40, 41
EDITOR 56
Editoren
Befehle, ed 27ff.
vi Befehl 29
vi, siehe vi, Befehle
edquota, Programme 167
edquota, Befehl 168
Anwenderquoten, bearbeiten 168
Beispiel 169
Optionen 168
eeprom
Booten auf dem PROM-Level 147
Booten auf dem PROM-Level, Beispiele 149
Booten auf dem PROM-Level, Boot-Konfigurationsparameter 147ff.
Booten auf dem PROM-Level, Optionen 147
Einfügemodus, ex, Befehle 36
Einfügen
Text, vi 32f.
Zeilenvorschubzeichen 26
Zeilen, fold, Befehl 23
Eingabemodus, vi, Befehl 30
Eingabeumlenkung 59
Einrichtung, syslogd, Systemmeldungen 255
E-Mail, siehe Mail
Entfernen
Aufträge, atrm 68
Einträge, unmount Befehl 208
siehe auch löschen
Erhöhter Netzwerkverkehr, in.rwhod 190
error 124
Optionen 124
Ersetzen, Text, vi 32, 33
Erstellen, Dateisysteme, Magnetband-Archive 245
eval, Befehl 51
ex, Befehle 36
Befehlsmodus 36
Editieroptionen 40f.
Einfügemodus 36
ex 37f., 40
Modus 36
Optionen 36
visueller Modus 36

exec, Befehl 52
Exit-Codes, Dateisysteme, überprüfen 234
export, Befehl 52
Exportieren
- NFS-Resourcen 212
- NFS-Resourcen, Optionen 212

F
Fehlersuche
- anfängliche Probleme 285
- Automounting 276
- Shells von Drittanbietern 160

Felder
- inetd (Internet Daemon) 183
- vfstab 223

ff, Befehl 235
- Optionen, Ausgeben von Dateisystemen 235
- Optionen, Ausgeben von UFS-Datei systemen 235

fg
- Beispiele, Prozessstatus 72
- Prozessstatus 72

File Transfer Protocol Daemon (in.ftpd) 180
Filterausdrücke, Abhorchen des Netzwerks, snoop 264, 265
Finden
- gleiche Zeilen, uniq, Befehl 21
- Muster, in Dateien (grep, Befehl) 41

finger, Anfragen
- in.fingerd 185
- Beispiele 86
- Dateien 85
- forwarding 85f.
- Informationsbefehle 85
- Optionen 85

Flags
- debuggen 118f.
- sed, Befehle 47

flex 126
fmt, Befehl
- Beispiele, 23
- formatieren 22
- Optionen 22

fold, Befehl
- Beispiele 23
- formatieren 23
- Optionen 23

forceload-Zeile, Module 274
foreach, Programmschleifen (Loops) 62
Formatieren
- Befehl, cut 22
- Befehl, fmt 22
- Befehl, fold 23
- Befehl, iconv 23
- Befehl, join 24
- Befehl, newform 24
- Befehl, nl 25
- Befehl, paste 26
- Dateien, newform, Befehl 24
- Zeilen, fmt, Befehl 22

Freier Speicherplatz
- Dateisysteme, Optionen 236
- Dateisysteme, überprüfen 236
- siehe auch Speicherplatz

Freigeben
- NFS-Ressourcen 212
- NFS-Ressourcen, Optionen 212

Freigegebene Ressourcen, löschen 213
fsck, Befehl 234
- Dateisysteme, reparieren 233
- Dateisysteme, überprüfen 233
- Exit-Codes 234
- Optionen 234
- Optionen für UFS-Dateisysteme 234

ftp 96
- Befehle 96ff.
- Optionen 96

FTP, Anonymes, siehe Anonymes FTP
Funktionen
- awk, Befehle 34f.
- Dateisysteme, Magnetband-Archive 245ff.
- nawk, Befehle 43ff.

fwtk (TIS Firewall Toolkit) 191
- smap 219

G
G/regexpr/ (Interactive Global Command) 27

G/regexpr/command (Global Command) 27
gcc
Compiler 114
Optionen, Compiler 114f., 117
Geheimhaltung, Quoten 170
Geräteeintragsformat, Power-Management 144
Gerätekonfiguration
drvconfig, Programm 247 f.
rem drv, Programm 248
Geräte, hinzufügen 274
Gleiche Zeilen
uniq, Befehl, finden 21
uniq, Befehl, löschen 21
Global Command, (g/regexpr/command) 27
GNU Debugger (gdb)
Debug-Tools 138
Optionen, Debug-Tools 138
GNU Public License (GPL) 289
goto, Programmschleifen (Loops) 63
Syntax 63
grep, Befehle 41
Beispiele 42
Optionen 41f.
grpchk, Befehl, Beispiele 164
grpchk, Programm 164
Gruppendateien, Fehlerprüfung, Beispiele 164

H
halt
Kernels 149
Kernels, Beispiele 150
Kernels, Optionen 149
help 124
Herunterfahren
powerd, Daemon 146
reboot 151
uptime 152
Herunterfahren im Energiesparmodus, powerd, Daemon 146
Hinzufügen
Anwender 158
Anwender, Beispiele 160
Anwender, Optionen 158f.
Geräte 274
Swap Space 274
Einträge, mount, Befehl 208
Zeilennummerierung, nl, Befehl 25
history, Prozessstatus 72
Homeverzeichnisse, Automounting 276
host-pattern 192
hosts.equiv-Dateien, .rhosts 108

I
iconv, Befehl
formatieren 23
Optionen 23
Identifizierungszeichen, inittab 154
IFS, Befehl 56
in.dhcp 198
Optionen 198f.
in.fingerd 185
deaktivieren 185
Sicherheit 185
in.ftpd 180
Optionen 180
Prozesse (unterstützte) 181f.
in.named, Optionen 179, 180
in.rdisc 186
in.rlogind 189
in.routed 186
Optionen 187
in.rshd 190
in.rwhod 190
in.talkd 191
in.telnetd 192
inetd 182
inetd (Internet-Daemon)
Felder 183
konfigurieren 182
Netzwerkdienste, deaktivieren 182
starten 182
UDP-Dienst 182
Informationen, Dateisysteme, ausgeben 235
Informationsbefehle
finger, Beispiele 86
finger, Dateien 85
finger, Optionen 85
netstat 86
netstat, Beispiele 88

netstat, Optionen 86f.
netstat, TCP Socket-Status 87f.
nslookup 88
nslookup, Befehle des interaktiven Modus 89
nslookup, Befehlszeilenoptionen 89
nslookup, Schlüsselwörter 89f.
nslookup, Statusschlüsselwörter 89f.
ping, Befehle 90f.
ping, Beispiele 91
rpcinfo 91
rpcinfo, Beispiele 92
rpcinfo, Optionen 92
rup 92
rup, Optionen 93
ruptime 93
Optionen 93
rusers 93
Optionen 93
traceroute 94
Beispiele 95
Optionen 94f.
whois 95
Beispiele 96
Optionen 96
inittab 154f.
Identifizierungszeichen 154
Prozeß 155
Systemstatus 154
Systemzustände 154
Inodenummern
Dateisysteme, auflisten 237
Dateisysteme, Optionen zum Auflisten 237
UFS-Dateisysteme, Optionen zum Auflisten 238
in-rdisc, Optionen 186
Interactive Global Command (regexpr) 27
Internet Domain Name Server, Anfragen, nslookup 88
Internetabfragen, in.named 179
Internet-Daemon (inetd), siehe inetd
Interpreter
Optionen, perl 117f.
perl 117
Intervalle, netstat 86
ISS (Internet Security Scanner), Tools von Drittherstellern 256

J

jobs, Prozessstatus 72
join, Befehl
formatieren 24
Optionen 24

K

KDC (Key Distribution Center) 266
kdestroy, Befehl 267
Kennzeichnen
Dateisysteme 237
Dateisysteme, Optionen 237
kerbd, Optionen 266
kerbd (Kerberos-Daemon) 266
Kerberos 265
Daemon, siehe kerbd
Konfigurationsdatei 266
konfigurieren 266
Namensteile 266
Realms-Datei 267
Dateiformate 267
Kerberos-Authentifizierungssystem
anmelden 268
Optionen 268
Kerberos-Tickets 266
auflisten 268
auflisten, Optionen 268
Automatisches zerstören 267
Dateien 268
zerstören 267f.
zerstören, Optionen 267
Kernels
Beispiele, halt 150
halt 149
Optionen, halt 149
Parameter
Editieren 277f.
kill
Beispiele, Prozesse anhalten 81
Optionen, Prozesse anhalten 81
Prozesse anhalten 80
Signale, Prozesse anhalten 81

klist-Programm 268
Kommunikation
mail 101
mail (UCB-Version) 102
mail (UCB-Version), Befehle 104f.
mail (UCB-Version), Optionen 103f.
mail, Befehle 101f.
mail, Optionen 101
Optionen, wall 160
rwall 106
rwall, Optionen 106
talk 106
talk, Argumente 106
talk, Befehle 107
wall 160
write 107
write, Argumente 107
Konfiguration
Anmeldeshell von root, ändern 276
Automounting, deaktivieren 276
Bus-Leistung überwachen (busstat) 275
Geräte, hinzufügen 274
Kerberos 266
Kernel-Tuning 277f.
netacl 192
Systemidentifikation, siehe Systemidentifikation
Terminaltyp der Konsole, ändern 275
Konfigurationsattribute, nscd 184, 185
Konfigurationsdatei, Optionen, in.named 179
Konfigurationseinträge
smap 219
smapd 218
Konfigurations-IDs, Optionen, rpc.bootparamd 178
Konfigurieren
Automatic Security Enhancement Tool, mit ASET-Umgebungsdatei 257
inetd (Internet-Daemon) 182
pmconfig 144
sendmail-Daemon 215
Konten
Benutzerkonten, ändern 161
Benutzerkonten, löschen 161
Benutzerkonten, sperren 166
Konvertieren, Dateisysteme, Dateien 242
Konvertierung, dd-Befehl, Kopieren und Konvertieren von Dateien von Dateisystemen 244
Kopieren
Dateien, rcp 100
Dateisysteme, cpio-Beispiele 243
Dateisysteme, cpio-Modi 242
Dateisysteme, Dateien 242
Dateisysteme, Optionen 242f.
Datenträger 241
Datenträger, Optionen für Dateisysteme 242
Korn-Shell, siehe ksh
ksh (Bourne-Shell), export 52
ksh (Korn-Shell)
case/switch 60
do-while, Programmschleifen (Loops) 62
echo 58
EDITOR 56
eval 51
exec 52
export 52
foreach, Programmschleifen (Loops) 62f.
IFS 56
LD LIBRARY PATH 56
lesen 58
PATH 57
Programmschleifen (Loops) verlassen 62
setzen 53
unset 55
ksrvgt-Programm 269

L

labelit-Befehl 237
Kennzeichnen, Optionen 237
labelit-Programm 237
last 150
Optionen 150
ld 125
Optionen 125f.
LD LIBRARY PATH 56

LDAP
ldap_cachemgr 201
ldap_cachemgr, Optionen 201
ldap_gen_profile 203
ldap_gen_profile, Optionen 203f.
ldapadd 201
ldapclient 201
ldapclient, Optionen 202
ldapdelete 203
ldapdelete, Optionen 203
ldaplist 204
ldaplist, Beispiel 204
ldaplist, Optionen 204
ldapmodify 205
ldapmodify, Optionen 205
ldapsearch 205
ldapsearch, Optionen 206
ldap_cachemgr 201
Optionen 201
ldap_gen_profile 203
Optionen 203f.
ldapadd 201
ldapclient 201
Optionen 202
ldapdelete 203
Optionen 203
ldaplist 204
Beispiel 204
Optionen 204
ldapmodify 205
Optionen 205
ldapsearch 205
Optionen 206
lex 126
Optionen 126
Linux-Kompatibilität 287
Liste der TCP/UDP-Ports 301
listen 185
Optionen 185
lockd 185
Optionen 186
Löschen
Benutzerkonten 161
Benutzerkonten, Beispiele 161
Benutzerkonten, Optionen 161
freigegebene Ressourcen 213
gleiche Zeilen, uniq, Befehl 21
Quoten 161
Logische Funktionen
case/switch 60
wenn-dann-sonst, Statements 61

M
Magnetband-Archive
Dateisysteme, Beispiele 247
Dateisysteme, erstellen 245
Dateisysteme, extrahieren 245
Dateisysteme, Funktionen 245ff.
Dateisysteme, Optionen 245
Magnetbandlaufwerke, dd, Programm 242
Mail
sendmail 214
sendmail, Optionen 214f.
sendmail-Konfiguration 215
sendmail-Konfiguration, Optionen 215ff.
smap 219
smap, Beispiele 220
smap, Optionen 219f.
smapd 218
smapd, Beispiele 218
smapd, Optionen 218
mail 101
Befehle 101f.
Optionen 101
mail (UCB-Version) 102
Befehle 104f.
Optionen 103f.
make 127
Optionen 127f.
Markieren, Text, vi, Befehle 32
Masterdateien, ASET 258
Meldung des Tages, siehe MOTD
Menüoptionen, dhcpconfig 197
mkfs, Befehl
Dateisysteme, einrichten 229
Optionen 229
UFS-Dateisysteme, Optionen 229f.
mnttab-Datei 232
mod info, Befehl 274
mod install, Befehl 274

mod remove, Befehl 274
Modifier für Ereignis-Flags, Audit-Daemon, überwachen 253
Modifizierer, Dateisysteme, wiederherstellen 240
modlinkage, Befehl 274
modload, Befehl 274
Module
  /etc/system 274
  Befehle, zur Manipulation 274
  forceload-Zeile 274
  Manipulieren 273
Modus
  ex, Befehle 36
  vi, Befehl 30
MOTD (Message of the Day), editieren 272
mount, Befehl 208f., 232
  Optionen 232
  Optionen, UFS-Dateisysteme 233
Mounten
  Automounter 212
  Dateisysteme 209
  Dateisysteme, Beispiele 211f.
  Dateisysteme, Optionen 209f.
  NFS-Dateisysteme 209
  NFS-Dateisysteme, Optionen 210f.
mount-tab, Datei, siehe Tabelle der gemounteten Dateisysteme
Muster, grep, Befehl, finden 41

N
Nachrichten, senden, write 107
Name Server, Optionen, rpc.bootparamd 178
Name Service Cache Daemon (nscd), siehe nscd
Namensteile, Kerberos 266
nawk, Befehle 42
  Aktionen 43ff.
  Funktionen 43ff.
  Options 42
  vordefinierte Variablen 43
ncheck, Befehl
  Inodenummern, auflisten 237
  Optionen 237f.
  Pfadnamen, auflisten 237
netacl 191
  Beispiele 192
  Konfiguration 192
  Optionen 191f.
netstat 86
  Beispiele 88
  Optionen 86f.
  TCP Socket-Status 87f.
Netzwerk-Daemon für den Befehl finger (in.fingerd), siehe in.fingerd
Netzwerk-Daemon für den Befehl listen, siehe listen
Netzwerk-Daemon für den Befehl lock, siehe lockd
Netzwerk-Daemon für den Befehl rusers, siehe rusersd
Netzwerk-Daemon für den Befehl talk, siehe in.talkd
Netzwerk-Daemon für den Befehl wall, siehe rwalld
Netzwerk-Daemon für den Dienst spray, siehe sprayd
Netzwerk-Daemon für den Router-Dienst, siehe in.routed
Netzwerk-Daemon für die Remote-Ausführung, siehe rpc.rexd
Netzwerk-Daemon für Router-Discovery, siehe in.rdisc
Netzwerk-Dateisystem, siehe NFS
Netzwerkdienste, deaktivieren, inetd (Internet Daemon) 182
Netzwerkinformationen, anzeigen, netstat 86
Netzwerk-Status-Daemon, siehe statd
Netzwerk-Zeitprotokoll-Daemon, siehe xntpd
Neustart
  Betriebssysteme, reboot 151
  last 150
  nscd 183
  uptime 152
newform, Befehl 24
  Optionen 24
newfs, Befehl
  Beispiele 232
  Dateisysteme, einrichten 230

Optionen 230f.
Programm 229
NFS (Network Filesystem)
Daemon, siehe nfsd
Dateisysteme, Optionen 213
Informationen anzeigen, Beispiele 208
Informationen anzeigen, Optionen 207
Informationen, anzeigen 207
Ressourcen, aufheben 213
Ressourcen, aufheben, Optionen 214
Ressourcen, Dateien 213
Ressourcen, exportieren 212
Ressourcen, exportieren, Optionen 212
Ressourcen, freigeben 212
Ressourcen, freigeben, Optionen 212
Tabelle der gemounteten Dateisysteme 208
Tabelle der gemounteten Dateisysteme, Beispiele 209
Tabelle der gemounteten Dateisysteme, Felder 208
NFS, Informationen
Anzeigen, Felder 207f.
ausgeben 208
nfsd 189
Optionen 189
Starten 189
NFS-Dateisysteme
mounten 209
mounten, Optionen 210f.
unmounten 209
nfsstat, Programm 207
ni, Befehl 25
Beispiele 26
Optionen 25f.
nice
Beispiele, Prozesse starten 70
Optionen, Prozesse starten 70
Prozesse starten 69
nm 128
Buchstaben der Kurzausgabe 128
Optionen 128
nscd 183
Konfigurationsattribute 184f.
neustarten 183
Optionen 184
starten 183
nslookup 88
Befehle des interaktiven Modus 89
Befehlszeilenoptionen 89
Schlüsselwörter 89f.
Statusschlüsselwörter 89f.

O

Operanden, dd, Befehl, Kopieren und Konvertieren von Dateien von Datei systemen 243, 244
Operatoren, vi, Befehle 33, 34
Optionen
Abhorchen des Netzwerks, snoop 263f.
Anwender, hinzufügen 158f.
Anwender, wechseln 166
ar 122, 131
as 123
ASET, anzeigen 261
ASET, restore-Programm 258
aspppd 195
awk, Befehle 34
Benutzerkonten, ändern 162f.
Benutzerkonten, löschen 161
Betriebssysteme, reboot 151
Booten auf dem PROM-Level, eeprom 147
Bus-Leistung überwachen 275
(busstat) 275
Compiler, gcc 114f., 117
cut, Befehl 22
Dateisysteme, Auflisten von Inode-nummern 237
Dateisysteme, Auflisten von Pfad namen 237
Dateisysteme, ausgeben 235
Dateisysteme, einrichten 229ff.
Dateisysteme, kennzeichnen 237
Dateisysteme, kopieren 242f.
Dateisysteme, kopieren von Datenträgern 242
Dateisysteme, Magnetband-Archive 245
Dateisysteme, mounten 209f., 232
Dateisysteme, tunen 238
Dateisysteme, überprüfen 234
Dateisysteme, unmounten 232
Dateisystemquoten, aktivieren 169

Dateisystemquoten, anzeigen 170
Dateisystemquoten, deaktivieren 169
Debug-Tools, Debuggen von Anwendungen (apptrace) 137
Debug-Tools, dumpadm 137
Debug-Tools, GNU-Debugger (gdb) 138
Debug-Tools, truss 138f.
dhcpagent 197
dhcpinfo 199
dhtadm 199f.
dis 124
echo 58
error 124
ex, Befehle 36
finger 85
fmt, Befehl 22
fold, Befehl 23
ftp 96
grep, Befehle 41f.
iconv, Befehl 23
in.dhcp 198f.
in.ftpd 180
in.named 179f.
in.routed 187
inrdisk 186
Interpreter, perl 117f.
join Befehl 24
kerbd 266
Kerberos Authentifizierungssystem 268
Kerberos-Tickets, zerstören 267
Kernels, halt 149
Kommunikation, wall 160
last 150
ld 125f.
ldap_cachemgr 201
ldap_gen_profile 203f.
ldapclient 202
ldapdelete 203
ldaplist 204
ldapmodify 205
ldapsearch 206
lex 126
listen 185
lockd 186
mail 101
mail (UCB-Version) 103f.
make 127f.
nawk, Befehle 42
netacl 191f.
netstat 86f.
newform, Befehl 24
NFS, Dateisysteme 213
NFS, Dateisysteme, mounten 210f.
NFS, Informationen anzeigen 207
nfsd 189
NFS-Ressourcen, aufheben 214
nl, Befehl 25f.
nm 128
nscd 184
paste, Befehl 26
pntadm 200
Power-Management, pmconfig 144
Power-Management, powerd 147
Proc-Tools
  pcflags 134
  pcred 134
  pldd 134
  pmap 135
  pstack 135
  ptree 136
  pwait 136
  pwdx 136
Prozesse anhalten
  kill 81
  pkill 81f.
Prozesse starten, at 67
Prozesse starten, atq 68
Prozesse starten, atrm 68
Prozesse starten, crontab 69
Prozesse starten, nice 70
Prozesse starten, time 70
Prozesse starten, timex 70f.
Prozessstatus, Aufträge 72
Prozessstatus, pgrep 73
Prozessstatus, prstat 74f.
Prozessstatus, ps 76f.
Prozessstatus, ps (UCB Version) 78f.
Prozessstatus, renice 79
Prozessstatus, w 80
Prozessstatus, whodo 80
Quoten, ändern 168

Quoten, aktualisieren 173
Quoten, prüfen 167
read, ksh 58
rlogin 107
roleadd 261f.
roledel 262
rolemod 262f.
rpc 100
rpc.bootparamd 178
rpc.rexd 190
rpcinfo 92
rsh 108
rup 93
ruptime 93
rusers 93
rwall 106
rwhod 191
sed, Befehle 45
sendmail 214f.
sendmail-Konfiguration 215ff.
shutdown 150f.
Sicherheit, ASET 259
siehe auch Editieroptionen
size 129
smap 219f.
smapd 218
sort, Befehl 20
strings 129
syslogd, Systemmeldungen 255
tee 59
telnet 109
traceroute 94f.
Überprüfen, freier Speicherplatz 236
Überwachungsprotokolldateien 254
UFS-Dateisysteme, Auflisten von Inodenummern 238
UFS-Dateisysteme, Auflisten von Pfadnamen 238
UFS-Dateisysteme, ausgeben 235
UFS-Dateisysteme, einrichten 229f.
UFS-Dateisysteme, mounten 233
UFS-Dateisysteme, überprüfen 234
unidef 130
uniq, Befehl 21
vi, Befehl 29f.
whois 96
wu-ftp 194
xntp 188
yacc 131
Optionen, Kerberos-Tickets, Auflisten 268

P
Parameter
ASET, Umgebungsdatei 257
Boot-Konfigurationsparameter, eeprom 147ff.
passwd -l, Befehl 166
passwd, Befehl
Beispiele 164
Benutzerpasswort, ändern 163
Passwörter, Fehlersuche in Dateien 165
Passwort, Ändern 163
Passwort-Datei, überprüfen 165
Passwörter, ändern, Beispiele 164
paste, Befehl 26
Beispiele 26
Optionen 26
PATH, Befehl 57
pcflags, Optionen, Proctools 134
pcred
Optionen, Proctools 134
Proctools 134
Perl
Interpreter 117
Optionen, Interpreter 117f.
Pfadnamen, Dateisysteme, auflisten 237
pfiles, Proctools 134
pflags, Proctools 134
pgrep
Beispiele, Prozessstatus 74
Prozessstatus 73
Prozessstatus, Optionen 73
pid, Audit-Daemon 250
ping 90f.
Befehle 90
Beispiele 91
Pipe-Mechanismus 58
pkill
Beispiele, Prozesse anhalten 82
Optionen, Prozesse anhalten 81f.
Prozesse anhalten 81

pldd
  Optionen, Proctools 134
  Proctools 134
pmap
  Optionen, Proctools 135
  Proctools 134
pmconfig (Power-Management System), konfigurieren 144
pntadm 200
  Optionen 200
Point-to-Point-Protokoll, siehe PPP
Positionierung, vi, Befehle 31, 32
powerd-Daemon (Power-Management-Daemon) 146
Power-Management 144
  /etc/power.conf 144
  Geräteeintragsformat, /etc/power.conf 144
  Optionen, pmconfig 144
  Optionen, powerd 147
  pmconfig 144
  powerd-Daemon 146
  Schlüsselwörter, /etc/power.conf 145f.
  System 144
  Systemeingabeformat, /etc/power.conf 145
Power-Management-Daemon siehe powerd-Daemon
PPP (Point-to-Point-Protokoll)
  aspppd 195
  aspppd, Optionen 195
  aspppd, Token 195f.
  asppls 196
  Pseudogerät 196
PPP (point-to-Point-Protokoll), Übersicht 196
pp-Programm, Magnetbandlaufwerke 242
Prioritäten, syslogd, Systemmeldungen 255
Probleme, Fehlersuche 285
Process, inittab 155
Proctools
  Optionen, pcflags 134
  Optionen, pcred 134
  Optionen, pldd 134
  Optionen, pmap 135
  Optionen, pstack 135
  Optionen, ptree 136
  Optionen, pwait 136
  Optionen, pwdx 136
  pcred 134
  pfiles 134
  pflags 134
  pldd 134
  pmap 134
  prun 135
  psig 135
  pstack 135
  pstop 135
  ptime 135
  ptree 136
  pwait 136
  pwdx 136
Programme
  aset.restore 258
  cpio 242
  dd 242
  drvconfig 247f.
  edquota 167
  grpchk 164
  klist 268
  ksrvgt 269
  labelit 237
  named-xfer 179
  newfs 229
  nfsstat 207
  quotacheck 172
  rem drv 248
  repquota 169
  roles 263
  snoop 263
  sys-unconfig 272f.
  talk 191
  taskstat 261
  tee 59
Programmschleifen (Loops)
  do-while 62
  foreach 62
  verlassen 62
PROMPT, Befehl 57

Prozesse (unterstützte), Daemonen, in.ftpd 181, 182
Prozesse anhalten
  Beispiele, kill 81
  Beispiele, pkill 82
  kill 80
  Optionen, kill 81
  Optionen, pkill 81f.
  pkill 81
  Signale, kill 81
  stop 82
Prozesse starten
  Argumente, at 67
  at 67
  atq 68
  atrm 68
  Beispiele, at 68
  Beispiele, atq 68
  Beispiele, crontab 69
  Beispiele, nice 70
  Beispiele, time 70
  crontab 68
  Datum und Zeitformate, crontab 69
  nice 69
  Optionen, at 67
  Optionen, atq 68
  Optionen, atrm 68
  Optionen, crontab 69
  Optionen, nice 70
  Optionen, time 70
  Optionen, timex 70f.
  time 70
  timex 70
Prozessstatus
  Ausgabeüberschriften, ps (UCB-Version) 79
  Ausgabeüberschriften, prstat 75f.
  Ausgabeüberschriften, ps 77f.
  Beispiele, bg 72
  Beispiele, fg 72
  Beispiele, pgrep 74
  Beispiele, prstat 76
  Beispiele, renice 80
  bg 71
  fg 72
  history 72
  jobs 72
  Optionen, Aufträge 72
  Optionen, pgrep 73
  Optionen, prstat 74f.
  Optionen, ps 76f.
  Optionen, ps (UCB-Version) 78f.
  Optionen, renice 79
  Optionen, w 80
  Optionen, whodo 80
  pgrep 73
  prstat 74
  ps 76
  ps (UCB-Version) 78
  renice 79
  w 80
  whodo 80
prstat
  Ausgabeüberschriften, Prozessstatus 75f.
  Prozessstatus 74
  Prozessstatus, Beispiele 76
  Prozessstatus, Optionen 74f.
Prüfkonditionen, Audit-Daemon 250
prun, Proctools 135
ps
  Ausgabeüberschriften, Prozessstatus 77f.
  Prozessstatus 76
  Prozessstatus, Optionen 76f.
ps (UCB-Version)
  Ausgabeüberschriften, Prozessstatus 78f.
  Prozessstatus, Optionen 78f.
Pseudogerät, PPP 196
psig, Proctools 135
pstack
  Optionen, Proctools 135
  Proctools 135
pstop, Proctools 135
ptime, Proctools 135
ptree
  Optionen, Proctools 136
  Proctools 136
pwait
  Optionen, Proctools 136
  Proctools 136

pwck, Befehl 165
Beispiele 165
pwdx
Optionen, Proctools 136
Proctools 136

Q
quota, Befehl
Beispiele 168
Optionen 167
quotacheck, Befehl 172
Beispiele 173
Optionen 173
quotaoff, Befehl 169
quotaon, Befehl 169
Quoten
aktualisieren 172f.
aktualisieren, Beispiele 173
aktualisieren, Optionen 173
ändern, Beispiele 169
ändern, Optionen 168
bearbeiten 168
Beispiele 168
Dateisystemquoten 169
Geheimhaltung 170
löschen 161
Optionen 167
prüfen, Beispiele 168
prüfen, Optionen 167
setzen (zum ersten Mal) 168
Quoten, Befehl
Beispiele 169
Optionen 169

R
ranlib 122
RBAC, siehe Role Based Access Control
RC-Datei-Umgebungsvariablen
EDITOR 56
HISTORY 56
IFS 56
LD LIBRARY PATH 56
PATH 57
PROMPT 57
rcp 100
Argumente 100
Beispiele 100
Optionen 100
read, Befehl 58
reboot
Betriebssysteme, Beispiele 151
Betriebssysteme, Neustart 151
Betriebssysteme, Optionen 151
Rechnername, des Systems
Systemidentifikation, ändern 272
Optionen, in.named 180
Optionen, rpc.bootparamd 178
red, Befehl 27
rem drv, Programm 248
Remote Login-Anfragen, in.rlogind 189
Remote Login-Daemon, siehe in.rlogind 189
Remote Shell-Daemon, siehe in.rshd 190
Remote-Anmeldung
rlogin 107
rlogin, Optionen 107
telnet 109
telnet, Befehle 109f.
telnet, Optionen 109
Remote-Shells
rsh 108
rsh, Beispiele 109
rsh, Optionen 108
renice
Beispiele, Prozessstatus 80
Prozessstatus 79
Prozessstatus, Optionen 79
repquota, Befehl 169
Anzeigen über das Netz 170, 172
Optionen 170
repquota, Programm 169
restore, Programm
ASET 258
ASET, Optionen 258
RFC 1305 188
rlogin 107
Daemon, siehe in.rlogind
Optionen 107
Role Based Access Control (RBAC) 261
roleadd 261
roleadd, Optionen 261f.
roledel 262

roledel, Optionen 262
rolemod 262
rolemod, Optionen 262f.
roles 263
roleadd 261
Optionen 261f.
roledel 262
Optionen 262
rolemod 262
Optionen 262f.
roles 263
root-Anwender
wechseln zu 166
wechseln, Beispiele 166
wechseln, Optionen 166
root-Dateisysteme 224ff.
Router, in.rdisc 186
Routing, Mail, sendmail-Daemon 214
Routingtabellen, in.routed 186
rpc.bootparamd, Optionen 178
rpc.bootparameter 178
rpc.rexd 190
Optionen 190
rpcinfo 91
Beispiele 92
Optionen 92
rsh
Beispiele 109
Optionen 108
rstatd 183
Anfragen über rup, Befehl, 183
Runlevel, Systemzustände 152, 153
rup 92
Optionen 93
ruptime 93
Optionen 93
rusers 93
Optionen 93
rusersd 189
rwall 106
Optionen 106
rwalld 189
rwho 100
rwhod, Optionen 191
rwhod-Daemon, siehe in.rwhod

S
SAC (Service Access Controller) 182
SAF (Service Access Facility) 185
Schlüsselwörter
nslookup 89f.
Power-Management 145f.
sed, Befehle 45
Editierbefehle 45ff.
Flags 47
Optionen 45
Sektionen, siehe Dateisysteme
Senden
E-Mail, mail (UCB-Version) 101f.
Nachrichten, write 107
sendmail 214f.
Konfiguration 215
Konfiguration, Optionen 215ff.
Server
in.ftpd, Optionen 180
in.named, Optionen 179f.
rpc.bootparamd, Optionen 178
rpc.bootparameter 178
Service Access Controller siehe SAC
Service Access Facility, siehe SAF
set, Befehl 53
setenv, Befehl 54
sh (Bourne-Shell)
case/switch 60
do-while, Programmschleifen (Loops) 62
echo 58
EDITOR 56
eval 51
exec 52
export 52
foreach-Programmschleifen (Loops) 62
IFS 56
LD LIBRARY PATH 56
lesen 58
PATH 57
Programmschleifen (Loops) verlassen 62
setzen 53
unset 55
wenn-dann-sonst, Statements 61
sh (Korn-Shell), wenn-dann-sonst, Statements 61

share, Befehl 212
Shell
csh, case/switch 60
csh, do-while Programmschleifen (Loops) 62
csh, echo 58
csh, EDITOR 56
csh, eval 51
csh, exec 52
csh, foreach, Programmschleifen (Loops) 62f.
csh, goto, Programmschleifen (Loops) 63
csh, HISTORY 56
csh, LD LIBRARY PATH 56
csh, PATH 57
csh, Programmschleifen (Loops) verlassen 62
csh, PROMPT 57
csh, setenv 54
csh, setzen 53
csh, source 52
csh, unset 55
csh, unsetenv 55
csh, wenn-dann-sonst, Statements 61
ksh, case/switch 60
ksh, do-while, Programmschleifen (Loops) 62
ksh, EDITOR 56
ksh, eval 51
ksh, exec 52
ksh, exportieren 52
ksh, foreach, Programmschleifen (Loops) 62f.
ksh, IFS 56
ksh, LD LIBRARY PATH 56
ksh, lesen 58
ksh, PATH 57
ksh, Programmschleifen (Loops) verlassen 62
ksh, setzen 53
ksh, unset 55
ksh, wenn-dann-sonst, Statements 61
sh, case/switch 60
sh, do-while, Programmschleifen (Loops) 62
sh, echo 58
sh, EDITOR 56
sh, eval 51
sh, exec 52
sh, exportieren 52
sh, foreach, Programmschleifen (Loops) 62
sh, IFS 56
sh, LD LIBRARY PATH 56
sh, lesen 58
sh, PATH 57
sh, Programmschleifen (Loops) verlassen 62
sh, setzen 53
sh, unset 55
sh, wenn-dann-sonst, Statements 61
Shell Befehl, ed, Befehle 27
Shells
Anwender 180
Befehle, bg 71
Befehle, fg 72
siehe Remote-Shells
von Drittanbietern, Fehlersuche 160
shutdown 150
Beispiele 151
Optionen 150f.
Sicherheit
Abhorchen des Netzwerks, snoop 263
ASET 259
ASET, Aufgaben 260
ASET, Optionen 259
ASET, restore-Programm 258
ASET, Sicherheitsgrade 259
ASET, Umgebungsdatei 257
ASET-Masters 258
ASET-Status, anzeigen 261
Audit-Daemon 250
Audit-Daemon, überwachen 252
Audit-Warnungen 251
BSM 253
in.fingerd 185
in.rlogind 190
Kerberos 265
Kerberos, Namensteile 266
netacl 191
RBAC 261
RBAC, roleadd 261f.
RBAC, roledel 262

RBAC, rolemod 262f.
RBAC, roles 263
smap 219
Tools von Drittherstellern 256
Tools von Drittherstellern, COPS 256
Tools von Drittherstellern, ISS 256
Tools von Drittherstellern, TAMU Tiger 256
Tools von Drittherstellern, Tripwire 257
Überwachungsprotokolldateien 254
Überwachungssysteme, starten 254f.
Sicherheitsgrade, ASET 259
Sichern
Dateisysteme 238
Dateisysteme, Optionen 239f.
Sicherungen, Dateisysteme, Wiederherstellung 240
Signale, Prozesse anhalten, kill 81
size 129
Optionen 129
Skriptsprache, Perl 117
smap 219
Beispiele 220
Konfigurationseinträge 219
Optionen 219f.
smapd 218
Beispiele 218
Konfigurationseinträge 218
Optionen 218
starten 218
SMTP Application Proxy, siehe smap
snoop 263
Abhorchen des Netzwerks 263
Abhorchen des Netzwerks, Filterausdrücke 264f.
Abhorchen des Netzwerks, Optionen 263f.
Solaris-Software-Begleit-CD, flex 126
Solaris-Systemzustände 152f.
sort, Befehl
Beispiele 21
Optionen 20
sortieren 20
Sortieren
Befehl, sort 20
Befehle, uniq 21
Dateien, sort (Befehl) 20
source, Befehl 52
Spalten, cut, Befehl, auswählen 22
Speichern, Dateien, nscd 183
Speicherplatz, siehe auch Freier Speicherplatz
Sperren
Benutzerkonten 166
Benutzerkonten, Beispiele 166
Dateien, lockd 185
Sperrvorgänge für Netzwerkdateien, lockd 185
spray, Dienst, sprayd 187
sprayd 187
Start/Stop-Skripte, Skripte 154
Starten
inetd 182
nfsd 189
nscd 183
smapd 218
Überwachungssysteme 254f.
statd 187
Dateien 187
Status, ASET, anzeigen 261
Statusschlüsselwörter, nslookup 89, 90
Sternchen, Asterisks 69
stop, Prozesse anhalten 82
Stoppen, Aufträge 82
Stornieren
vi Befehl 30
vi, Befehle 30
strings 129
Beispiele 130
Optionen 129
su, Befehl 166
Swap Space, hinzufügen 274
Swap-Datei 275
syslog-Datei 255
syslogd-Daemon 255
Systeme
Auditing, BSM 253
sys-unconfig, zurücksetzen 273
Überwachen, Tools von Drittherstellern 256
Überwachung, starten 254f.

Systemeingabeformat, Power-Management 145
Systemidentifikation
  Meldung des Tages, editieren 272
  Rechnername des Systems, ändern 272
  Zurücksetzen der Systemkonfiguration 273
Systemmeldungen
  syslogd, Einrichtung 255
  syslogd, Optionen 255
  syslogd, Prioritäten 255
Systemstatus, inittab 154
Systemstatus-Daemon, siehe in.rwhod
Systemzustände
  automatisches Starten beim Booten 153f.
  inittab 154
  inittab, action 154f.
  inittab, Identifizierungszeichen 154
  inittab, Prozeß 155
  inittab, Systemzustand 154
  Runlevel 152f.
sys-unconfig
  Dateien, editieren 273
  Programm 272f.
  System, zurücksetzen 273

T
Tabelle der gemounteten Dateisysteme
  NFS 208
  NFS, Beispiele 209
  NFS, Felder 208
Tabellen
  der gemounteten Dateisysteme 208
  der gemounteten Dateisysteme, Beispiele 209
  der gemounteten Dateisysteme, Felder 208
talk 106, 191
  Argumente 106
  Befehle 107
TAMU Tiger, Tools von Drittherstellern 256
tar-Befehl
  Beispiele, Magnetband-Archive 247
  Funktionen, Magnetband-Archive 245ff.
  Magnetband-Archive 245
  Optionen, Magnetband-Archive 245
tar-Datei 245f.
taskstat-Programm 261
TCP Socket-Status, netstat 87, 88
TCP-Daemon für die Netzwerk-Zugangskontrolle, siehe netacl
tee 59
Telnet 109
  Befehle 109f.
  Daemon, siehe in.telnetd
  Optionen 109
Terminaltyp der Konsole, ändern 275
Text-Tools, siehe auch weitere Textbearbeitungstools
TGS-Ticket, wiederherstellen 269
Tickets
  Kerberos 266
  siehe auch Kerberos-Tickets
  TGS-Tickets, wiederherstellen 269
  Ticketdateien 268
time
  Beispiele, Prozesse starten 70
  Optionen, Prozesse starten 70
  Prozesse starten 70
timex
  Optionen, Prozesse starten 70f.
  Prozesse starten 70
Timing, Befehle, at 67
TIS Firewall-Toolkit (fwtk)
  netacl 191
  smap 219
Token, aspppd 195, 196
Tools von Drittherstellern
  COPS 256
  ISS 256
  Systemüberwachung 256
  TAMU Tiger-Skripte 256
  Tripwire-Skripte 257
traceroute 94
  Beispiele 95
  Optionen 94f.
Tripwire, Tools von Drittherstellern 257
truss
  Beispiele, Debug-Tools 139
  Debug-Tools 138
  Optionen, Debug-Tools 138f.

tsort 130
Beispiele 130
tunefs, Befehl
Beispiele für Dateisysteme 238
Dateisysteme, tunen 238
Optionen für Dateisysteme 238
Tunen
Dateisysteme 238
Dateisysteme, Beispiele 238
Dateisysteme, Optionen 238

U
U.S. Umweltbehörden (EPA), Desktop-Energiesparmodus 146
Überprüfen, freier Speicherplatz 236
UDP-Dienst, inetd (Internet-Daemon) 182
Überprüfen, Passwortdatei 165
Übertragungsanfragen, in.ftpd 180
Überwachen
Audit-Daemon 252
Audit-Daemon, Beispiele 253
Audit-Daemon, Modifier für Ereignis-Flags 253
Systeme, starten 254f.
Systeme, Tools von Drittherstellern 256
Überwachungsprotokolldateien
Beispiele 254
Optionen 254
UFS-Dateisysteme 229f.
ausgeben, Optionen 235
einrichten, Optionen 229f.
Inodenummern, auflisten 238
Inodenummern, Optionen zum Auflisten 238
mounten, Optionen 233
Pfadnamen, Optionen zum Auflisten 238
überprüfen, Optionen 234
ufsdump, Befehl 238
Dateisysteme, sichern 238
Optionen, sichern von Dateisystemen 239f.
ufsrestore, Befehl 240
Befehle 241
Dateisysteme, wiederherstellen von Sicherungen 240
ufsrestore-Befehl
Modifizierer 240
Sicherungsmodus 240
Umgebungsdateien
ASET 257
ASET, Beispiele 258
ASET, Parameter 257
Umgebungsvariablen
export, Befehl 52
RC-Datei, Umgebungsvariablen, HISTORY 56
RC-Datei, Umgebungsvariablen, IFS 56
RC-Datei, Umgebungsvariablen, LD LIBRARY PATH 56
RC-Datei, Umgebungsvariablen, PATH 57
RC-Datei, Umgebungsvariablen, PROMPT 57
RC-Datei, Umgebungsvariablen, EDITOR 56
setenv 54
unset 55
unsetenv 55
unidef 130
Optionen 130
uniq, Befehl
Beispiele 21
Optionen 21
sortieren 21
unmount, Befehl 208f., 232
Optionen 232
Unmounten
Dateisysteme 209
NFS-Dateisysteme 209
unset, Befehl 55
unsetenv, Befehl 55
unshareall, Befehl 213
uptime 152
useradd, Befehl 158
Beispiele 160
Optionen 158f.
userdel, Befehl
Beispiele 161
Benutzerkonten, löschen 161
Optionen 161

usermod, Befehl
  Beispiele 163
  Benutzerkonten, ändern 161
  Optionen 162f.

V
Variablen, siehe Vordefinierte Variablen
Verbinden, Dateien, join (Befehl) 24
Verlassen, Programmschleifen (Loops) 62
vfstab (Dateisystemkonfigurationsdatei) 223
  Felder 223
vi, Befehle, Text einfügen 32, 33
29
  Befehlsmodus 30
  Dateimanipulationen 30f.
  Eingabemodus 30
  Modus 30
  Operatoren 33f.
  Optionen 29f.
  Positionierung 31f.
  Stornieren 30
  Text ersetzen 32f.
  Text markieren 32
Visueller Modus, ex, Befehle 36
volcopy, Befehl 241
  Dateisysteme, Kopieren von Datenträgern 242
  Datenträger, kopieren 241
Vordefinierte Variablen
  awk 34
  nawk, Befehle 43

W
w
  Prozessstatus 80
  Prozessstatus, Optionen 80
wall, Kommunikation 160
Wechseln
  Anwender 166
  Anwender, Beispiele 166
  Anwender, Optionen 166
Weitere Textbearbeitungstools
  Befehle, awk 34
  ex, Befehle 36
  grep, Befehle 41
  nawk, Befehle 42
  sed, Befehle 45
Weitergeben, Boot Parameter, rpc.bootparamd 178
Weiterleiten des Befehls finger 85f.
Wenn-dann-sonst, Statements, logische Funktionen 61
whodo
  Optionen, Prozessstatus 80
  Prozessstatus 80
whois 95
  Beispiele 96
  Optionen 96
Wiederherstellen
  Dateisysteme, Befehle 241
  Dateisysteme, Modifizierer 240
  Dateisysteme, Sicherungsmodus 240
  Dateisysteme, von Sicherungen 240
  TGS-Ticket 269
Wildcard, Optionen, rpc.bootparamd 178
write 107
  Argumente 107
Wuarchive-FTP, siehe wu-ftp
wu-ftp 193
  Beispiele 194
  Optionen 194
WWW, Dateisystemquoten, Anzeigeoptionen 170, 172

X
xntpd 188
  Beispiele 188
  Optionen 188

Y
yacc 131
  Optionen 131

Z
Zeilen
  fold, Befehl, einfügen (Zeilenumbruch) 23
  formatieren, fmt (Befehl) 22

Zeilennummerierung, nl, Befehl, hinzufügen 25
Zeilenvorschubzeichen, paste 26
Zeitzuteilung
  Befehle, time 70
  Befehle, timex 70
Zerstören
  Kerberos-Tickets 267f.
  Kerberos-Tickets, automatisch 267
  Kerberos-Tickets, Optionen 267
Zonentransfer, named-xfer 179
Zurücksetzen
  System, sys-unconfig 273